JN313912

メディアスポーツへの招待

黒田 勇
［編著］

ミネルヴァ書房

はじめに

　2010年6月，日本中がワールドカップ南アフリカ大会に沸いた。大会直前の不人気と不評がうそのように，日本代表への注目が集まり，日本戦の視聴率は，深夜にもかかわらず，50パーセントを超え，近年のテレビ番組としては異常な高さの高率となった。

　人々は何を求めワールドカップに注目し，何に感動したのだろう。テレビを見た人の多くはサッカーファンばかりではない。岡田武史監督を批評した多くの人は，岡田監督を直接知っているわけではないし，またサッカーを直接見て批評した人も多くはないだろう。ほとんどの人が，サッカーについての記事や誰かのコメントを材料にして語っているにすぎない。

　しかし，人々はただ「受け売り」をしているわけではない。岡田監督及び代表チームに対する人々の期待や不安，そしてときとして，人々の生活の場での他の分野の期待や不安もそこに投影しながら，大きなコミュニケーションを生みだし，それがまたメディアに反映されていく。

　しかし，ワールドカップが終わると，多くの人は，もうその熱狂を忘れ，夏の甲子園に話題は移り，テレビのＣＭには相変わらず，石川遼とイチローが登場する中，秋になると毎年のようにプロ野球のペナントレースの行方に話題は移る。そして，2011年は「なでしこジャパン」が，震災からの復興と重ねられ，「感動」的に語られた。

　こうして，私たちは，メディアが作り出したスポーツの情報にときに熱狂し，また日常生活の中で，毎日何らかのスポーツに関わる情報に接触し，ときとして自らの人生や社会の在り方と関連付けながらスポーツを楽しみ，そして語りつつ生活している。

＊　　　＊　　　＊

　本書のタイトル「メディアスポーツへの招待」にある「メディアスポーツ」とは何だろう。「メディア」と「スポーツ」が一緒になってはいるが，誰もがすぐにうなずく言葉ではない。

しかし，最近は，スポーツの研究でよく用いられる言葉となっている。ここで最初に「メディアスポーツ」とは何かについて簡単に定義しておきたい。

一言で言えば，「メディアを媒介されたスポーツ文化全般」となる。しかし，もう少し説明がいるかもしれない。スポーツを報道したり，中継するメディア自体のことを指している「スポーツメディア」とは違う。それは，メディアスポーツを構成する一部であり，制度（institution）とされる部分である。スポーツメディアが作り出す番組や記事といった内容（text），そしてそれを受け取る受け手（audience），あるいは消費者の行動，これらの相互作用として現れる現象，最初に述べたような現象すべてがメディアスポーツである。

したがって，メディアを媒介したスポーツを制作すること，伝達すること，それらを楽しむこと，これらは当然として，そうしたスポーツイベントをプロモートしたり，スポーツ用品を販売したり，スポーツ選手のＣＭを作ったりすることもメディアスポーツととらえることができる。

逆に，それらの大きく広がったさまざまなスポーツ関連の現象をどうして「メディアスポーツ」としてくくることになったのか。それは，19世紀以来，スポーツの発達とメディアを切り離すことができず，メディアはスポーツを娯楽情報の大きな部分としてスポーツを報じることで発展してきたし，またスポーツもメディアに取り上げられることで，人々の生活の一部になっていった点がまず挙げられる。

そして，とりわけテレビの時代，そしてグローバル化の時代に，オリンピックやワールドカップのように，国境を超えるコンテンツ（内容）としてスポーツがますますメディアビジネスの重要な部分を占めるようになったこと，そしてスポーツが単にスポーツ愛好者にとっての娯楽を越えて，政治的にも経済的にも，ますます社会の大きな部分を占めるようになってきたからである。

＊　　＊　　＊

本書は，このように「メディアスポーツ」とひとくくりにできる文化について，さまざまな角度から理解を進めるために書かれた入門解説書である。

まず，第Ⅰ部は，「メディアスポーツの歴史」である。その中でも，日本においては野球がメディアスポーツの中心であり続けてきた。第1章「『メディアの野球』の歴史に見る可能性と課題」では，ラジオの時代，野球がどのよう

に電波メディアに取り上げられ，その音声メディアにふさわしいスポーツとして発展してきたのかを解説する。第2章「テレビとプロ野球」では戦後，テレビ放送の開始とともに，日本のメディアスポーツの中心であったプロ野球の発展と変容について解説している。さらに第3章「メガイベントとメディア」では，オリンピックやワールドカップの歴史をメディアのとのかかわりにおいて振り返り，その変化を概説している。

　第Ⅱ部「メディアスポーツの動向」においては，近年のメディアスポーツの展開を様々な角度から迫っている。第4章「多チャンネル時代のスポーツ専門放送」では，衛星テレビのＣＳスポーツ専門チャンネルが日本に普及する過程と現状を作り手の立場から明らかにしている。第5章「ビッグスポーツイベントと広告主企業のスポンサード」では，オリンピックやワールドカップといった巨大なスポーツイベントを支えるスポンサーの在り方が広告論の立場で明らかにされる。第6章「西ヨーロッパの主な市場におけるメディアスポーツの特別な意味」は，ヨーロッパサッカーとテレビの特別な関係をドイツ人研究者が解説する。第7章「アメリカスポーツの発展とメディア」では，メディアスポーツの本拠，アメリカにおけるメディアとスポーツのかかわりが歴史的な視点から解説される。第8章「地域メディアと地域スポーツ」では，ローカルなメディアスポーツ現象を学生アメリカンフットボールの普及と地域メディアのかかわりを通して明らかにしている。第9章「伝統スポーツとメディア」では，日本古来の伝統スポーツとされる相撲が，他のどのスポーツよりもメディアスポーツとして発展してきたことを明らかにしている。

　第Ⅲ部「メディアスポーツ実践論」では，新聞とテレビの現場からスポーツ・コンテンツがどのように作られているのかを現場の視点で明らかにしている。第10章「スポーツ取材実践論」では，現役の新聞記者が実際の取材のあり方，そして方法論を解説する。また，第11章「スポーツ実況論」は，長年にわたってサッカー実況中継で活躍してきたアナウンサーによる体験的な実況論である。

＊　　　＊　　　＊

　本書は，メディアスポーツのすべての分野，すべての論点を網羅したわけではない。教科書としてすべての分野，項目を網羅することは避け，入門書とは

いえ，これまでとは少し異なる視点から，そしてあまり取り上げられないメディアスポーツについても光を当てることをねらいとした。今回は，メディアスポーツの受け手，あるいはファンたちが生み出す文化についての議論や，近年急速に拡大するインターネットの世界のメディアスポーツについては，本論としては触れていない。実は本書は2008年の北京オリンピックを機に企画されたが，諸般の事情により出版が大幅に遅れることとなった。この間，スポーツにかかわるメディア環境も変容は激しく，たとえば，2012年のロンドン大会では，競技映像のネット配信もかなり普及し，またツイッターやフェイスブックといったソーシャルメディアを利用した選手たち自身からの発信が認められ，さらにファンの間でもこれらの新しいメディアを利用してのコミュニケーションが活発化し，テレビがそれらを取り込んでいく働きもみられた。このように，今回取り上げることのできなかった分野や論点については，その一部をコラムという形式で，短く掲載している。これから問題意識を深め，また関心を広げることに役立てていただければと思う。

　さて，本書は，初学者のためにも，できるだけ難解な用語を使わず平易な表現に努めたが，無理な統一をして文意を損なうことを避けるため，各執筆者の方針を尊重することとした。それだけ多様な広がりをもち，さまざまなアプローチがあるということでもあるので，ぜひしっかりと読み進んでいただき，メディアスポーツの深さに触れていただければ幸いである。

　2012年8月30日

編者　黒　田　　勇

メディアスポーツへの招待

目　次

はじめに

第Ⅰ部　メディアスポーツの歴史

第1章　「メディアの野球」の歴史に見る可能性と課題……3

1　「球場の野球」と「メディアの野球」　3
2　野球とメディアが出会うまで　4
3　メディアスポーツの「新時代」　8
4　「メディアの野球」の影と課題　15

第2章　テレビとプロ野球……21
　　　　　──ナショナルヒーローの形成

1　黎明期のプロ野球とメディア　21
2　復興期・高度成長期のプロ野球とテレビ　25
3　グローバル化・情報化時代のプロ野球　29
コラム1　2008年北京オリンピックと劉翔　34

第3章　メガイベントとメディア……35
　　　　　──オリンピックとワールドカップを中心に

1　オリンピックの記憶──近代主義と東京オリンピック　36
2　メディアビジネスのグローバル化とスポーツイベント　43
3　スポーツビジネスのグローバル化とナショナリズム　48
コラム2　北京オリンピックとメディアの自由　52

目　次

第Ⅱ部　メディアスポーツの動向

第4章　多チャンネル時代のスポーツ専門放送 …………………… 57

　1　新しい時代のテレビとスポーツ　57

　2　ビジネスとしての放送　64

　3　メディアとスポーツの共栄　68

　コラム3　インターネットメディアとスポーツ　74

第5章　ビッグスポーツイベントと広告主企業のスポンサード …… 77

　1　ビッグスポーツイベントの象徴としてのオリンピック　77

　2　ビッグスポーツイベントの費用　78

　3　スポンサードの目的　84

　4　スポンサードの効果　90

　5　スポンサードの論点　98

　コラム4　韓国のスポーツマーケティング　101

第6章　西ヨーロッパの主な市場におけるメディアスポーツの
　　　　特別な意味 ………………………………………………… 103

　1　スポーツとメディアの特殊な関係　103

　2　報道対象としてのスポーツ　104

　3　メディアスポーツの現実　107

　4　メディアにおけるサッカーの格別の意義　108

　5　サッカーとテレビの密接な関係　112

第7章　アメリカスポーツの発展とメディア　　115

1 メディアがつくりだすアメリカスポーツ文化　*115*

2 新聞とスポーツの濃密な関係　*116*

3 ラジオによるメディアスポーツビジネスの確立　*118*

4 テレビによるスポーツのグローバリゼーション戦略　*120*

5 映画が作り出すアメリカ社会とスポーツの意味　*125*

6 これからのメディアとアメリカスポーツ　*126*

コラム5　台湾プロ野球の発展──日本とメジャーのはざまで　*129*

第8章　地域メディアと地域スポーツ　　131

1 歴史と現状　*131*

2 サンテレビの「カレッジフットボール・イン・USA」　*133*

3 観客調査より　*137*

4 地域メディアと地域スポーツ──「もちつもたれつ」の関係　*141*

5 メディア環境の変化とスポーツ　*146*

第9章　伝統スポーツとメディア　　151

1 創造された伝統スポーツ　*151*

2 近代以前の相撲とメディア　*151*

3 新聞と大相撲　*152*

4 ラ ジ オ　*159*

5 テ レ ビ　*163*

6 映　　画　*165*

7 インターネット　*166*

8 大相撲とメディア　*167*

第Ⅲ部　メディアスポーツ実践論

第 **10** 章　スポーツ取材実践論 ………………………………… *171*

   1　誰も書かないことを書く　*171*

   2　まず見る　*173*

   3　話を聞く　*177*

   4　記事を書く　*181*

   5　数字との付き合い方　*184*

   6　横並び主義の排斥を　*185*

   コラム6　ワールドカップからコパ・アフリカへ
            ――サッカーライターから見る大会運営　*186*

第 **11** 章　スポーツ実況論 ………………………………… *189*

   1　実況の原点　レース　*189*

   2　実況の歴史　*190*

   3　実況放送の現場　*195*

   4　実況アナウンスの考え方　*201*

   5　スポーツの「日常」化　*205*

索　引　*207*

第Ⅰ部

メディアスポーツの歴史

第 1 章
「メディアの野球」の歴史に見る可能性と課題

山口　誠

1　「球場の野球」と「メディアの野球」

　数年前に友人たちと，プロ野球の試合を見に出かけた。神宮球場は満員で，目の前のグラウンドには，テレビでよく見る有名選手たちがプレーしていた。この日，初めて球場に来た友人の1人が，球場でしか味わえない独特な雰囲気を楽しんでいたように見えた。

　試合は一回から両チームの先発投手が奮闘して，いわゆる投手戦になった。試合を観戦していた友人は「ヒットが出なくて，つまらない試合だね」と言った。それを聞いた隣の友人は「いや，引き締まった好ゲームだよ」と，憮然とした口調で言い返した。

　やがて五回の裏に試合が動いた。一死一・三塁で打者が三遊間にボールを飛ばしたが，定石通りの六―四―三のダブルプレーでスリーアウト。そのとき，球場に初めて来た友人が「あっ，三塁の人が先にホームに帰ったのに，点が入らなかったよっ」と叫んだ。

　隣の友人が「いや，スリーアウトだから無効なんだ」と応えても，初めて球場で観戦する友人は「リプレイが出ないの？」と聞かなかった。やがて「テレビで見た方が面白い。なんで球場に来るんだ」と，不貞腐れてしまった。

　球場の外野席から野球を観戦すると，ボールは米粒より小さく見える。打者に対峙する投手の表情も，投げた球種も，打者の表情も，ほとんど見えない。だがテレビの野球中継ならば，それらはアップでよく見える。ときにスロー映像で，何度もリプレイされる。そうした「テレビの野球」に慣れた人が球場へ足を運ぶと，確かに戸惑うかもしれない。同じ試合なのに「球場の野球」と

「テレビの野球」は，まるで別物のようだ。

　ここで「球場の野球」が本物であり，「テレビの野球」はメディアが作った偽物だ，と言うこともできるだろう。または「テレビの野球」のファンは，もっと深く野球を理解すれば「球場の野球」も楽しめるようになる，と言えるかもしれない。しかし，そうした〈競技中心の視点〉だけでは，スポーツとメディアが取り結んできた関係性と，その現代社会における意味を，的確には理解できないだろう。

　なぜならスポーツとメディアをめぐる最前線には，ここに挙げた「球場の野球」と「メディアの野球」の関係によく似た事例が，いくつも存在するからだ。たとえばサッカーのFIFAワールドカップの試合中継を見る人のすべてが，オフサイドやロスタイムを理解して観戦しているのだろうか。オリンピック大会のフィギュアスケート中継を見る人の何割が，トリプル・ルッツとトリプル・サルコーの違いを正確に説明できるだろう。

　つまり野球に限らず多くのスポーツにおいて，会場で観戦する人よりもテレビや新聞などのメディアを通じて観戦する人の方が，圧倒的多数である。またメディアがスポーツ大会を開催する基盤（運営資金や観客動員）を支える不可欠な存在であることを考慮すれば，メディア観戦を会場観戦の代替物あるいは偽物として片づけることはできない。メディアを介したスポーツ観戦の体験は，それ自体に固有の社会的意味があると考えられる。

　ならば冒頭に述べた「メディアの野球」を含む，さまざまなメディアスポーツの体験は，どのように理解すればよいのだろう。そもそもメディアスポーツは，新しい現象なのだろうか。こうした問いを探究するために，本章では野球とメディアの関係に照準を当て，近代日本におけるメディアスポーツの歴史を紐解いてみたい。

2　野球とメディアが出会うまで

　日本におけるベースボールは，1871（明治4）年あるいはその翌年に，アメリカ人教師ホーレス・ウィルソンが，後の第一高等学校（一高）の学生に伝えたことに始まった，とされる。早くも1878（明治11）年には，アメリカ帰りの

鉄道技師である平岡吟舟（ぎんしゅう）が，アメリカ人を交えた本格的チーム「新橋倶楽部」を結成したが，日本のベースボールは学生スポーツとして広まり，一高をはじめとして，最初期にはアメリカ人の宣教師が教師として在籍する学校で盛んに行われた。

　こうしてベースボールはアメリカ人の手で日本へ伝えられたが，そのスポーツ競技としての起源には諸説ある。たとえばベースボールの起源はアメリカではなく，イギリスやロシアにあるという説も唱えられ，現在では「1839年にアブナー・ダブルデー陸軍少将が考案しニューヨーク州のクーパーズタウンで誕生した」という定説が揺らいでいる。それでもベースボールが現在の競技形式に定着して，広く普及したのは1840年代のアメリカであり，その30年後に日本へ伝わったのはアメリカ式ベースボールであったことは確かなようだ。

　その最初期の日本のベースボールをリードしたのは，上述の一高だった。同校は1896（明治29）年に横浜公園で行われた試合で，アメリカ軍人を中心とする外国人混成チームに4対29で大勝し，一高黄金時代を築いた。ちょうどこのころ，一高出身の中馬庚（ちゅうまかのえ）がベースボールに「野球」という訳語を与え，1897（明治30）年に著書『野球』を発刊したことと前後して，一高式野球という日本独自のベースボールのスタイルが姿を現した。一高式野球とは，勝敗にこだわる勝利至上主義，野球を通じた徳育の涵養を目指す精神主義，そして各選手の個人技よりも校風の発揮を優先する集団主義，という3点を特徴とする。

　この一高式野球の出現は，同時代のメディアでも観察できる。一高が記録的大勝を果たした1896年まで，読売新聞は紙上でベースボールという語を使用していたが，翌1897年からは中馬が考案した野球という語を使い始めた。のちに一高式野球は武士道の思想と接続され，〈アメリカ式ベースボール〉とは異なる〈日本の野球〉の原点として長く語られることになる。

　こうしてベースボールが野球へ変化し，学生スポーツの華として衆目を集めると，さまざまな学校で野球部が結成され，一高に勝負を挑んだ。そして1904（明治37）年，6月1日に早稲田が，翌2日には慶應義塾が相次いで一高を下し，その2日後の同月4日に早稲田対慶應義塾の試合を行ったことで，早慶戦が一躍，注目の的になった。翌年には早稲田の野球部がアメリカ遠征を果たし，帰国後に本場仕込みのユニフォームやシューズを身につけ，新しい戦術を披露し

たことなどもあり，早慶戦は両校の関係者の外にも訴求する，一大スポーツイベントと化した。

　この早慶戦の人気の高まりにも，新聞が一役買っている。試合前には予想記事を掲載し，試合当日と翌日には試合内容を詳報することで，試合会場で観戦しなかった人々にも早慶戦の内容と熱気を伝えたのである。そして1906（明治39）年の早慶戦には，会場に入りきらないほどの大勢の観客が，球場に押し寄せた。第一戦は慶應が，第二戦は早稲田が勝利した。決勝戦となる第三戦を目前に控え，殺気立つほど異様な状況になったため，これを重く見た両校の野球部は第三戦を中止し，それから早慶戦は20年近くも封印されてしまった。

　こうして早稲田と慶應義塾の定期野球戦である早慶戦は，開始から3年ほどで途絶えたのだが，逆に幻となったことで早慶戦は特別な位置づけを獲得し，両校の野球部は一高に代わる日本野球界の中心的存在として活躍していった。プロ野球はまだ存在せず，甲子園野球も始まっていなかった当時，大学野球が日本野球界の頂点に位置していた。大学によっては自校の宣伝のために野球部の国内遠征やアメリカ遠征を積極的に行うなど，華やかな活動を行ったため，早慶戦が封印された後も，大学野球は年々栄えていった。

　そうした野球人気の高まりに水を差したのが，『東京朝日新聞』が1911年の8月から9月にかけて連載した野球批判記事，いわゆる野球害毒論争だった。東京朝日は，大学野球が興行化して学校宣伝の具にされつつある，と批判して，学校教育から野球を追放することを訴えた。さらに『武士道』の著者であり一高の校長だった新渡戸稲造をはじめ，有識者による野球批判の意見を多数掲載した。これに対して『読売新聞』は野球擁護論を掲載し，『東京日日新聞』や『国民新聞』など当時の主要な新聞各社も論争にかかわった。

　この野球害毒論争については先行研究が多数あるため，論争の詳細は有山輝雄『甲子園野球と日本人』（1997）などを参照されたい。ここで注目したいのは，論争の結果である。まず『東京朝日新聞』は，一高式野球を本来の野球のあり方と位置づけ，学業を休ませても遠征や練習を優先する早稲田や慶應義塾をはじめとする私立学校の野球部を「学校広告に利用した」興行的野球として区別し，論点を野球全般の否定から後者の批判に変えた。数では『東京朝日新聞』の野球害毒論を凌駕した野球擁護論者もこの批判は概ね認めたため，論争

の結果,「武士道」的精神を持つ一高式野球が日本野球の原点, という認識が共有されていった。時を経て現在もワールドベースボールクラッシック (WBC) 大会などで現われる「サムライ・ジャパン」や「日本の野球」という言説は, ここに端緒を発したと考えられる。

　もう一つ注目すべきは, 論争から4年後の1915 (大正4) 年に, 『大阪朝日新聞』が「野球害毒論争で指摘された弊害を克服する」という名目を掲げて「全国優勝野球大会 (以下, 選手権大会)」を主催したことである。全国各地の中等学校 (現在の高等学校) の代表チームを一堂に集め, 一高式野球の普及と発展を目指した野球イベントを, 4年前に野球を批判したメディアが, 関西の私鉄と連携して開催したのである。大会会場は大阪府の豊中球場, 兵庫県の鳴尾球場を経て, 1924 (大正13) 年からは同年に竣工した甲子園球場に移り, やがて「甲子園野球」として知られる一大スポーツイベントに成長した。朝日新聞は大学野球の興行化を批判しながら, 中等学校の日本一決定戦を自ら主催して自社の紙面で詳報することで新聞の発行部数を伸ばすという, 野球の興行化に着手したのである。

　朝日新聞と発行部数を競っていた毎日新聞も, 1924年に愛知県の山本球場で「全国選抜中等学校野球大会 (以下, 選抜大会)」を開始した。翌年からは朝日新聞と同じ甲子園に舞台を移して選抜大会を開催し, やはり自社の紙面で大会を詳しく報じた。

　この1925 (大正14) 年には, 日本の野球の歴史において重要な出来事が, さらに二つあった。一つは, 長らく封印されてきた早慶戦が復活したことである。強豪チームの評判を確立した明治大学野球部の働きかけによって, 早稲田, 慶應義塾に立教, 法政, 東京帝国大学を加えた「東京六大学野球連盟 (以下, 東京六大学野球)」が同年に発足し, そのリーグ戦の一つとして早慶戦が再開されたのである。もう一つ, メディアとスポーツの関係にとってはこちらのほうが重要なのだが, 同年には東京, 大阪, 名古屋の三都市でラジオ放送が開始され, 早くも東京放送局では早慶戦の復活第一戦を中継する番組が計画された。

　こうして1924年から1925年の1年間に, 日本の野球は大きな転換点を迎えたことがわかる。西では甲子園球場の完成に連動して, 二大新聞社による春の選抜大会と夏の選手権大会という, 現在まで続く甲子園野球の形が完成した。東

では東京六大学野球が結成され，ラジオ放送による野球中継が誕生したのである。

　このうち東京六大学野球を除けば，すべて新聞社あるいは放送局が主導した出来事であり，そして次節で見るように東京六大学野球も，新聞と放送という二大メディアと深く関係を持つことで，未曾有の国民的イベントへと急成長していったのである。野球とメディアが，新たな関係を築き始めた状況が見えてくる。

　これまで見てきたように1924年以前にも新聞社が野球試合を詳報し，また野球大会を主催しているため，この時をメディアスポーツの「元年」と言うことはできない。しかし上記のように1924年から一年の間に続発した，野球とメディアの新しい関係を並べて見ると，そこにはメディアスポーツの「新時代」の始まりを見ることができる。

　そこで次に，新時代を迎えた1925年以降の野球とメディアの関係を，より詳しく見ていきたい。

3　メディアスポーツの「新時代」

　「ラヂオの放送のなかつた時代のスタンドの顔ぶれは，現在のやうに大衆性がなく，極く小部分の人に限られてゐた」というのは，1931（昭和6）年に『六大学野球全集』（改造社）という大部の資料集を編纂した，庄野義信である。

　「野球の放送によつて野球を知らない人々の間にも，野球の興味がつたはり判るやうになつて，昭和三年，四年，五年と急速にフアンの数が増加し，今や日本の野球熱は，アメリカにさへ類がないやうになつてしまつた」という庄野は，ラジオ放送による野球中継が「日本の野球熱」を生み出したと見ている。

　既述のように日本のラジオ放送は1925年に開始され，早くも同年10月には早慶戦の中継が計画されていた。しかしこれは，新聞社が放送局の電波を借りて企画した放送番組であり，放送局が本格的に野球をラジオ電波に乗せて発信したのは，2年後の1927（昭和2）年からだった。

　なぜ2年も遅れたのか。大阪中央放送局の記録によれば，彼らは1926（大正15）年の夏には甲子園球場からの中継放送を「実現せんことを内心熱望したの

であつたが四囲(しい)の事情，諸般の条件は到底これを許さなかつた」という。そこで翌年，大会の主催者である朝日新聞と「甲子園グラウンドの所有者たる阪急電鉄側と数次の折衝を重ねた」結果，ようやく中継放送が可能になった（大阪中央放送局放送部，1988，264頁）。

つまり甲子園野球の中継放送は，当初は「大会の主催者」に歓迎されていなかったことがわかる。新聞よりも速報性に優れたラジオで試合の結果を放送されてしまえば，翌朝の新聞を読む人が減少し，多額の資金を捻出して大会を主催する朝日新聞にとっては大打撃となる。また甲子園球場の所有者である阪急電鉄も，ラジオで中継されてしまうと電車に乗って甲子園まで足を運ぶ人が減ることを心配したようだ。

しかし結果は逆だった。甲子園野球の中継放送が始まると，多くの人が甲子園球場へ押しかけた。ラジオ放送によって，予想できなかったほど野球ファンが急増したのである。

ただし誕生したばかりのニューメディアだったラジオ放送を聞くためには，高価な受信機を購入し，毎月の受信料を支払わねばならない。さらに多くの家庭では，夜間だけ電気が使える「定量（つきぎめ）利用」で電力会社から電力を供給されていたため，たとえラジオ受信機を自宅に持っていても，野球が中継放送される昼間にはラジオを聞けなかった。

そのため多くの人が，ラジオ販売店（ラジオ商）やその他の商店の店先に置かれた「街頭ラジオ」で，野球中継を聞いていたと考えられる。特に春夏の甲子園野球の決勝戦や，年2回の早慶戦の中継放送の日になると，ラジオ商の前の道は，通行できなくなるほど人を集めたという。1930（昭和5）年の夏，大阪市内の情景を見てみよう。

『何事だ，あの人だかりは？喧嘩か，人殺しか』『じあうだんぢやない，甲子園だよ，野球だよ，当分は人だかりがあれば野球だと思ひなさい』……これはきのふ大阪市内の街上風景だが，阪神電車の梅田停留所には『甲子園球場満員』の貼札，立看板を出すといふまさに百パーセントの人気［中略］ラヂオ商の前はどこもかしこも黒山の人だかり，抜け目ないラヂオ屋さんは『戦況はラヂオで』『この好機を逸せずラヂオはぜひ当店で』のスローガン入

図1-1 街頭ラジオと集団聴取の一例（大阪市内）
出所：NHK大阪放送局編『こちらJOBK』日本放送協会，1995年

りの宣伝ぶりだ

『中学がみんな実業学校にやられよつた』『おかしな具合やで』罪のない一かどの野球通は得意気に優劣を弁じ立てる（『大阪朝日新聞』，1930年8月14日）

こうして集団聴取の機会を提供した街頭ラジオは，大阪や東京のような大都市に限らず，全国各地の街角に出現した（図1-1）。ラジオ受信機を製造するメーカーは，街頭ラジオによる販売促進の方法を宣伝した。また受信者数の拡大を望む放送局も，店先に掲げる得点表が印刷された大型の紙を配布して，街頭ラジオで野球放送を流すことを積極的に支援した（山口，2003b）。

もちろん街頭ラジオだけでなく，各家庭では鉱石式ラジオや真空管式ラジオでも，野球放送は聞かれていた。ならば当時の野球放送は，どのような内容だったのだろうか。

ラジオという音声メディアで，球場のグラウンド上に起こる複雑なプレーを伝えねばならなかった最初期のアナウンサーは，とても苦労したようだ。まず1927年には，大阪放送局（JOBK）の魚谷忠が甲子園野球に設置されたマイクの前に立った。魚谷は大阪の強豪，市岡中学の選手として第二回全国中等学校優勝野球大会（豊中球場で開催）に出場した経歴を持つため，最初の野球実況アナウンサーとして抜擢された。

魚谷のアナウンスを速記した記録が，同年の『アサヒスポーツ』に掲載されている。それによれば，魚谷は主に「ボールの行方」を声で追いかけることに専念し，「ソラ投げた」や「ソラ，ストライキ」「ソラ〜〜〜，フライをあげました」など，感嘆詞を連発して実況したことが分かる（山口，2003a，184頁）。

この魚谷のアナウンスでは，「ボールの行方」はリアルタイムで分かる半面，あらかじめ野球に詳しい人でなければ，野球の試合経過は理解できないだろう。

つまり玄人向けのアナウンスであり，まったく野球を知らない人や，野球の試合を実際に球場で観戦したことがない人にとって，魚谷の実況中継から試合内容を理解することは難しかったはずだ。

大阪放送局の魚谷が，甲子園球場から最初の野球放送を実現した11日後，東京放送局（JOAK）も，神宮球場から一高と三高の野球戦を中継放送した。アナウンサーは松内則三であり，彼は魚谷のような輝かしい野球経歴を持つ人ではなかった。

松内も，初期は魚谷と同様のアナウンスをしていたようだが，放送の後に雑誌『週刊朝日』で批判記事が出たことで，自らのアナウンスを分析する機会を得て，やがて「生きた描写」を交えたアナウンスにたどりついた。翌1928（昭和3）年，松内は東京六大学野球のリーグ戦や夏の甲子園野球を実況するのだが，松内のアナウンスは「ボールの行方」よりも，投手と打者の駆け引きや応援団の熱狂を描写することに注力するようになっていった。

そうして1929（昭和4）年から1930（昭和5）年ごろには，「松内節」と呼ばれた松内則三アナウンサーに独特な野球放送の実況アナウンスが確立された。次に「松内節」の例を見てみたい。早慶戦の一幕，早稲田の人気投手である小川に，慶應義塾のバッター岡田が対する，フルカウントの描写。

　形勢逆転。早稲田に一転リードされた慶應は，いまや必死の攻撃。
　ツーダウンとはいえども未だにチャンス。
　カウントはツーストライク，スリーボール。
　最後の一投。最後の一撃。
　小川の鉄腕，よく危機を脱するか。岡田の健棒，よくチャンスをつかむか。
　神宮球場，風雲愈々，急なり（山口，2003a，196頁）。

七五調の短文を多用し，小気味よい語りのテンポを整え，投手と打者が対決する球場の緊迫感を，独特の声色で創出する。それはまるで2人の武士の決闘シーンを語り出す，講談師のような語り口である。こうした物語化された講談調のアナウンスが，松内の野球放送では，多くちりばめられている。

このような「松内節」によって演出された野球放送ならば，たとえ野球に詳

しくない人や球場観戦の体験がない人でも，当時人気を博していた講談のように野球放送を聞くことができる。ここには，本章の冒頭で挙げた「メディアの野球」に通じるメディアスポーツの一画期を見ることができる。有山輝雄は「ラジオの実況中継を聴くことは，球場に行って観戦することの代替ではなく，それ自体が独自の大きな楽しみであったのである。しかも，それを楽しむのは，球場の観衆より，はるかに多数で広範な聴衆である」と分析している（有山，1997，137頁）。そうした聴衆を創り出した一つの有力な存在が，「松内節」であった。

「松内節」の野球放送は瞬く間に大人気となった。その絶頂を迎えた1930年から1931年にかけて，複数の雑誌で松内則三の実況アナウンスを速記した文章が掲載され，またレコードにも吹き込まれてベストセラーになった。

1931年1月号の雑誌『ベースボール』は，なぜここ3，4年の間に「斯くの如く野球が普及発達したかと云へば」，その「大部分は『ラヂオ』の普及の為」であり，「如何なる地方の人々にも，最もわかりよく，最も興味を起こさすやうに放送し得る，野球放送の第一人者，名アナウンサー松内氏が有る為である」と述べ，「松内氏は野球を日本全国へ普及発達させた斯界の恩人であると云つても過言ではあるまい」と賛辞を送っている。

こうして1920年代の末から1930年代の前半にかけて，「松内節」を媒介にして野球と出会い，「メディアの野球」に熱中し始めた人が多数，現れた。

さらには「メディアの野球」が先にあり，それをきっかけに球場へ足を運び，初めて野球を観戦する人も現れた。そうした「メディアの野球」を原体験とする人々にとって，球場の野球はどのように見えたのだろう。

「花のお江戸見物に出て来たお上りさんがラヂオで聴いてあんなに面白いリーグ戦なら見物したらどんなに面白いだらうと外苑球場に出かけてみた」という，東京六大学野球のリーグ戦を見た人の例が，『文藝春秋』1933（昭和8）年8月号に紹介されている。

　どれがピッチャーやらバッターやらとんと判らず，それにのろのろと合図をしあつてから球を投げる。一向に面白くもなければ興奮もしなかつた。野球なんて実につまらないものだと云つた。翌日宿屋で野球放送を聴いてみる

第 1 章　「メディアの野球」の歴史に見る可能性と課題

と故郷にゐた時と同じく実に面白い。二時間近くの放送に一喜一憂手に汗を握つて興奮させられた。ゲームは昨日見てつまらなかつた試合の二回戦なのである。

　このように「メディアの野球」を原体験に持つ人にとって、「球場の野球」は意味を成さない「つまらない」ものであり、メディアが創出するスポーツのほうが、よりリアルな意味を発揮するのである。
　もちろん「メディアの野球」は「球場の野球」と無関係には存在できない。もともとは後者が前者を可能にするのだが、やがて前者が後者へ作用し、「メディアの野球」が実際の野球界を再編して、その姿を変えていく状況も出てきた。たとえば野球放送の開始によって、球場へ足を運ぶ人が急増したことも、その一例としてとらえることができる。1924年に完成した当時の甲子園球場は内野席が木造だったが、4年後の1928年には改修して鉄筋コンクリート50段の観戦席「アルプススタンド」を増設し、増え続ける観客に応えた。かたや東京六大学野球が行なわれる神宮球場も1931年に大改修を行い、収容人数を3万人から5万人へ大幅に増やした。
　特に東京六大学野球の全国的な人気の高まりは、注目するに値する。メディアスポーツ研究において、甲子園野球を分析した論文や著作は数多いが、東京六大学野球のメディア研究は極めて少ない。さらにプロ・スポーツが普及する以前に日本のスポーツ界の中核を成してきたカレッジ・スポーツ（大学だけでなく師範学校や各種学校も含む）とメディアが取り結んできた歴史については、さらに多くの研究が待たれている。
　たとえば東京六大学野球について言えば、それは本来ならば東京に所在する六つの大学による、ローカルなリーグ戦にすぎない。全国から代表チームが一堂に会して日本一を競う甲子園野球よりも、ナショナルイベントとしての訴求力が低いはずなのだが、それにもかかわらず1920年代半ばから30年代にかけて東京六大学野球は、甲子園野球と同等か、それ以上の全国的人気を博していた。中でも早慶戦は異様なほどの盛り上がりを見せ、既述のように全国各地の街頭ラジオの前に、ひときわ多くの聴衆を集めた。こうした東京六大学野球のナショナルイベント化には、「松内節」の野球放送が重要な役割を果たしたと考え

られる。

　松内則三は甲子園野球も中継したが、20あまりの代表校がトーナメント方式で競う同大会よりも、実質的には早稲田と慶應義塾と明治の強豪三校を中心に中継すればよい東京六大学野球のリーグ戦の方が、より「松内節」の野球放送に向いていた。強豪3校の校風を実際以上に対比させて描き出し、また3チームの主要選手を繰り返し定型文で語ることで、講談調の対決シーンのようなアナウンスを得意とする「松内節」の特性を、より発揮できるからである。出場チームが多く、しかも顔ぶれが毎年、あるいは試合ごとに変わってしまう甲子園野球では、こうした「松内節」の効果は薄れてしまう。

図1-2　「関西六大学野球」の発足を伝える新聞記事
出所：『大阪朝日新聞』、1931年9月16日

　さらに「松内節」が先導した野球放送が、同時代の野球界に及ぼした社会的意味を考えるとき、「もう一つの六大学野球」の存在が参考になるだろう。それは1931年に関西で発足した「関西六校野球連盟（以下、関西六大学野球）」である（**図1-2**）。

　これは早稲田や慶應義塾よりも古い野球部の伝統を持つ同志社をはじめ、関西、関西学院、立命館、京都帝国、神戸商業（のちの神戸大学）の6校の野球部によるリーグ戦であり、明らかに東京六大学野球を意識したスポーツイベントの出現である。

　中でも1932（昭和7）年に関西六大学野球を制覇した関西大学は、同年に東京帝国大学を除く東京六大学野球の5大学と対抗戦を行って全勝し、さらにハワイ遠征でも好成績を残すなど、当時の大学野球界では随一の実力を示した。その関西大学がライバル校の関西学院と競う関関戦は、同立戦（同志社と立命館の試合）と並んで関西六大学野球の看板ゲームとなり、東京六大学野球における早慶戦のような役割を果たした。

　しかし関西六大学野球は、東京六大学野球ほどの全国的人気を得るには至らなかった。その原因は、上述のように二つの六大学野球における実力の差では

ない。ラジオ放送で全国へ中継放送されたか否か，そして「松内節」によって定期的に実況中継されたか否か，の違いに因ると考えられる。

「松内節」を得た東京六大学野球は全国的人気を集め，また東京六大学野球の看板ゲームである早慶戦をアナウンスする松内は，先述のように「野球を日本全国へ普及発達させた斯界の恩人」として野球界から賞賛された。そうした1930年代の「メディアの野球」の循環は，二つの作用を生み出した。一方では，「球場の野球」に詳しくない多くの人々を「メディアの野球」のファンにしたこと，他方では野球部の伝統や実力とは無関係な水準において，日本の野球のあり方を再編していったことである。

これまで野球とメディアが出会い，深く結びつくことで開かれた可能性の部分を中心に見てきたが，次にメディアスポーツの出現と循環によって閉じられてしまった可能性，あるいはその問題について見てみることで，いくつかの研究課題を示したい。

4 「メディアの野球」の影と課題

1931年，読売新聞は有名選手ルー・ゲーリックをはじめとするアメリカの大リーグ選手を日本へ招き，「全米選抜チーム」として日本選手との対抗戦を開催した。長旅の疲れにもかかわらず「全米選抜チーム」が17戦を全勝し，「日本の野球」との差を見せつけた結果となったが，主催者である読売新聞の巧みな宣伝によって大きな話題を呼んだ。

その7年前の1924年に，元警察官僚の正力松太郎（しょうりきまつたろう）によって買収された読売新聞は，甲子園で春の選抜大会を主催する毎日新聞や，同じく夏の選手権大会を主催する朝日新聞とは比較にならないほど低迷した，発行部数が5万部ほどの新聞社だった。しかし正力体制下に入った読売新聞は，直ちに紙面改編と販売促進イベントを連発して読者の獲得に成功し，1930年には発行部数が22万を超えるまでの成長を見せた。このとき読売新聞が重視したのは，さまざまなスポーツイベントの開催であり，上述した1931年の日米野球対抗戦は，同社の販売促進戦略の一部だった。

この日米野球対抗戦では，大リーグの有名選手と対戦する日本チームの選手

を，読売新聞の読者による投票で決めることとし，同社はその紙上で大々的に投票への参加を呼びかけた（図1-3）。そうして読者投票をもとに選ばれた候補選手の中から野球界の権威が選抜したメンバー27名は，「全日本代表チーム」と名づけられた。

しかし，すべての選手は東京六大学野球の現役選手と，その卒業生で構成されていた。つまり「全日本代表」ではなく，実際には「東京六大学野球の代表」であり，東京六大学野球の構成校を次々と倒した関西大学の看板投手である本田竹蔵や西村幸生など，日本各地の実力ある選手たちは，選考対象にも入っていなかった。

図1-3 「日米野球」の読者投稿を呼びかける社告
出所：『読売新聞』，1931年9月7日

読売新聞社は3年後の1934年にも，大リーグの有名選手を日本へ招聘し，再び日米野球対抗戦を主催した。このときは名物選手ベーブ・ルースの招聘に成功したため，1931年の日米野球を上回る話題作りに成功した（図1-4）。

二度目の「全日本代表チーム」は，前回とは異なり日本全国から実力派の選手が集められた。しかしそこには，新たな問題もあった。

数年来の過熱した野球ブームによって，有望な学生選手が「売買」されたり，一部の学校で主力選手の学業放棄などが横行したことに憂慮した文部省は，1932年3月28日に「野球ノ統制並施行ニ関スル件」（いわゆる野球統制令）を施行した。

これにより新聞社や鉄道会社は，自らの宣伝の為に野球大会を主催することが事実上困難になり，また学生選手がプロの野球選手と試合することが禁止された。野球統制令についてはいくつかの先行研究があるため，ここでは詳述しないが，読売新聞が主催した1934年の日米野球では，この野球統制令が「全日本代表チーム」のメンバー決定において大きな足枷となった。前回のように東京六大学野球の有名現役選手を中心としたチーム編成が不可能になったのであ

る。

　いまも多くの文献などでは，1934年の日米野球に出場するチームとして学生選手をメンバーに含まないプロ野球チーム「大日本東京野球倶楽部」が結成され，それがのちの読売ジャイアンツの創設につながり，日本のプロ野球の端緒となった，という記述が見られる。それは一面において正しいが，史実はより複雑であり，問題を孕んでいる。

図1-4　「日米野球」のために来日したベーブ・ルース
出所：日本放送協会編『日本放送史』日本放送協会，1965年

　たとえば読売ジャイアンツで活躍することになる沢村栄治（当時17歳，京都商業）やヴィクトル・スタルヒン（同18歳，旭川中学）は，1934年の日米野球に出場するために学校を中退している。特に亡命ロシア人の息子であるために不安定な生活基盤にあったスタルヒンは，半ば強制的に中学を中退させられ，「全日本代表チーム」へ合流したという。

　確かに，その後の両投手の大活躍を知れば，必ずしも学業を続けることが職業野球（戦前のプロ野球）の選手になることよりも正しかった，とは断言できない。それでも「メディアの野球」のために企画された日米野球対抗戦，さらにその成り立ちそのものがメディアスポーツの結晶体である職業野球（プロ野球）のために，この他にもさまざまな犠牲が払われ，またその後の日本の野球に残した影響は記録されるべきである。

　こうして「メディアの野球」が放つ眩い光の影に入ってしまったため，見えなくなっているものは，若い選手たちが払わされた犠牲だけではない。メディアスポーツを観戦する側にも，その影の部分に入って見えなくなっているものがあるだろう。

　たとえば「メディアの野球」の出現とその隆盛は，一方で野球ファンを増加させて野球文化の発展に寄与してきたが，他方でメディアスポーツの脚光を浴びない野球の試合やチームやリーグ戦は，上述の関西六大学野球を一例として，

見えない存在として影の部分に置かれている。

　問いの視点を現在に移せば，2005年発足の「四国アイランドリーグ」や2010年発足の「日本女子プロ野球機構」など，日本各地で野球の独立リーグを設立し運営する動きがあるが，それらは知名度が低く，メディアとの関係をうまく築けているとは言い難い。他方で公共放送のNHKは，アメリカの大リーグ・チームに所属する日本人選手の試合を日常的に中継し続けている。もしもNHKが，かつての「松内節」のような独自のアナウンス，あるいは新しい実況中継の技法を編み出して，たった一人の日本人選手ばかり焦点化する大リーグ中継の替わりに各地の独立リーグの試合を中継放送したら，「メディアの野球」の姿は変化するかもしれない。それは日本の野球のあり方，そしてメディアとスポーツが取り結ぶ関係をも，変化させていくだろう。

　あるいは各地の独立リーグが，野球チームの創設と同時に独自のラジオ局やテレビ局を立ち上げ，メディアスポーツとしての独立リーグ運営にも力を注ぐならば，状況は変わっていくかもしれない。インターネットや携帯電話など新しいメディアの普及は，そうした新しいメディアスポーツの登場を応援するきっかけとなりうるだろう。そのとき1920年代に登場したラジオ放送が，「松内節」という新しいメディアスポーツの技法を実現し，瞬く間に新たなメディアスポーツの新時代を開いた歴史から，さまざまな示唆と教訓を得ることができる。

　メディアとスポーツの関係は，もはや切り離せないほど密接なものである。それだけに両者が取り結んできた関係の歴史を紐解き，そこにある可能性と問題点を考察することは，今後ますます重要になってくるだろう。単に古い出来事を発掘して記述するための方法ではなく，現代社会のあり方を深く理解するために通時分析する方法として，メディアスポーツの歴史を探求する研究がある。そしてこのフィールドには，まだまだ誰も手をつけていないたくさんの研究テーマが，新しい研究者の登場を待っている。

■ 参考文献

朝日新聞社編『全国中等学校野球大会史』朝日新聞社，1929年

朝日新聞社編『全国中等学校優勝野球大会史』朝日新聞社，1943年

朝日新聞社編『全国高等学校野球選手権大会史』朝日新聞社，1958年
有山輝雄『甲子園野球と日本人』吉川弘文館，1997年
大阪中央放送局放送部「野球放送創始記録」南博，岡田則夫，竹山昭子編『近代庶民生活誌　第8巻　遊戯・娯楽』三一書房，1988年
加賀秀雄「わが国における1932年の学生野球の統制について」『北海道大学教育学部紀要』第51号，1988年
菊幸一『「近代プロ・スポーツ」の歴史社会学』不昧堂出版，1993年
君島一郎『日本野球創世記』ベースボール・マガジン社，1972年
坂上康博『にっぽん野球の系譜学』青弓社，2001年
清水諭『甲子園野球のアルケオロジー』新評論，1998年
庄野義信編『六大学野球全集』上中下巻，改造社，1931年
竹山昭子『ラジオの時代』世界思想社，2002年
津金澤聰廣編『近代日本のメディア・イベント』同文館，1996年
永田陽一『ベースボールの社会史』東方出版，一九九四年
中村哲也「「野球統制令」と学生野球の自治」『スポーツ史研究』第20号，2007年
橋本一夫『日本スポーツ放送史』大修館書店，1992年
山口誠「スポーツ実況のオラリティ」『関西大学社会学部紀要』第34巻第3号，2003年a
山口誠「『聴く』習慣，その条件」『マス・コミュニケーション研究』第63号，2003年b
山口誠「『生』の快楽」『木野評論』第34号，2003年c
山口誠「聴くスポーツの離陸」土屋礼子・吉見俊哉編『大衆文化とメディア』ミネルヴァ書房，2010年
吉見俊哉『メディア時代の文化社会学』新曜社，1994年
綿貫慶徳「近代日本における職業野球誕生に関する史的考察」『スポーツ史研究』第14号，2001年

第2章

テレビとプロ野球
―― ナショナルヒーローの形成 ――

永井 良和

1 黎明期のプロ野球とメディア

■ プロ野球の創設とメディア

　前章でみたとおり，明治に輸入された野球というスポーツは当初，少数のエリート学生の娯楽にすぎなかった。マスメディアが関与してから，学校教育をつうじて普及していく。教育機関での存在を許される必要があったために，学生野球は心身の鍛錬・修養という性格をひきずりながら，いっぽうで新聞社や放送局がつくりあげるメディアイベントとしての側面を肥大させていった。しかし，学生野球はあくまでもアマチュアのものであり，過度に商業化されることは慎重に回避された。文部省による統制は，学生野球を見世物にすることを厳しく戒め，選手たちがアマチュアとしての身分から逸脱することを許さなかった。

　見方を変えれば，ひろく人気を獲得した野球で利潤を得てはならない，ということになる。この状況は，普及を考える人びとにとって歯がゆいものだったにちがいない。そこで，米国の球界をまねて，選手がプロとして野球を見せ，観客から入場料を徴収して興行にするという発想が生じる。その動きを牽引したのは，読売新聞社をはじめとするメディアだった。学生野球とはちがい，プロ野球は草創期から商業的発想のもとにおかれ，メディアイベントとして「仕掛けられた」のである。

　1936（昭和11）年の日本職業野球連盟の設立に深くかかわった企業群をみると，大きくふたつのグループがあることに気づく。ひとつは読売，名古屋，新愛知，国民などの新聞社であり，もうひとつは阪神，阪急，西武（現在の西武

とは別）などの鉄道会社だった。メディアという言葉の使い方を幅広く認めれば，加藤秀俊が指摘するように，新聞と鉄道とはいずれも明治時代に生まれた新しいメディアだといえる（加藤・前田, 2008）。そして，これらの企業群は，やはり海外から新しく紹介された近代スポーツに関心を示す。甲子園の中等学校野球大会は，新聞社（大阪朝日・大阪毎日）と私鉄（阪神）とがタイアップするかたちで発展した。野球にかぎらず，学生相撲選手権のようなスポーツイベントも，新聞の読者獲得あるいは鉄道の乗客誘致といった営業上の目標と結びついて考案され実施された。メディアによってスポーツが育成されたことは，この時代の特徴だといえる。

　読売新聞社は，大小複数の新聞が競合する東京地区で経営不振に陥っていた。この新聞の再建にあたったのが，正力松太郎という人物である。正力の評伝と，かかわった数々の事業の評価については，佐野眞一の『巨怪伝』に詳しい（佐野, 2000）。正力がプロ野球の発展にどのようなかたちで関与したか。興味のある読者は，ぜひ一読してほしい。

　さて，在阪の朝日や毎日は，甲子園での中等学校野球をメディアイベントとして成功させ，東京圏での読者獲得に動きはじめた。これに対し，起死回生をはかる読売は，ファンが多い東京地区で野球を販売促進の道具にしようと試みる。1934（昭和9）年に米国からベーブ・ルースらプロ選手を招いて実現した試合は，ファンに大歓迎された。東京六大学のスターが多い東京圏なら，野球はすぐにでも商売になる。しかし，大学野球は文部省の強い指導のもとにおかれていて，一企業が自由にできる余地はない。そこで，日本にもプロの野球チームをつくり，さらにはリーグ戦を実施することで興行化をはかろうとしたのである。

　このために結成されたのが大日本東京野球倶楽部（現在の読売ジャイアンツの前身）であった。ただ，このチームを日本で最初のプロ野球チームといいきることはできない。これより前にも，東京，大阪でいくつかのチームのプロ化の動きが認められるからだ。詳細は略すが，この時代には，野球のプロ化を目指す人びとがいたものの，さまざまな事情から頓挫を余儀なくされていた（佐藤, 1986；大平, 1992など）。読売の試みも失敗する可能性の高いギャンブルだったが，正力の呼びかけに応じた他の企業群の協力によって，なんとかリーグ戦の

スタートにこぎつけたといってよい。プロ野球の創設について，従来の日本の野球史では，読売という一企業，正力という一個人の業績として特筆するものが少なくなかったが，近年の研究では，同時代にあったさまざまな人びと・企業（アマチュア野球人や関西の私鉄など）の努力が再評価されるようになっている。

創立期のプロ野球についての情報を伝えたメディアは，読売新聞や雑誌『野球界』などにかぎられていた。だが，プロ野球がメディアとの強いつながりのなかで生まれたということは，まちがいのない事実である。ただし，スタートを切ったばかりのプロ野球の人気は，中等学校や大学の野球人気に遠く及ばなかった。現在では関心の低くなっている都市対抗野球も，学生野球出身のスターが出場する花形イベントとして人気を博していた。新聞，ラジオが全国的な情報伝達を担っていたとはいえ，まだ地域社会のまとまりが強かったこともある。出身学校，地元企業を中心に応援するかたちが，ファンの自然な発生のしかただった。したがって，特定のチームが突出して全国的な人気を誇るということは，あまりみられなかった。

戦時下社会で野球は敵性のスポーツとみなされ，公的には，ゲームをすることや報道することが控えられた。物資が欠乏し，多くの選手が兵士として戦地に送られると，プロのチームやリーグ戦の存続さえ危うくなった。

▍プロ野球の復興と映画

風前の灯となったプロ野球が，いまのような人気を回復することができたのは，敗戦後の日本を占領した連合軍の中心が米国であったことによる。連合軍総司令部では，日本の復興と民主化政策を推進するいっぽうで，反米感情を和らげるという課題を負っていた。昨日までの敵が，急に暖かく迎えられるはずはない。さまざまな制度改革と同時に，日本人をアメリカ文化に馴染ませることが急務となった。米国が注目したのは，日本の野球人気だった。敵性娯楽であったにもかかわらず，根強い人気をもつ野球。これを利用すれば，日本人の荒んだ生活に希望を与えることもできる。学校教育の再建のなかでも野球は活用されたが，より多くの人びとを楽しませるために，プロ野球をバックアップする態勢が整えられた。

敗戦後のスターは，「青バットの大下」・「赤バットの川上」・「物干し竿の藤

村富美男」だった。藤村は，戦争が終わるとすぐに阪神に復帰し，野球が盛んな関西地区を中心に人気を集めた。戦前から「巨人」の主軸だった川上哲治は，戦後もひきつづき強打で鳴らした。ふたりに対し，敗戦後に彗星のように現れた大下弘は，ホームランを量産し，多くのファンに野球の楽しさをわかりやすく示した。大下が所属したセネタースはじめ，いくつかの球団が新たに結成され，プロ野球は活動領域を拡大した。

　しかし，当時の野球を報じるのは印刷メディアが中心である。紙の不足のため，新聞の紙面はスポーツに多くを割くことができない。仙花紙（古紙を再生した質の悪い用紙）に刷られた薄っぺらい野球雑誌が各地で創刊された。数号で消滅したものも少なくない。しかし，こういった印刷メディアが野球人気を拡大していく力となった。また，駄菓子屋で売られるメンコや，粗末なボードゲームのなかに，プロ野球のスターの姿が描かれた。地域にある空き地や公園，学校や企業のグラウンドでは，草野球がひろがった。そこでは，自分の憧れの選手を「演じる」子どもたちがいた。この時期の野球人気は，新聞，雑誌などの印刷メディアと，すでに普及していたラジオに支えられ，玩具や遊戯などをつうじた経験が複合的に作用してつくられたものだといえる。

　生活の復興がすすむと，野球を素材とした映画が制作されるようになる。喜劇王と呼ばれたエノケンこと榎本健一や，ハワイ出身の歌手で野球の腕前も相当だったと伝えられる灰田勝彦らが出演した娯楽映画が製作，公開されている（榎本の野球映画の代表作は『エノケンのホームラン王』，灰田のものでは『のんきな父さん』や『歌う野球小僧』などがある）。野球をテーマにした映画がつくられるだけでなく，大映や松竹，東映など映画会社じたいが戦後の球界に進出を果たした。映画館では，人気の劇映画に先だって短いニュース映画が上映されたが，ここでも学生野球，都市対抗野球などの映像が流された。

　日本でテレビ放送が開始されるのは1953（昭和28）年からだが，テレビ受像機が一般家庭に普及する1960年代のなかばくらいまでは，映像メディアでは映画が主力だった。したがって，野球の映像を見るという経験も，もとは映画館での出来事だったのである。だが，スタジアムの観客席にいなくても，遠隔地で，あるいは後日に，映像化されたスポーツを見ることが可能になったという点では画期的なことだった。こういった映像メディアのなかで，野球選手の人

気も上昇し，スターが生まれた。

　戦後プロ野球の人気には，メディアの後押しによって演出された部分がある。さらにその背景に米国の占領政策があったことは，忘れてはならない点である。また，大下や川上らヒーローが誕生したとはいえ，それは野球専門雑誌やスポーツ新聞，ニュース映画といったメディアから起こった現象であり，テレビによるスターづくりは，まだだった。

2　復興期・高度成長期のプロ野球とテレビ

▍読売新聞＝日本テレビのスポーツ戦略

　田沼雄一によれば，1955年からの5年間ほどは，日本映画界において野球映画がブームだったという（田沼，1996）。この時期には，『男ありて』や『あなた買います』などのドラマ，『鉄腕投手稲尾物語』や『川上哲治物語』のような選手本人が主演する映画がつくられている。だが，野球映画，もっといえばスポーツを描いた劇映画は，じょじょに勢いを失っていく。

　劇映画では，映画スターがスポーツ選手の役を演じる。しかし，スポーツで求められる技術レベルが向上すると，俳優がそれに見合うスキルを「演じる」ことは不可能である。俳優にプロレベルの実技を求めることができないとなれば，現役のスポーツ選手を映画に出演させることになる。だが，プロのスポーツ選手に俳優なみの演技力を求めることはできない。観客は，失笑しながら，下手な芝居につきあわされる。作品としての評価も，下がってしまうだろう。したがって，スポーツを素材として，よりリアルな映像を追求するのであれば，選択肢はドキュメンタリーにするか，実際のゲームの記録・中継か，ということになる。

　このうち，ゲームの生中継は，映画では技術的に不可能である。反対にテレビこそは，スポーツ中継にもっとも適的なメディアだったといえる。敗戦からの復興を成し遂げ，高度経済成長が継続する1964（昭和39）年に東京オリンピックが開催され，テレビの受像機は一般家庭にも普及していった。オリンピックという一過性の祭典が終わったあとも，スポーツはテレビ番組編成のうえで有力なコンテンツとみなされた。

読売新聞の経営を安定させた正力は，みずから社長となって日本テレビを開局させ，1953（昭和28）年から放送を開始している。一般家庭への普及率が低いのを補うため，無料で見ることのできるテレビ受像機を街頭に設置した。人びとは，近所の新しもの好きの家庭にテレビを見せてもらいに行くか，街ゆくときは屋外のテレビの前の混雑に身をおくかして，スポーツの実況中継に興じたのである。テレビでのスポーツ観戦の定番となったのが，プロレスリング，プロボクシング，そしてプロ野球だった。プロレスラー力道山が白人の大男たちをなぎ倒す姿こそ，敗戦国日本の欧米コンプレックスを払拭し，自信を回復させる源だったという説明は，陳腐ではあるが説得力をもつ。同様に，白井義男をはじめとするボクサーたちの活躍も，日本の国際社会への復帰を象徴するものとみなされた。プロ野球興行をする球場に夜間照明の設備が整い，暗い状況でも映すことのできる高性能カメラが用意されれば，平日の夜のゲームを中継することも可能になった。家庭の夜の団欒で，ナイター中継を見るというかたちの娯楽がひろがっていく。

　日本テレビの開局よりも前，敗戦後の1947（昭和22）年，正力らは「東京巨人軍」の全株式を取得して球団を読売新聞の傘下においた。「読売ジャイアンツ」というチームは，読売新聞の一系列会社となり，「広告塔」として同紙の売り上げに貢献するとともに，同社の支援を受けて成長する。同じグループの日本テレビも，ジャイアンツ戦という人気コンテンツをスポーツ中継の重要な核に位置づけた。ジャイアンツが日本を代表するチームであるというイメージ，ジャイアンツの選手こそが一流の野球選手というイメージは，読売新聞と日本テレビを中心に流布されてきた。他のメディアも，人気選手，人気チームにおもねる中継，報道で追随した。共有されたイメージは，結果として社会的「現実」として理解される。新聞にくわえ，テレビという新興メディアと手を携えたジャイアンツは，結果として強いチームに育ち，多くのファンを獲得したのである。

▍毎日新聞とパシフィック・リーグ

　読売を盟主とする球界の運営を是正しようという動きは，古くからあった。そのなかでもっとも大きなうねりは，1949（昭和24）年のシーズン後に生じた

毎日新聞の球界参入への対応のくいちがいから起こった。毎日がつくる新チームをリーグに参加させるかどうかをめぐって，既存球団の意見は二分する。最終的には，新規参入を認めたパシフィック・リーグと，参入を認めないセントラル・リーグとが分立し，プロ球界は2リーグが並存するかたちに変わった。読売は，ライバル関係にあった毎日の参入を阻止し，セントラル・リーグをつくったのである。

　阪神の主力選手やノンプロの有力選手が入団して結成された毎日オリオンズは，圧倒的な強さでパシフィック・リーグでの優勝を決め，ポスト・シーズンのワールドシリーズ（現在の日本シリーズ）をも制して，1950（昭和25）年の日本一チームになる。しかし，セントラル・リーグ側のネガティブ・キャンペーンなどによって，人気はあまりのびなかった。

　パシフィック・リーグは，テレビ中継をうまく利用することもできなかった。毎日新聞にも系列の放送局があったのだが，試合の中継についていうと，人気球団だった南海ホークスなどとのカードを組みこむ必要があった。だが，阪神を除く関西の私鉄チームが参加したパシフィック・リーグでは，テレビ中継によって球場に足を運ぶ観客が減少するのではないかという疑念をもつ関係者が少なくなかったようだ。また，読売新聞と日本テレビ放送網が一貫した全国ネットワークを早い時期に構築したのに対し，毎日新聞や朝日新聞は，放送事業との連携においてそのような体制をつくりあげることができなかった。新聞社が放送局に資本参加する程度に差があったし，東京キー局と在阪の準キー局，地方局がネットワークを組む際に「ねじれ」が生じ，この，いわゆる「クロスネット問題」を解消するのに時間を費やした。パシフィック・リーグには，読売新聞＝日本テレビ放送網＝ジャイアンツのような確固たるトライアングルを形成する企業連合がなかったのである。

　毎日新聞を頼みにしたパシフィック・リーグは，メディア戦略で大きなおくれをとる。これは，人気の凋落につながり，所属各球団の経営悪化に直結した。けっきょく，親会社の「広報宣伝費」として赤字を補塡するような経営が常態化し，チームの身売りが繰り返されるようになった。「パ・リーグはマイナー・リーグ」というセントラル側のネガティブ・キャンペーンは，結果として「現実」になる。

ひまわりと月見草

　もちろん，スポーツの人気を企業の経営的な要因のみから説明するのはじゅうぶんではない。ここでは，テレビがつくりあげたヒーロー，スターの存在について考えてみよう。

　高度経済成長の時代を象徴する国民的スターといえば，長嶋茂雄というのが模範解答である。また，記録の面で世界的な実績を残した野球選手として王貞治の名をあげることにためらいをおぼえる人は少ないだろう。読売グループは，このふたりを大スターに育て上げた。たしかに，試合中継の頻度についてみると，ジャイアンツ戦をはじめとするセントラル・リーグのカードが圧倒的だったとはいえない。関西地区では，地元球団のゲームを放送することも，けっこうあった。だが，読売グループによるスターづくりは，試合中継を番組化したにとどまらない。長嶋の結婚式の報道はじめ，選手のプライベートな部分も視聴者の好奇心を満たす素材として用いられている。シーズンオフのバラエティ番組への出演や，少年野球教室やサイン会といった地方でのイベント，少年雑誌への取材協力，キャラクター商品の発売など，スポーツ選手が「スター」としてできることは，ほぼすべてこなしたといってよい。

　だが，長嶋や王と同時代に活躍したパシフィック・リーグの選手のなかにも，長く記憶にとどまる英雄，空前絶後の記録を残した逸材はいた。例として，南海ホークスに在籍した投手・杉浦忠と，捕手・野村克也をあげることができるだろう。杉浦は，長嶋と立教大学の同級生で，卒業後はホークスに入団することを約束していた仲だった。しかし，長嶋はジャイアンツに入団する。言葉をたがえずホークス入りした杉浦は，1959（昭和34）年の日本シリーズで4連投4連勝し，ホークスを悲願の日本一に導いた。野球人としては遜色ない経歴をもちながら，しかし，知名度やスター性を比較すれば長嶋に軍配が上がることは否めない。長嶋と同じリーグで活躍した阪神の投手・村山実にしても，同じ年の「天覧試合」で長嶋にホームランを打たれた時点で，いわば「引き立て役」に甘んじねばならない宿命を背負った。それほどに，長嶋の発する輝きは強い。

　また，打撃部門で多くの記録を残した野村でさえ，「世界の王」に比べられると知名度や人気は劣る。王はホームランの記録を次々と塗りかえていき，マ

スメディアは目指すべきメジャーリーグの記録，すなわちハンク・アーロンの記録にあとどれだけ迫ったかという観点から報道した。だが，王が塗りかえた日本記録の多くは野村が残したものだったし，現在なおレコードブックにとどめられている野村の実績は少なくない。けれども，常に「世界」という枠組みのなかでつむがれた王貞治の物語に比して，野村のそれは彩りに乏しい。

　野村じしんがインタビューで語ったとされる，「王や長嶋がヒマワリなら，オレはひっそりと日本海に咲く月見草」というフレーズは，セントラルとパシフィックの対照をみごとに言いあてている。野村が脚光を浴びるようになったのは，現役生活を終え，監督としてヤクルトを日本一に導き，長嶋と王が球界を去った昨今のことである。齢70をこえてなお野球の現場で指揮をとり，チームや若い選手への苦言を「ボヤキ」として表現するようになって，ようやく人気のひろがりをみたといえる。スポーツ・ジャーナリズムを目指す人は，長嶋や王のようなナショナルヒーローになることができなかった「偏屈者」の老いた姿のなかに，マスメディアのつくりだした光と影を読みとることが肝要だろう。

　パシフィック・リーグが，ジャイアンツの栄光の陰で喘いでいた時代。それは，テレビの全盛期であった。しかし，やがて，テレビの影響力には翳りが見えはじめる。同時にそれは，日本の経済が右肩上がりの成長を維持できなくなった時代でもあった。

3　グローバル化・情報化時代のプロ野球

▎ヒーローの不在とスポーツメディアの不毛

　日本シリーズ9連覇を達成した川上ジャイアンツの采配を引き継いだのは，1974（昭和49）年に現役を引退した長嶋だった。だが，選手時代とちがい，長嶋の率いるチームは常勝軍とはならなかった。セントラル・リーグでの優勝を逃すこともあり，パシフィック・リーグのチームが日本一の座につくこともしばしばだった。阪急や西武が連覇することで，「人気のセ，実力のパ」という表現も生まれている。

　だが，パシフィック・リーグの人気は回復しなかった。1983（昭和58）年に盗塁の世界記録を更新した福本豊も，それに見合う人気を得たとはいいがたい。

阪急ブレーブスという，強いが地味なチームに在籍したという，ただそれだけの理由で。

　プロ球界が必ずしもジャイアンツを中心として動くわけではなくなると，ジャイアンツの主力選手が即，スターになるともかぎらなくなる。だが，常勝チーム不在，スター不在という状況にあっても，マスメディアがスポーツ・コンテンツとしての野球に依存する態勢は解消されない。したがって，生まれてくるスターやヒーローは，マスメディアによって「つくられる」部分がより大きくなっていく。たとえば，桑田真澄や清原和博らは，プロに入る前，高校生のときからスターだった。1980年代前半にPL学園の選手として甲子園に出場したときから，プロ野球生活を経て引退後にいたるまで，さまざまなエピソードがテレビをつうじて視聴者に知らされている。まさしく，テレビ時代の申し子と呼ぶべき存在だろう。

　また，1985（昭和60）年には，阪神が長いブランクののち，日本一になった。このときの「阪神フィーバー」などは，野球ファンの範囲をこえた社会現象とされた。しかし，そのような膨張は，マスメディアの過剰な報道によって「つくられた」部分を多く含む。テレビのスポーツニュースや，ニュースショーのなかのスポーツコーナーが充実すると，さまざまな物語が「感動」を呼ぶための道具として準備されるようになった。この過剰な描写手法は，オリンピックやサッカー・ワールドカップなど国別対抗のかたちをとる競技会で露骨になる。「感動」の押し売りともいえる演出は，プロ野球においても，のちのワールド・ベースボール・クラシック（WBC）やオリンピックの中継においても採用されることになる。

■ パシフィック・リーグからメジャーリーグへ

　国内において常勝チームがなくなり，ヒーローが不在となる。それを補うための人為的なスターづくりも不発に終わる……。そのような時期に，プロ野球の人気を蘇らせたのは，「日本人メジャーリーガー」たちであった。パイオニアは，近鉄バファローズを退団してロサンジェルス・ドジャースに迎えられた野茂英雄だった。1995年の野茂の活躍は，日本のプロ球界にとって大きな刺激になったのみならず，ストライキ決行で観客離れがすすんでいたメジャーリー

グをも救ったとされる。2001年には，オリックス・ブルーウェーブで国内の安打記録を塗りかえていったイチローがシアトル・マリナーズに移籍した。

　野茂やイチローがパシフィック・リーグのチームに在籍していたころの姿を，球場で見ていた人はさほど多くないだろう。たしかに，イチローは日本記録の更新などに際してテレビのニュースでも頻繁にとりあげられたが，時期的に古い野茂の投球を実際に球場で見たファンは限られていよう。近鉄の本拠地・藤井寺球場は，そのころ，観客が少なくなっていたからである。テレビ中継で野茂が投げている試合を観戦したという人も，多くはないはずだ。近鉄のゲームは，大阪の朝日放送やラジオ大阪が中継していたが，電波は全国にいきわたっていたわけではない。また，テレビでの放映は，まれだった。野茂は，米国での活躍があって，はじめて多くの日本人が顔と名を知るスターになったのである。また，イチローも，メジャーでの記録を書きかえていくうちに，ヒーローとしてさらに大きな存在に育った。もし彼らが，セントラル・リーグの人気チームに所属していたとしたら，渡米という思い切った選択肢を選んだかどうか。マイナー扱いされているパシフィック・リーグにいたからこそ，技量を磨き，よりひろい活躍の場を求める気もちになったとはいえまいか。

　彼らのメジャーでの活躍は，当初，テレビのスポーツニュースやニュースショーのスポーツコーナーを中心に報じられた。野茂，イチローの出場試合を生放送で見るために，NHK衛星放送の受信契約をするファンがあらわれた。その後，日本人メジャーリーガーの増加につれ，ケーブルテレビや衛星放送による試合の中継は充実していった。テレビの多チャンネル化という流れと，メジャーリーグへの一般の関心の高まりは時期を同じくしている。だが，メジャーのすべてのチームに対する関心が醸成されたわけではない。あくまでも日本人がいるチームを中心とした報道であり中継であった。野茂やイチローは米国でも敬愛されるヒーローになったのだから，日本のナショナル・ヒーローという枠に収まるものではない。だが，日本での報道は，彼らを日本を代表する選手として扱った。

　強打者たちから三振を奪う野茂。巧みなバットコントロールで安打を積み重ね，走塁・守備でも類まれな才能を見せるイチロー。だが，彼らのように世界最高のレベルで活躍しているばあいでも「日本人」として扱う。この不可思議

な扱いは何を意味するのだろうか。ナショナルヒーローという貴重な資源を手放したくないマスメディアは、ヒーローたち個人の経歴や属性をご都合主義的に編集しているのである。

テレビの黎明期、プロレスラー力道山は「日本人」を演じ、ナショナル・ヒーローを演じていた（岡村、2008）。敗戦後のプロ野球で活躍した選手にも、多くの在日外国人選手が含まれている。たとえば、王貞治や張本勲は日本で生まれ日本語を話すが、国籍にはそれぞれの事情がある。彼らが人生において舐めた辛酸は、記憶されておくべきだろう。だが、彼らが球場で浴びせられた心ないヤジをテレビが伝えることはほとんどなかった。最盛期のテレビのなかで、彼らはあくまで「日本人」として扱われている。王は、1976（昭和51）年にホームランの「世界」記録を樹立したのち、国民栄誉賞を授与された。この賞は、王のために、当時の福田内閣が用意したものだったし、王には、受賞をことわる理由がなかった。ちなみに、野球部門では、その後、福本豊とイチローに対する表彰の話が浮上している。だが、福本は一度、イチローは二度、受賞を辞退した。

ケーブルテレビ、インターネット中継の時代へ

1990年代後半以降は、テレビが多チャンネル化にくわえ、インターネットの普及にともなって、ネット環境で野球中継を楽しむことができるようになった。現在では携帯電話からの接続が可能になり、屋外にいても、パソコンがなくても、インターネットを介したスポーツ中継を見ることができる。

ネットワークのなかに重心を移しつつあるプロ野球中継では、かつてあったパとセのあいだの人気の差が小さくなっている。テレビ時代にうまく適合することができなかったパシフィック・リーグの所属チームは1980年代からファンサービスに乗り出し、1990年代からは積極的に地域主義を打ちだした。2000年代にはいると読売ジャイアンツ中心のテレビ中継では高視聴率を取ることができなくなり、日本テレビがジャイアンツのゲームを放送しないという事態が生じた。

読売が盟主としての座を保てなくなっていることは、他の球団にとって悪いことばかりではない。しかし、選手生活の「上がり」としてのジャイアンツが魅力をなくし、求心力が失われたことで、メジャーリーグへの人材の流出はと

められなくなった。松井秀喜が2003年のシーズンからニューヨーク・ヤンキースに移籍したことは，この流れを象徴する出来事だった。このまま推移すれば，日本のプロ野球は，韓国や台湾のプロリーグとひっくるめて，メジャーの傘下，人材供給源という位置におかれるだろう。スポーツのグローバル化は，世界的に有力なリーグやチームと，ローカルなチームあるいはリーグとの格差を拡大する方向で作用する。それは，サッカーにおいて早くからみられる現象だった。

　ローカルな枠組みである日本プロ野球に人材をつなぎとめ，ファンの声援を保つために，新たに構築されつつあるのがオリンピック，WBCにおける「JAPAN」チームというかたちだ。ふだんはメジャーリーグに出場している選手を，一時的に国別対抗戦のメンバーに迎える。野球は，サッカーと同じ方式を採用することで，これまでとはちがうスターのつくりかたを試みる。いや，流出し，海外で実績を積んでスターになった選手を，あえてナショナル・ヒーローと呼ぶための，これは方便かもしれない。

　社会のグローバル化のなかで，ナショナルヒーローを「つくりあげる」工程は，いままで以上に作為的になるだろう。そのツールとしてあったテレビの影響力が相対的に弱くなっていくであろう将来，次の世代のヒーローは，何を代表し，何を象徴する存在に変わるのだろうか。

▍参考文献

大平昌秀『異端の球譜　「プロ野球元年」の天勝野球団』サワズ出版，1992年
岡村正史『力道山』ミネルヴァ書房，2008年
加藤秀俊・前田愛『明治メディア考』河出書房新社，2008年
佐藤光房『もうひとつのプロ野球　山本栄一郎の数奇な生涯』朝日新聞出版，1986年
佐野眞一『巨怪伝　正力松太郎と影武者たちの一世紀』文春文庫，2000年
鈴木武樹『批判的・日本プロ野球史』三一書房，1971年
鈴木洋史『百年目の帰郷　王貞治と父・仕福』小学館文庫，2003年
田沼雄一『日米野球映画キネマ館』報知新聞社，1996年
永井良和『ホークスの70年　惜別と再会の球譜』ソフトバンククリエイティブ，2008年
長沼石根『月見草の唄　野村克也物語』朝日新聞出版，1981年
西本幸雄『パ・リーグを生きた男　悲運の闘将・西本幸雄』ぴあ，2005年
張本勲『闘魂のバット　3000本安打への道』ベースボール・マガジン社，1991年
福本豊『走らんかい！』ベースボール・マガジン社，2009年

> コラム1

2008年北京オリンピックと劉翔

　2008年8月北京オリンピック大会において，中国のマスメディアにもっとも注目された選手は男子110mハードルの劉翔である。男子110mハードルはアジア人には不向きとされる種目であり，これまで欧米先進国の選手が優勝を独占しているが，劉翔はオリンピック大会や世界陸上などで優勝してきた。しかし，北京大会で金メダルの獲得に期待が寄せられていた劉翔は右足を故障しレースの直前に棄権した。

　劉翔の棄権に対して，中国のインターネットでは，劉翔を痛烈に批判した。たとえば，「這ってでもゴールするべき！」「いくら痛くても，その表情はおかしい。絶対に装っていた」「おまえは何でもお金のためだ」「うせろ！死ね！ろくでなし！」このように，インターネットの批判には劉翔が競技をやり遂げず棄権したことについての不満の他，棄権とは直接に関係のない彼の性格，収入などにも及んだ。

　インターネットにおける批判とは対照的に，中国のテレビ，新聞，雑誌などのメディア報道では，劉翔の「棄権」が彼の「人間らしさ」や「最後まで頑張る意識」と関連付けられ，その行動は賞賛された。「棄権」という決断は劉翔の意識の高さとして評価され，劉翔の涙は北京大会に感動的な一幕をもたらしたとし，彼の人間性が強調された。さらに，劉翔の「棄権」を理解するという中国国民の寛容な態度は，中国社会の進歩と成熟を世界に誇示するチャンスであると報道された。

　劉翔の棄権に対して，インターネットの書き込みと官製メディアの報道のかい離は激しかった。2002年から劉翔が活躍している時期は，中国社会の市場経済が著しく成長する期間であり，また中国の人々の価値観なども大きく変容する社会の転換期でもある。そのような社会の変化の中で，中国のマスメディアは，人々を国家に統合させる旧秩序や価値観の維持者としての役割と，社会の近代化に向けた新たな秩序や価値観の推進者という二つの相反する役割を果たしてきた。

　そして劉翔も，政府主導の下，「挙国体制」によって育てられ，中国社会の成長を象徴する「ナショナルヒーロー」としてマスメディアに取り扱われ，中国社会の多様な価値観を政府主導のイデオロギーに統合させる役割を果たしている。一方，劉翔は国内外の有名企業のイメージキャラクターとして起用され，高額な収入を得ており，中国の市場経済における「マーケティングスター」としても人気を博し，新しい世代を代表する存在として中国の人々から羨望の眼差しを向けられている。

　北京大会は，今後の中国社会全体の成長を左右し，中国社会の理想像である「社会主義的調和社会」の基盤をつくるナショナルイベントであった。劉翔の棄権の際，中国の官製メディアが彼を擁護したのは，彼が中国国家の理想を体現する「ナショナルヒーロー」であることに加え，経済領域においても成功した「マーケティングスター」という二つのイメージを融合する次世代の模範となるべき人物だったからである。一方，インターネットにおいて，中国の人々が行った劉翔に対する厳しい批判と非難は，二つのイメージの分裂を示唆するものだ。それは，中国社会の熱望するものの実態を白日の下に晒したとも言える。

（王　篠卉）

第3章

メガイベントとメディア
—— オリンピックとワールドカップを中心に ——

黒田　勇

　オリンピックというイベントは，日本においては国家や日本人というアイデンティティにかかわる特別な意味を持つイベントであったし，現在もそうである。

　しかし，世界的に見れば，いまやグローバルなメディアビジネスの問題としてとらえられることが多くなっている。その面に着目すれば，日本でも，かつてのようなオリンピックへの熱狂はなく，メディアが煽り立てる4年に一度のスポーツイベントであるとも言えよう。

　また，1990年代からサッカーワールドカップへの関心が広がり，とりわけ，日本が初出場を果たした1998年のフランス大会以降は，テレビ視聴率においても，オリンピックを上回る熱狂を生み出している。また，この二つのメガイベントとは規模が違うが，日本のメディアは，「世界陸上」に注目し，日本への中継や1990年と2007年の日本開催も含めて，グローバルな「三大スポーツイベント」としてプロモートしている。

　さらに，21世紀に入ると，野球の世界大会としてのWBCがいくつかの地域に限定されてはいるが，スポーツイベントとして人々をひきつけている。WBCはアメリカのMLB（メジャーリーグ）のプロモーションとして開催される大会ではあるが，MLB主力は参加せず，アメリカでの視聴率は極めて低く，さらに，日本と韓国を除けば，このイベントの大きなマーケットは存在しない。それでも，日本や韓国の熱狂は，このローカルなイベントをグローバルな戦いと誤解した「珍現象」として片づけられないほどの熱狂である。

　こうして，いまや，メディア，特にテレビの発達によって，国境を越えて国々が，一つのスポーツイベントに熱狂するようになったが，本章ではスポー

ツイベントの中でも、世界中が注目しメガイベントと呼ばれるオリンピックとワールドカップがメディアとどのように関わってきたのかを振り返る。

1 オリンピックの記憶——近代主義と東京オリンピック

　近代五輪を作ったクーベルタン男爵の思想の中には、初期の産業社会の古典的な近代主義の特徴的な教義がある。それは、合理的で完全を目指す個人、進歩、科学、テクノロジー、道徳的な改良である。人類は理性と技術を持って障害を克服し、ルネッサンスのヒューマニズムの高い理想、産業革命、進化論、普遍的教育、都市化、これらすべてが近代主義の希望の中に現れ、すべての人に充実した豊かな人生を作り出し、近代五輪の中で祝福される（Real, M.R. p.17）。

　クーベルタン男爵の理想は、19世紀末に、ヨーロッパを中心に多くの国民国家が成立し、そのナショナリズムの高揚と、競争と戦争という現実に対して、オリンピックを通して国境を越えるヒューマニズムを表現しようとするものだった。しかし皮肉にも、オリンピックは、そのナショナリズムを表現する格好の場となっていく。ナチスのベルリンオリンピックや、その前後のオリンピックについての日本のメディアの報道は、まさにナショナリズムの発露の場としてオリンピックを位置づけていった。

▍戦前の日本とオリンピック

　オリンピックが日本人の多くに認知されたのはおそらく1928（昭和3）年のアムステルダム大会だっただろう。織田幹雄の三段跳び金メダルは、日本人初の金メダルであったし、陸上女子800メートル、人見絹枝の世界記録での銀メダルなどが新聞で報道され（**図3-1**）、国際的な競技会での日本人の活躍を、世界の「列強」の中での日本国家の位置づけと重ねるメディアの意味づけが次第に国民に浸透していった。

　当時急速に販売部数を拡大していった大阪朝日新聞と大阪毎日新聞は、販売拡張のために、スポーツを中心としてさまざまな事業を主催していたが、アム

ステルダム大会での日本人の活躍により、オリンピックが重要な「コンテンツ」であることを認識したと言っても過言ではない。ちなみに、人見絹枝選手の所属は毎日新聞社であった。

1932（昭和7）年のロサンゼルス大会での日本の水泳陣の活躍と初のラジオ中継、さらに1936（昭和11）年のベルリン

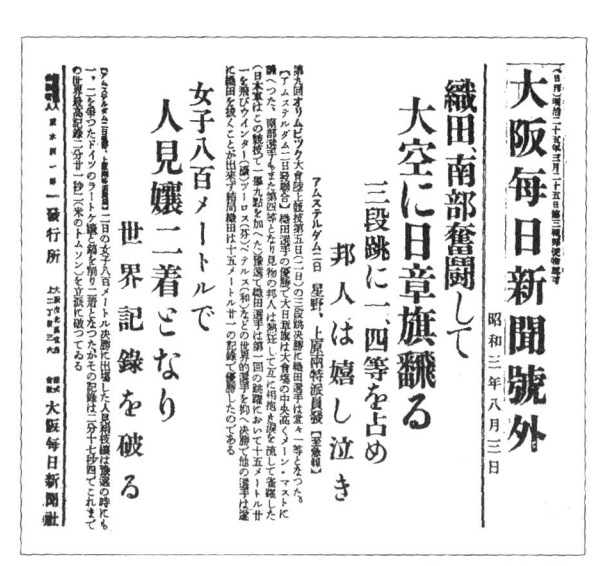

図 3-1 『大阪毎日新聞』号外
出所：1928(昭和3)年8月3日付

大会での、国家主義的なスポーツ振興の徹底と「前畑がんばれ」に象徴される放送などがあり、これらによって、日本人のなかでオリンピックの意味は肥大化していく。そして、海外のイベントを日本人をも巻き込むものにしたのは、当時のニューメディアであるラジオであった。

　スポーツイベントに対する当時のラジオの役割については第1章で詳しく述べられているが、1927（昭和2）年甲子園の中等学校野球が初めて放送され、また、同年に東京で放送開始された東京六大学野の早慶戦は、当時の娯楽として絶大な人気を得ており、それがラジオの電波に乗って全国に流れることで、ますます早慶戦の人気は高まっていった。有名なエピソードとして、現在の漫才を確立したとされるエンタツ・アチャコの「早慶戦」は、まさに「早慶戦実況放送」のパロディであり、その漫才がまたラジオに乗って全国に流れることで、「しゃべくり漫才」も早慶戦の人気も、そしてラジオの社会的認知もともに高まったのである。

　1932（昭和7）年のロサンゼルス大会は、ヨーロッパ大陸から遠いアメリカ西海岸での開催ということもあり、ヨーロッパからの参加は少なかった。その

図3−2 「江戸っ子健ちゃん」(『東京朝日新聞』1936年8月頃)
出所:横山隆一『江戸っ子健ちゃん』奇想天外社, 1982年。

こともあり, 日本は水泳を中心に大活躍し, この活躍ぶりが短波放送で日本に中継された。陸上百メートルの吉岡隆徳の「暁の超特急」や「水泳ニッポン」などという言葉も, この時期にメディアによって作り出された。この大会では, 実行組織と地元ラジオ局の交渉が不調に終わり, 現場からの中継はできず, 日本からの放送人は, 会場でのメモを頼りに, 放送局に戻ってから現実の実況中継を行った。これは「実感放送」とのちに呼ばれている。

アムステルダム大会から1936 (昭和11) 年のベルリン大会に至る三大会を通して, 国家として西洋に追いつく努力が実感されるものとして, オリンピックは日本人の多くに特別な祭典として意味づけられていった。もちろん, ベルリン大会は, 日本以上に開催国・ドイツが徹底して国家主義的に構成していった大会である。クーベルタンの理想は, 国家と民族を超えて個々人として集う競技会であったが, 徹底した国家主義的な利用によって, スポーツをする主体は国家であり民族となっていった。

さらに, ベルリン五輪は, テレビ中継の実験もなされたが, 各国にはラジオを通して伝えられた。また, レニ・リーフェンシュタールの記録映画「オリンピア」によるスポーツの言説化によって, さらに時間と空間を超えたイベントとなった。それは, オリンピックをその開催理念の下に物語として作り上げら

れた典型的な大会とされているが，メディアイベントとして明確に姿を現した大会であったとも言えるだろう。ちなみに，この映画では開会式の部分で，各国のアナウンサーがマイクの前で開会式の模様を実況する様子が描かれ，国際的なイベントが，全世界にラジオで伝えられていることが強調されている。

　このとき，日本ではラジオがさらに普及し，日本選手の活躍に熱狂し，「前畑頑張れ」の絶叫放送が後世にも伝えられているが，その様子が，当時の新聞漫画にも描かれている（図3-2）。そこには，当時の日本でラジオがどのような役割をしていたかを端的に読み取ることができる。

　ちなみに，日本においてベルリン大会が大いに注目されたのは，次期1940（昭和15）年の大会が東京と決定されていたからでもある。しかし，結局，日本の中国侵略によって，開催返上を余儀なくされた。

戦後のオリンピック

　戦後1948（昭和23）年のロンドン大会に日本は「敵国」として招待されなかったが，イギリスでは，BBCがテレビ中継を行い，オリンピックがテレビにより一般国民に伝えられた初めての大会となった。さらに1952（昭和27）年のヘルシンキ大会を経て，1956（昭和31）年初めて南半球での開催となったメルボルン大会では，放送権が初めて設定されている。ただ当時，「新聞報道が無料なのになぜ放送に金がかかるのか」という批判が出され，実際に放送権は機能しなかった。この当時，五輪中継は，メディアとは関係なく独立したあるイベントであり，それを報道しているだけだという感覚が，メディアの側としては一般的であったことは興味深い。放送権が実際に機能しだすのは，1960（昭和35）年のローマ大会からである。

　1964（昭和39）年東京大会の開催が決定していたローマ大会には，日本のメディアも注目した。新聞やラジオ，そして普及し始めたテレビにおいても，録画ではあったが報道された。しかし，オリンピックは，スポーツの総合的国際大会であるが，それはあくまで開催都市にとっての巨大イベントであり，世界を巻き込むイベントとなるには，衛星テレビによるネットワークの完成を待たなければならなかった。

東京オリンピック

　1959（昭和34）年の皇太子成婚パレードは，皇太子妃となる正田美智子さんのミッチーブームとしてテレビ受像機の普及に大きく貢献したとされ，1958（昭和33）年5月の約100万台から，一年で300万台と三倍増させた。

　もちろん，それはあくまで象徴的な言い方であり，ミッチーブームだけでなく，テレビが家庭の娯楽としてあこがれの的となっていたのである。そして運ばれる娯楽の中心を占めていたのはスポーツであり，とりわけプロレス，野球，そして相撲は，1960年代のお茶の間の娯楽として絶大な人気を得て，力道山，長嶋，王，そして大鵬という国民的ヒーローを作り出していった。

　そうした戦後の復興と高度成長の中，東京オリンピックは開催されることになった。オリンピックの持つ平和主義と国際主義という理念は，戦後の日本社会の「理想」と一致し，日本人の東京オリンピック開催への期待は高まっていった。

　東京オリンピックは，「スポーツによって，祖国の青少年を敗戦の沈滞から立ち直らせ，スポーツの試合を通じて憎悪から友愛への道を切り開き，平和の世界を築こうとしたクーベルタンの祈念にも似た日本スポーツ界の願いがこめられていた」（朝日新聞，1964年10月10日）し，また，「これを機会に日本の復興を加速させ，国際社会に復帰したばかりの新しい日本の姿を世界に披露しようとする気持ちがこのオリンピックにかけられていた」と『放送五十年史』は位置づけている。

　まだアメリカ占領下の沖縄にも中継回線が完成し，さらにアメリカに対して初の衛星中継が行われた大会であった。「東京オリンピックの衛星中継の成功は，"テレビ・オリンピック"時代の幕開けを世界に告げた」という評価もあるが，メディア技術という側面から見れば，オリンピックがテレビの衛星中継と結びついて，メディアイベントとして変容していくきっかけとなる大会だったとも言えるだろう。

メディアイベントとしてのオリンピック

　先ほどから「メディアイベント」という言葉を使用しているが，これについてはダヤーンとカッツの研究を中心に紹介したい。彼らが論じたのは，テレビ

の生放送による狭義のメディアイベントであり、それによる現代社会における新たなセレモニー（儀式）のあり方と社会統合の機能についてだった。

　まず、メディアイベントは三つの類型に分けられ、オリンピックやワールドカップなどのスポーツイベントや政治討論会などの「競争型」、王室の結婚式や葬儀、大統領就任式などの「戴冠型」、さらに、アポロの月着陸などの「征服型」があるという。これらのイベントは、基本的にはメディアの外部の団体や政府によって事前に計画されたものであり、日常的な放送ではなく、特別番組として生中継され、祝祭的な性格を持つものだと定義される。そして、メディアイベントは、社会の中心的な価値を提示し、それによって新たな社会統合機能が働くことをダヤーンとカッツは評価している。

　さらに、もともと近代社会は、さまざまな「市民的儀礼」によって成り立っているが、テレビを通じた現代の市民儀礼としてのメディアイベントは、空間を超えて、幅広く各地や各家庭に拡大し、かつてのような儀礼の現場の強制力は働かず、まったく異なるイベントに変化してしまった。しかし、イベントの現場の持つ独自性を、メディアが媒介することで失ってしまわないように、受け手を儀礼的経験に参加させ、イベントに巻き込んでいこうとするさまざまな工夫がなされることになる。このようにダヤーンとカッツは論じている。

　当時、東京大会を調査した藤竹暁は、「東京で開催されたオリンピックがナショナルな規模の反応を呼びおこしたことによって、テレビ的事件のおそらく最初でかつ典型的な事例」として、「テレビ・オリンピックこそが、むしろ本物」であると、そのメディアイベントとしての特徴を指摘している（藤竹, 1985, 52-54頁）。さらに、東京大会を国家的なイベントにするには、地方新聞の役割も重要であった。各地の地方紙は、その土地を通過する聖火リレーのスケジュールを詳細に伝え、見物客の動員はもちろんのこと、聖火リレーが次第に開催都市・東京へと近づいていく高揚感を生み出すのに大きな力を発揮した。

▎メディア文化と東京オリンピック

　この大会は、10月10日の開会式に始まり、閉会式に至るまで、国民の多くはテレビの前にくぎづけとなった。中でも「女子バレー」のソ連戦の視聴率66.8％は、今でもスポーツ放送の最高視聴率とされている。「東洋の魔女」と

呼ばれた「日紡貝塚」中心の女子チームは、大松博文監督のもと東京大会の数年前から注目され、メディアに繰り返し取り上げられ、いやが上にも東京大会の中心として注目を集めていた。そして閉会式の前夜に全勝同士でライバルソ連と対戦するという経過をたどり、実況放送でも、マッチポイントの際に「金メダルポイントです」という名文句が吐かれ、そのドラマは最高潮に達した。

　この女子バレーとともに、東京大会において金メダルを獲得するために競技種目に加わった柔道において、無差別級決勝でオランダのヘーシンクに神永が敗れたことも、柔道の歴史、そしてその後の柔道の国際化に果たした役割は大きいが、メディアではその後ほとんど「忘却」されている。

　東京オリンピックとメディアのかかわりは、東京大会がさまざまな大衆文化の中に位置づけられたという点でも、テレビ時代のイベントを象徴するものだった。たとえば、当時絶大な人気を誇ったNHKの「紅白歌合戦」も1963（昭和38）年大晦日の開会は「聖火入場」で始まり、またギリシャからの聖火リレーの通路を模したクイズ番組が人気を博し、さらに、三波春夫の歌う「東京五輪音頭」は、1963年から1964年の大ヒット曲となって全国各地の盆踊りでも踊られた。また、世界から東京に人々が集まることを象徴化した歌謡曲も大会の前後にヒットしている。

　さらに、翌年の市川崑の記録映画「東京オリンピック」の全国での上映には小中学校からの集団鑑賞を含め多くの人々が詰めかけた。そして、その後のテレビで定期的に回顧されるオリンピックの「名場面」を通して、「東京オリンピック」の記憶は、戦後民主主義と平和主義、そして高度経済成長の象徴的イベントとして記憶されていった。

　それはまた、1964年の名神高速道路や東海道新幹線の開通などとセットにして回顧され、さらに、1970（昭和45）年の「万博」から1972（昭和47）年の「札幌冬季五輪」も含めて、日本人にとっての「戦後日本」という共通の記憶としても定着していった。

国際政治とオリンピック

　ところで、東京大会も札幌冬季大会も、1980年代以降の五輪に比べれば、世界大戦前のベルリン大会に近い性格を持っているといわなければならない。つ

まり，ナショナリズムがどのような形で大会に表象されたかの中身を問わなければ，国家や国際政治をめぐっての政治的なイベントであり，また冷戦構造の中での東西陣営の「綱引き大会」でもあった。

その後，ソビエトのチェコ侵入直後のメキシコ大会では，東西対立の象徴的場となったし，またベトナム戦争と関連させてアメリカの黒人選手の黒い手袋のこぶしを上げる抗議行動など，政治的な主張の場となったのは，それがテレビによって世界に中継されることを選手たちも強く意識しだしたからである。また，1972年のミュンヘン大会でのアラブゲリラによるイスラエル選手団の人質事件は，選手やゲリラたちの死亡という悲惨な事件となったが，これにしても，テレビによる世界への訴えを狙ったものだといわれている。衛星放送の発達は，オリンピックを世界的なものにしたが，国際政治とオリンピックの関係をますます密接にしていった。

しかし1980年代以降の大会は，ナショナリズムを利用しつつもグローバルな商業主義の大会へと次第に変容していく。そしてその中心に存在してきたのが，やはりテレビである。

2　メディアビジネスのグローバル化とスポーツイベント

▎グローバル化とオリンピック

スポーツとテレビと商品のグローバルビジネスの契機となったのは，1984（昭和59）年のロサンゼルス大会だった。

もともと1956年メルボルン大会においてテレビ放送権が初めて設定されたが，実際にはローマ大会からテレビ局が購入した。放送権料はその後次第に増大するが，オリンピック自体はその経済性よりも政治性が先行し，さらに開催都市の赤字がつづき，継続が危ぶまれていた。その中で，1984年のロサンゼルス大会が「完全民営」で開催され，黒字決算を得た。そこには，アメリカのテレビ局ABCからの放送権料が大きくかかわり，いわばこのときアメリカのメディアによってオリンピックは「発見された」と言えるだろう。1983（昭和58）年度の「NHK年鑑」には，放送権料が「異常に高騰を続けている」と記載され，またロサンゼルス大会側の提示を「日本側の思惑をはるかに超えるもの」であ

表3-1　オリンピック放送権料の推移

(単位：千ドル)

	開催地	日本(JC)	アメリカ	欧州
1984	ロサンゼルス	18,500	225,000	19,800
1988	ソウル	50,000	300,000	28,000
1992	バルセロナ	62,500	410,000	94,500
1996	アトランタ	99,500	456,000	250,000
2000	シドニー	135,000	715,000	350,000
2004	アテネ	155,000	793,000	394,000
2008	北京	180,000	894,000	443,000

出所：Real, 1998, p.19より作成。

り，日本側は放送権の交渉に苦労したと振り返っている。

さらに，ロサンゼルス大会を大きく変えたものとして，テレビ技術の発達も忘れてはならない。ハンディカメラの開発によって，選手のクローズアップが可能になり，よりスペクタクルな中継が可能となった。

このロサンゼルス大会の商業的成功は，オリンピックを一気にメディアビジネスの戦場へと変えていき，アメリカの三大 TV ネットワークがオリンピックの放送権を争うことで，オリンピックは従来の姿を変えていくこととなった（表3-1）。たとえば，1988（昭和63）年のカルガリー冬季大会では，視聴者の獲得を目指して，開催期間が三回の週末を含むように延長された。さらに，同年のソウル大会では，アメリカのプライムタイムに合わせて，陸上百米を真昼に変更するなど，アメリカのテレビに対する便宜が図られるようになった。こうして，アメリカのテレビはオリンピックに金を出すと同時に，競技やイベントの運営方法，そして競技施設のレイアウトなどに大会全体に口を出すようになっていった。

このようなアメリカのテレビの動きにあわせて，国際オリンピック委員会（IOC）もまた世界の他地域からの放送権料の増額を目指しだした。1980年代はIOC の収入の80％をアメリカのテレビが占めていたが，1996年から2008年の七つの大会にアメリカは50億ドル近くを拠出し，ヨーロッパや日本など，それ以外の地域からはアメリカの二倍以上を集めることとなった。そして，この放送権料に見合うだけ五輪を放送コンテンツとして価値あるものにするために，サッカーやバスケットボールなどのプロ選手の参加を促進し，また各種競技のプロ選手の参加を認めていった。その中心にいたのはサマランチ IOC 会長だった。

放送の発明当初から広告媒体として長い歴史を持つアメリカのテレビに対し，オリンピック運動の中心であったヨーロッパ諸国では，放送は長く公共放送として運営され，オリンピックを視聴者獲得のキラーコンテンツとして考えることはなかった。しかし，1980年代後半以降の世界的な放送メディアの商業化によって，オリンピックは，ヨーロッパにおいてもメディアビジネスとしてとらえられるようになっていったのである。

この間のIOCの変容には批判も多く，たとえば，「五輪大会は，執拗な競争力のあるアメリカのテレビ産業によってハイジャックされた。そこからの資金は，結局は，オリンピックの本来の精神を完全に破壊する」という警告もある。しかし，一方で，テレビの世界的な商業化がオリンピック運動に巨大な利益をもたらし，スポーツ団体はテレビ産業とのパートナーシップによって利益を得ているのであり，これまで以上に，この関係はお互いをパートナーとして必要としているのだという擁護論もある。スポンサーとオリンピックとの関係については，第5章で詳しく解説される。

このように，テレビとオリンピックの関係がより強化される中で，開催国のテレビが五輪の番組を制作するのではなく，IOC自体が，放送局を組織するようになった。2008年の北京大会ではBOB（Beijing Olympic Broadcaster）が組織され，世界中の制作者が集められ，得意分野の種目を制作することとなった。この方式は，IOCより早くFIFAが採用している。

ワールドカップとメディア

サッカーのワールドカップは，1930（昭和5）年に第一回をウルグアイで開催して以来，世界的にはオリンピック以上のファンと視聴者を持っていたが，日本においては，ほとんど注目されず，1966（昭和41）年のイングランド大会の記録映画「GOAL！」が公開され，一部のサッカーファンに認知される程度だった。しかし，1968（昭和43）年のメキシコオリンピックにおける銅メダルの獲得などがあって，1960年代末には第一次のサッカーブームが訪れる。

さらに，1968年，開局したばかりの東京12チャンネル（現・テレビ東京）が，「ダイヤモンドサッカー」として，イングランドリーグを中心とした欧州サッカーの試合をダイジェストで放送したこともあり，サッカーファンの目は海外

へと向けられることとなった。この番組は，野球や相撲中継とは異なる実況と解説の様式が人気を呼び，今に続く海外サッカー番組の先駆けとなるものであった。

　また，この番組の枠内で1970（昭和45）年のワールドカップメキシコ大会を録画ながら全試合放送したことで，日本のサッカーファンにもワールドカップの魅力が伝わった。この後，1974（昭和49）年西ドイツ大会，1978（昭和53）年アルゼンチン大会，1982（昭和57）年スペイン大会と，衛星中継され，徐々にワールドカップは日本にも浸透していったが，日本国内でのサッカーの沈滞もあり，大きな人気を得ることはなかった。サッカーファンの多くは，日常的には，先の「ダイヤモンドサッカー」と「サッカーマガジン」というメディアを通して，世界のサッカーに触れる程度だった。

　しかし，1980年代から，のちに述べる世界企業のスポンサーシップによって，日本にもサッカー人気が復活していく。特に，1986（昭和61）年メキシコ大会は，予選の最終戦まで日本に出場の可能性があり，本大会でもマラドーナをはじめとして，ジーコやプラティニといったスター選手が活躍し，日本でも，メディアでの報道は一気に増加した。

　さらに，1990年イタリア大会，1994年のアメリカ大会と日本は出場できなかったが，Jリーグの開始に伴い，ワールドカップは大きく注目されることとなった。とりわけ，1993年の最終予選は，本大会出場を手に入れかけたところロスタイムに失点し本大会出場を逃し，「ドーハの悲劇」とのちに呼ばれ，その視聴率は深夜にもかかわらず50％近くを記録した。こうして日本も，いよいよワールドカップというグローバルイベントに巻き込まれていったが，それは世界企業の世界戦略と世界サッカー連盟（FIFA）の連携の結果でもあった。

　そして1998年フランス大会は，初出場への期待が頂点に達し，大会前年に行われたイランとのプレーオフは，「ジョホールバルの戦い」と呼ばれたが，これも深夜にもかかわらず高視聴率を獲得し，本大会では，クロアチア戦で60.9％を記録した。また，2002年日韓共催大会のロシア戦では66.1％を記録した。テレビの普及やメディア環境の変化を考えれば，この数字がおそらく史上最多の視聴者を獲得したものだっただろう。さらに日本は，2006年ドイツ大会，2010年南アフリカ大会と4大会連続でワールドカップに出場しているが，いず

第3章　メガイベントとメディア

表3-2　スポーツ番組視聴率

(関東地区)

	番組名	放送日	放送局	視聴率(%)
1	東京オリンピック（女子バレー・日本×ソ連）	1964年10月23日	NHK総合	66.8
2	W杯日韓大会　日本×ロシア	2002年6月9日	フジテレビ	66.1
3	プロレス　デストロイヤー×力道山	1963年5月24日	日本テレビ	64.0
4	世界バンタム級タイトル（原田×ジョフレ）	1966年5月31日	フジテレビ	63.7
5	W杯フランス　日本×クロアチア	1998年6月20日	NHK総合	60.9
6	W杯フランス　日本×アルゼンチン	1998年6月14日	NHK総合	60.5
7	世界バンタム級タイトル（原田×ラドキン）	1965年11月30日	フジテレビ	60.4
8	第20回　ミュンヘンオリンピック	1972年9月8日	NHK総合	58.7
9	世界バンタム級タイトル（原田×カラバロ）	1967年7月4日	フジテレビ	57.0
10	W杯南ア大会　日本×パラグアイ	2010年6月29日	TBS	55.4*

出所：ビデオリサーチ社のデータをもとに作成。＊は前後半の平均値。

れも日本の試合は高視聴率を得ている。ちなみに，1990年代以降のテレビの50％を超える高視聴率番組はワールドカップ関連の中継が独占している（表3-2）。現在では，ワールドカップの日本代表の試合中継が，すべてのテレビ番組の中で，日本の視聴者を最も集める「キラーコンテンツ」となっている。

ワールドカップとメディアビジネス

　サッカーはテレビのビジネスという点では，オリンピックよりも遅く動き出した。もちろんそれは，第一には，サッカーが，最大の規模を持つアメリカのメディア市場の注目を浴びなかったからである。第二には，サッカー番組の主要な市場であるヨーロッパは，1980年代まで公共放送が中心であったことも大きな理由である。さらに，FIFAの方針によるとも言われてきた。

　しかし，もともと「アマチュア」規定のなかったサッカーの世界では，世界市場で展開する企業をスポンサーとすることに大きな問題はなかった。

　1977（昭和52）年からのコカ・コーラのスポンサーによる世界ユース大会の開催などによって，アジア・アフリカ諸国のサッカーが強化されていくとともに，コカ・コーラの販売も拡大していった。それは日本も例外ではない。ワールドカップが日本にとって身近になっていったのは，1990年代の「日本代表」

チームの実力がJリーグの開始などがあって飛躍的に向上したからではあるが，FIFAとスポンサーたちによるアジア地域への投資の拡大と，それに伴うアジアのW杯出場枠の拡大もまた貢献しているのである。

コカ・コーラやマクドナルドのような世界市場での拡大を目指す企業は，これまでスポーツイベント番組のスポンサーになることがメディア戦略の中心であり，マス・メディアに依存する体制だったが，直接スポーツ団体やイベントのスポンサーになることで，メディアから「独立」し，サッカーとテレビとスポンサーは，「黄金のトライアングル」と呼ばれるスポーツビジネス体制を作っていった。そしてその中心でトライアングルを鳴らすのはISLとTEAMといったスポーツマーケティング会社である。ISLは1982（昭和57）年に電通やアディダスなどが中心となって組織され，ワールドカップのマーケティングを担当し，TEAMは，1991年にISLから独立して，ともに1990年代ヨーロッパのメディアスポーツの主要な組織となっていく。とりわけTEAMによってプロモートされたUEFA「ヨーロッパ・チャンピオンズ・リーグ」は，ヨーロッパの放送の商業化と衛星放送の普及の中で，キラーコンテンツとして大きな成功を収める。こうして，サッカークラブにメディアとスポンサーの資金が大量に流れ込み，サッカー観戦は労働者階級に限定された文化ではなくなり，スター選手たちも，高収入を得るようになり，欧州サッカーは1990年代のメディアスポーツの花形となっていった。

ただし，高額の放送権料，高額の選手移籍金，そしてスター選手の高収入という「サッカーバブル」は21世紀になってまもなく破綻し，ISLのほか，多くのスポーツテレビ会社が倒産し，サッカークラブも大きな借金に苦しむようになっている。

ヨーロッパにおけるサッカーを中心としたメディアスポーツの展開については第❻章に詳しく論じられている。

3　スポーツビジネスのグローバル化とナショナリズム

クーベルタンの五輪運動は，人類社会への賛美と国際平和の追求だったはずだが，現実のオリンピックは，国別対抗という形式をとることによって，ます

第3章　メガイベントとメディア

ますナショナリズムを喚起することにもなり，国際主義とは正反対の方向を向いてきたように見える。

しかし，五輪運動は，ヨーロッパにおける国民国家の成立とそのナショナリズムの高まりの中で，紛争の多発に対する理想主義として提起されたものであり，そうした意味ではもともと矛盾に満ちたイベントだった。さらに，メディアの発達と現実の政治状況が，ますますオリンピックをナショナリズムとかかわらせることとなってきた。

前に述べたように，オリンピックやワールドカップの中継は，日本選手の活躍に焦点を当てたものであり，日本選手の活躍への過度な期待と過度な報道が，スポーツ自体の魅力を伝えることを妨げているという意見もある。また，日本の選手への過度な応援と他国に対する無視は，排他的で過剰なナショナリズムを喚起するもので，オリンピックやワールドカップの国際平和の理念に反するとの批判もある。

こうした指摘は日本に限ったことではない。メディアの能力を強調する立場からは，スポーツ報道は，「ある共同体のメンバーであることを意味づける伝統的な参照点を構成して」いて，とりわけ，国家や民族という「共同体」への忠誠やアイデンティティが最優先して描かれると批判する（ハーグリーブス，1985, p.154）。

確かに世界はオリンピックというメディア・イベントによって同一のイベントに巻き込まれるが，しかし一方で，それは「カスタムオーダー」だという見解もある。テレビは「さまざまなオーディエンスのそれぞれのためにイベントを仕立てるデザイナー」だという（Real, 1998, p.23）。

日本では有名な女子マラソン，女子柔道，そしてソフトボールの選手たちを世界で知る人は少ない。高い視聴率をとるのは日本だけだし，中継されている国自体が極めて少ない。このような現象は日本に限らない。たとえば韓国では，テコンドウやショートトラックスケート，中国では飛び込みや卓球，タイではボクシングというように，それぞれの国が独自に盛り上がることができる。オリンピックは，グローバルなイベントの装いを持ちつつ，それぞれのナショナリズムを満足させるローカルなイベントでもある。

オリンピックとは異なり，ワールドカップは最初からナショナルによって色

分けされたゲームであり，さらに，サッカーという一つの競技で最終的に優勝国が決定されるのであるから，そのゲームが何らかのナショナリズムを喚起させるのは当然だが，どのような社会的歴史的文脈の下で，どのようなナショナリズムがかき立てられているのかによってさまざまな様相を示すことに注意を払うべきだろう。

　たとえば，サッカーではないが，1995年南アフリカで開催されたラグビーワールドカップにおける，開催国南アフリカのナショナリズムの熱狂は，人種隔離から脱した新しい国作りの象徴として世界からも歓迎された。サッカーでも1998年のワールドカップフランス大会においては，フランス代表に移民が多いことを問題視する勢力もいたが，フランスの優勝はフランス大会の「混淆性」の象徴として熱狂的に迎えられた。

　日本においては，第二次大戦後，戦前の国家主義的な宣伝と動員についての反省から，スポーツを通じて，声高に国家やナショナリズムを叫ぶことについては常に批判があったが，近年ワールドカップやオリンピックにおける「熱狂的な」応援放送が見られるようになった。しかし，それは，何らかの政治勢力がナショナリズムを動員するというよりも，メディアスポーツのビジネスの中で，最も動員力のあるものとして「日本」「ジャパン」が叫ばれているにすぎないとの指摘もある。

　さらに，ナショナリズムだけで多くの視聴者や読者をひきつけることができず，「師弟愛」や「家族の絆」，さらには，容姿の美しさなどが語られることになる。

　こうして，メディアスポーツは，ナショナリズムだけではなく，人種，民族，階級，地域，ジェンダーなどの文化的，政治的，イデオロギー的言説が飛び交い，ぶつかり合う戦闘場（アリーナ）だという見方がされる。メディアスポーツが表現する世界は，しばしばステレオタイプ表現がぶつかり合う。

　「中国や韓国の選手は金メダルを取れば一生の生活が保障されているから，強いんですよ」「アフリカの選手は身体能力がありますから」「日本人の良さは勤勉で，頭がいいことです」「選手としてだけではなく，母として，妻としても頑張っています」「さすが，フランス選手は何にしても芸術的ですね」などなど。

このような表現は，確かな根拠がなくても，メディアの中で多用され，その言葉の持つ社会的な意味が確認され，その結果，支配的関係が固定化されたり，またその社会の論争点が再び明確になったりする。

さらに，近年においては，メディアスポーツはスポンサー企業にとっても「アリーナ」である。

「1990年代の国際スポーツに投資した人にとって，98年のフランス大会の重要な戦いは，ロナウドとジダンではなく，世界的なスポーツウェアの会社であるナイキとアディダスの戦いだった」（Boyle & Haynes, 2000, p.46）

上記のコメントは，ワールドカップというナショナリズムがぶつかり合うアリーナにおいて，グローバルな企業にとってもアリーナになっていることを象徴したコメントである。21世紀に入り，この状況はますます進んでいる。

もちろん，それぞれの国や地域において，人々は主体的にスポーツを楽しんでいるし，スポーツによって国際理解がすすむ一面もある。したがってスポーツをメディアやスポンサーの世界戦略の中だけに位置づけて語ることには反対する研究も多い。しかし，メディアとスポンサーのグローバルな展開によって大きなスポーツマーケットが生まれ，スポンサーの商品だけでなく，ワールドカップやオリンピックといったイベント自体や選手が商品化された文化製品となっていることは確かである。そして，そのイベント自体も「高価な商品」となり，入場券の多くはスポンサーに割り当てられ，また有料テレビでの視聴が一般化しつつある。グローバルなメディアスポーツのビジネスはワールドカップやオリンピックなどのメガイベントにおいてナショナリズムを利用しつつ，大きな利益を得ている。そして，その動きはますます大きくなっているのである。

■ 参考文献

牛木素吉郎・黒田勇編『ワールドカップのメディア学』大修館書店，2003年
黒田勇『ラジオ体操の誕生』青弓社，1999年
杉山茂・角川インタラクティブ・メディア『テレビスポーツ50年』角川書店，2003年
西山哲郎『近代スポーツ文化とは何か』世界思想社，2010年
日本放送協会編『放送五十年史』1977年
日本放送協会編『二十世紀放送史』2001年
ハーグリーブス，J.『スポーツ・権力・文化』不昧堂，1985年

橋本一夫「日本スポーツ放送史」大修館書店，1992年
橋本純一編「現代メディアスポーツ論」世界思想社，2002年
藤竹暁『テレビメディアの社会力』有斐閣，1985年
JDFA編『「ダイヤモンドサッカー」の時代』エクスナレッジ，2008年
Boyle, R. and R. Haynes *Power Play*, Longman, 2000
Horne, J. *Sport in Consumer Culture*, Palgrave, 2005
Kellner, D. *Media Spectacle*, Routledge, 1998
Real, M.R. 'Media Sport:Technology and the Commodification of Postmodern Sport', in Wenner, L.A.(ed.) Media Sport, Routledge, 1998
Sugden, J. & A. Tomlinson(ed.) *Host and Champions*, Arena, 1998.

コラム2

北京オリンピックとメディアの自由

　第29回北京オリンピック大会は，2008年8月8日から8月24日まで開催され，1988（昭和63）年のソウルオリンピック以来，アジアで20年ぶりの夏季オリンピック大会となった。204の国と地域，1万1000人を超えるアスリートが参加し，28競技302種目において，熱戦が繰り広げられた。オリンピック観戦のためのチケット販売は650万枚に達し，43億人がテレビを視聴できる環境を享受した。競技のインターネット配信も初めて行われた。

　この北京オリンピック大会は，「一つの世界，一つの夢」（One World, One Dream）をスローガンとし，同じ一つの世界に住む人類の平和と友情を願い，ともに手を取り合い発展することを目指すとともに，環境の保全を重視し（Green Olympics），ハイテク利用のオリンピックを実現し（High-Tech Olympics），世界の文化交流を高めること（Humanistic Olympics）を目的とした。

　しかし，この第29回大会をめぐっては，招致活動の当初から，中国の環境問題や人権問題が取り上げられ，また，招致決定後においても，聖火リレーやチベットをめぐる問題，さらには国内地震取材の問題が指摘されるなど，批判が相次いだ。特にメディア規制については，モスクワで開かれた2001年7月の招致候補地選考会直前の記者会見において，アメリカのメディアによって懸念が表明された。これに対し，北京オリンピック招致委員会事務局長は，北京でオリンピック大会が開催されることになれば，「メディアには完全な報道自由が保障される」とのコメントを行った。

　2006年12月1日，中国政府は，オリンピック期間中の外国メディアの取材について規制緩和を表明する「北京オリンピック大会及び準備期間中の外国人記者の中国取材に関する規定」を発表し，2007年1月1日から施行するとした。これは，外国

人記者が中国国内で取材を行う場合，中国政府等の事前の許可を必要としないとするもので，外国のメディアには好意的に受け取られた。

　同規定は，全9カ条からなり，第1条の目的のところでは「オリンピック精神を高め広めることに資する」と謳い，第6条では，「中国で取材しようとする外国人記者は，取材される団体又は個人の同意を得るだけでよい」とする。外国人記者による取材は，これまで，事前に中国政府の新聞司や他の関係外事部門等を通す必要があった。過去，中国で取材を行う外国人記者が警察等によって拘束されるときは，決まって「外事弁公室の許可を得ていない」という理由が持ち出されたといわれるが，このことからも，この新規定の存在は大きい。

　その効果は，2008年5月の四川大地震における外国メディアの取材活動に活かされ，記者会見も連日行われるなど実証されたが，一方で，チベット自治区ラサ動乱後におけるオリンピックリレーを含む取材制限，さらにはその後の四川大地震取材における制限など，その運用は，少なからず問題があったことも指摘されている。また，国内メディアについては，この規定の適用はなく，規制強化の例も存在したようである。

　その後，この規定は時限立法であったため，期限が切れたあとの中国政府の対応が注目された。2008年10月17日，中国政府は，「常駐外国報道機関及び外国人記者の取材に関する条例」の制定を発表し，引き続きこれまでの対応を維持していくことを表明した。これによって，中国に滞在する外国メディアの取材活動は，オリンピック大会開催をきっかけに，大きく改善されることになった。

　これは，オリンピックという大きなスポーツイベントを通してメディアの「報道の自由」を確保し保障することになった，重要な事例と言うことができる。

（松井　修視）

第Ⅱ部

メディアスポーツの動向

第4章
多チャンネル時代のスポーツ専門放送

川喜田　尚

1　新しい時代のテレビとスポーツ

▍テレビとスポーツのいま

　2011年7月24日に東日本大震災の被災3県を除いて地上波テレビとBS放送，それぞれのアナログ放送が終了，2012年3月には被災地を含めてテレビのアナログ放送はすべてその歴史に幕を閉じた。一方，BSデジタル放送も一挙に31チャンネル体制になり，テレビは新しい時代を迎えている。総合編成の局が多かったBSにも映画や釣りなど専門性の高いチャンネルが登場している。後で詳しくは取り上げるが，スポーツ専門チャンネルもBS放送とCS放送（衛星基幹放送）をあわせて8チャンネルとなっている。

　一般に放送の発展にスポーツは欠かせない存在といわれるがほんとうにそうなのか。NHKや民間放送の歴史を調べてみると，オリンピックやサッカーW杯など節目のビッグイベントはスポーツ放送の記録やエピソードとして欠かせないものだが，放送史として残された資料に占めるスポーツ番組関連事項の量的な少なさは意外である。NHKが発行する『20世紀放送史』においても上下巻合わせて1153頁のうちスポーツに関する記述は40頁に満たない。またここ数年，地上波における巨人戦の視聴率が低迷，地上波のプロ野球中継もかなり減少した。一方では，2009年3月のWBC（ワールドベースボールクラシック）日本対韓国戦（40.1％）や2010年6月のFIFAサッカーW杯日本対パラグアイ戦（57.3％），なでしこジャパンが大活躍した2011年7月のFIFA女子W杯決勝（早朝では異例の21.8％，同時放送のNHK・BS1は視聴率不明）のように社会現象とも言える爆発的視聴率を記録している（関東地区，ビデオリサーチ）。

テレビの楽しみ方が多様化し，テレビメディアとスポーツも新しい局面を迎えたと言えよう。テレビの新しい時代の開幕にあたって，放送とスポーツの歴史を振り返り，BS多チャンネル時代のスポーツ放送について理解を深めたい。

日本の多チャンネル多メディア時代

多メディア多チャンネル時代については，ケーブルテレビ（CATV）事業者と衛星放送事業者，衛星プラットフォーム（役割については後に説明）の存在を抜きにして語ることはできない。

まずケーブルテレビの歴史としては1963（昭和38）年9月に難視聴解消のための有線共同視聴施設（CATV）で，岐阜県郡上八幡テレビ共同聴取施設組合が初の自主放送を実施したことが記録に残っている。1983（昭和58）年11月には都市型CATV第1号，インターナショナルケーブルネットワーク（ICN 東京町田市）が誕生，翌1984年にケーブルテレビの番組ネットワークJCNがスタートした。さらに1995（平成7）年には大手CATV運営会社のタイタスとジュピターテレコムが開業している。当初難視聴対策で地域独占の小規模な有線放送事業者としてスタートしたケーブル業界は，多チャンネル放送，電話，インターネットの，いわゆる"トリプルプレイ"のリーズナブルな価格設定と地域密着営業が功を奏し，順調に加入者を獲得した。その後は，IP事業者のコンテンツ配信業参入やケータイ電話の普及などの環境変化もあり，徐々に優勝劣敗の形となって大規模なオペレーションを行うMSO（マルチプルシステムオペレーター）がメガメディアとして影響力を持つようになった。その最大手がジュピターテレコム（J：COM）である。

衛星放送については，まず1987年，BS（Broadcasting Satellite/放送衛星）を利用したBS放送としてNHKのBS1が試験放送を開始し，民間でも当時の郵政省が大きく関わるかたちで財界，メーカー，地上波，新聞など193社が協力して，1990年日本衛星放送株式会社（現・WOWOW）が立ち上がった。一方，1989年にJCSATとスーパーバードの2機の通信衛星，CS（Communication Satellite/通信衛星）が打ち上げられ，CS放送が始まった。当初は，前述の都市型ケーブル局への番組を供給することを目的に，CSを利用する番組供給事業者（コンテンツ・サプライヤー）として10数チャンネルがサービスを開始したが，

第4章　多チャンネル時代のスポーツ専門放送

1992年にケーブル局を介せず直接家庭にコンテンツを送り届ける「衛星直接受信」が認められ，CS放送事業者となった。初期のチャンネルとしては，スターチャンネル（映画専門局），CNN（ニュース専門局），スポーツ・アイ（現J SPORTS 3　スポーツ専門局），GAORA（スポーツ専門局），スカイA（スポーツ専門局），MTV（音楽専門局）などがあり，現在でも人気チャンネルとなっている。ちなみにこの時代のBS放送，CS放送はすべてアナログ放送であり，専用の受信機をテレビモニターに接続する必要があった。

　地上波のデジタル化がはじまったのは2000年の東京・大阪・名古屋の広域圏からだが，CS放送は一足早く1996年にデジタルCS放送としてスタートした。1996年6月12日，世界のメディア王，ルパート・マードック率いる豪ニューズコーポレーションが日本で100チャンネルの放送を提供する衛星プラットフォーム，「JスカイB」を立ち上げると発表し，同年10月には国内資本のパーフェクTVが57チャンネルで本放送を開始している。翌97年12月にはディレクTVも63チャンネルで開局，本格的多チャンネル時代に突入した。マードックの発表はまさに黒船到来的なインパクトだった。マードック構想にソフトバンクが賛同，のちにソニー，フジテレビも参画した。結局，JスカイBは開局前にライバルプラットフォームのパーフェクTVと合併し，スカイパーフェクTV！（98年5月）になり，さらに2000（平成12）年には事実上ディレクTVを吸収し，日本のCS放送は1社独占で三つの衛星を利用することとなったまま今日に至っている。

　都市型CATVに番組を供給，あるいは衛星プラットフォームで自らチャンネルを運営する事業者は1990年代に相次いで開局した。（**表4-1**）。

　たとえば，1997（平成9）年9月にJスカイBの看板チャンネルとしてスカイスポーツ（後のJ SPORTS）が100％スポーツ番組で編成される放送を開始した。創業まもなく3チャンネルのスポーツ専門チャンネルの運営は，無謀のようにも思えるが，ニューズコーポレーションが英国でサッカーのプレミアリーグ中継を独占的に放送し，加入者獲得に成功していた体験から，スポーツを新しいCSプラットフォームのキー・ドライバー（加入促進の牽引車）と位置付けていたようである。それまで地上波でほとんど放送されなかったパ・リーグの球団からホームゲームの全試合の放送権を獲得したり，高校，大学，社会人ラ

第Ⅱ部　メディアスポーツの動向

表 4-1　多チャンネルの動き

年	月日	多チャネルの動き
1963	9.2	有線共同視聴施設（CATV）初の自主放送として岐阜県郡上八幡テレビ共同聴取施設組合開局
1973		郵政省　有線テレビジョン法施行に伴い　全国各地にCATV施設を相次いで許可
1977	9.13	甲府市のCATV（日本ネットワークサービス）2万戸を達成，甲府市の市街地区世帯数の37％に普及
1980	6.1	米　ケーブルニュースネットワークCNN　24時間ニュース
	9.9	社団法人日本有線テレビジョン放送連盟発足　多チャンネル都市型CATV増加に対応して設立　61社加盟
1983	11.11	都市型CATV第1号としてインターナショナルケーブルネットワーク（ICN東京町田市）に設置許可
1984	1.1	電通と全国大手有線テレビ会社「ジャパンケーブルネットワーク」（JCN）設立。
1986	12.25	NHK-BS試験放送
1987	7.4	NHK　BS-1放送開始
1989	3.7	JCSAT1打ち上げ（日本初の民間通信衛星CS）
	6.3	NHK　BS-2放送開始
	6.6	スーパーバードA（旧）打ち上げ
1990	11.30	WOWOW試験放送開始　1991年4.1本放送（日本初の民間有料放送）
1992	4.21	スターch，CNN　放送開始
	10.1	ジャパンスポーツチャンネル（スポーツ・アイ）放送開始
1993	10.1	衛星ch（朝日ニュースター）スペースビジョンネットワーク（GAORA）ミサワバン（Let's Try）放送開始
1994	4.1	サテライトエー・ビー・シー（スカイA）
1995	1.10	伊藤忠，東芝，米タイムワーナー，米USウエストの4社CATVの広域運営会社「タイタス・コミュニケーションズ」設立
1996	1.18	住友商事と米CATVの最大手TCICATVの広域運営会社「ジュピターテレコム」設立
	6.12	マードックニューズコーポレーション2年以内に日本で100ch　JスカイB開局を発表
	10.1	パーフェクTV！　57chで本放送開始
	12.17	ジェイ・スカイ・ビー㈱設立
1997	10.31	ディレクTV本放送開始
2000	12.1	BSデジタル放送開始，110度CSデジタル放送開始
2006	4.1	ワンセグ放送始まる
2011	7.24	地上アナログテレビ放送終了（東北3県除く），BSアナログ放送終了
2012	3.1	BSデジタル放送　31チャンネル体制に
2012	3.31	岩手・宮城・福島県の地上アナログテレビ放送終了
2012	4.1	NOTTV（ノッティーヴィー）開局

出所：20世紀放送史（日本放送協会），社団法人衛星放送協会サイトほかから筆者作成。

第4章　多チャンネル時代のスポーツ専門放送

（千世帯）

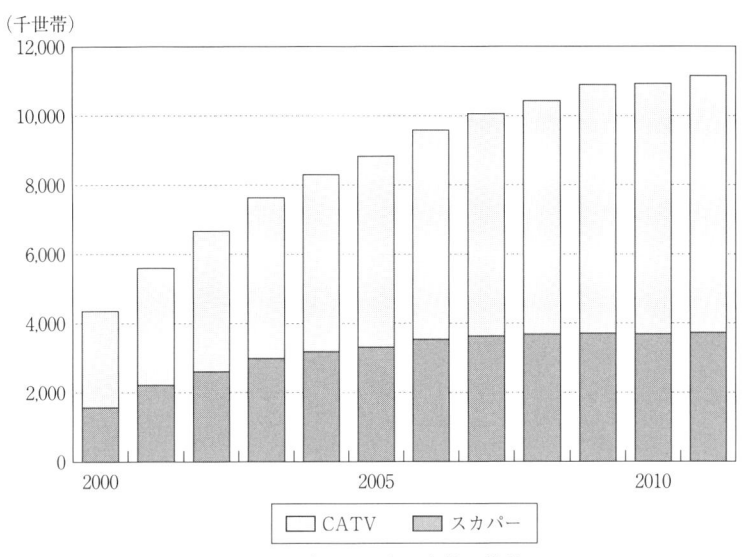

図4−1　多チャンネル市場の推移
出所：スカパーJSAT公式サイト，日本民間放送年鑑2011から筆者作成．

グビーのCS放送権を独占的に獲得するなど，長年の日本のスポーツ放送の常識や秩序を覆すダイナミックな戦略が放送界の話題をさらった。パ・リーグやラグビーが商売になるのかと言われたが，今日のパリーグの人気やラグビーのプロ化（トップリーグ）実現を考えれば先見の明があったと言えるし，またスポーツ専門放送によってスポーツ市場が活性化したとも言えよう。

　以上のように，80年代後半からの多チャンネル化，多メディア化の進展の結果，総務省から放送免許を受けている事業者は，NHKのほか地上波系が455社（テレビ，ラジオ，コミュニティー），衛星系が134社（BS，CS），自主放送を行っている有線テレビジョン放送事業者が571社となっている（2009年）。東京・大阪・名古屋のラジオ3局で始まった1925（大正14）年とはまさに隔世の感がある。現在のBS放送視聴可能世帯は約3400万（民放BSデジタル共同調査，2011年6月22日公表），CS放送中心の多チャンネル市場は約1100万世帯となっている（図4−1）。

　日本のスポーツ放送は，ラジオ放送が始まってからおよそ2年半後，1927（昭和2）年8月13日に甲子園球場で開催された第13回全国中等学校優勝野球大

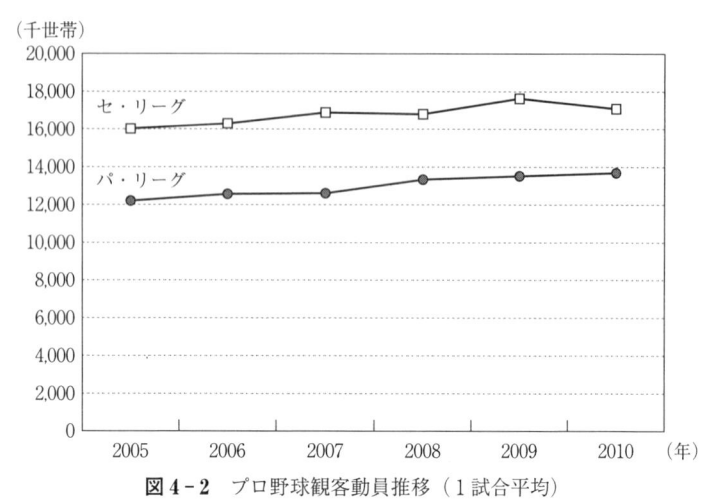

第Ⅱ部　メディアスポーツの動向

図4-2　プロ野球観客動員推移（1試合平均）
出所：公表データから筆者作成。

会の実況中継がそのはじまりである。テレビは，NHKが1953（昭和28）年2月に本放送を開始，同年8月には日本テレビが開局した。NHKは開局まもない5月の大相撲夏場所を中継。6月に早慶対抗陸上，8月に夏の高校野球中継とプロ野球ナイター中継を行っている。日本テレビは開局翌日の8月29日にプロ野球，巨人対阪神戦を後楽園球場から中継，これが民放テレビ初のスポーツ中継となる。その後の地上波テレビによるプロ野球中継の発展については，第2章でも触れられているが，近年，地上波のプロ野球中継は減りつつある。たとえば巨人戦に力を入れてきた日本テレビは，2006（平成18）年に60試合の巨人戦を放送していたが，2010（平成22）年には22試合に減少し，代わってBS日テレが2006年の中継なしから2010年の56試合へと急増させ，プロ野球がBSの看板番組になってきた。無料放送のBSデジタルとNHKのBSを合わせると2010年のプロ野球中継は約300試合となった。さらに有料のCS放送では年間860試合放送と日本のプロ野球のほぼ全試合がテレビで観戦できる。プロ野球については人気が低下したというより，マーケットが拡大し，伝えるメディアが多様化したのである。観客動員がほぼ堅調に増え，特にパリーグの人気が右肩上がりを続けていることもそれを裏付けていると言えよう（**図4-2**）。さらに甲子園の高校野球は春，夏の全試合がNHK，民放で観戦可能なうえ，

第 4 章 多チャンネル時代のスポーツ専門放送

表 4-2 日本で放送される主なスポーツ（1996年以降の実績含む）

野 球	相 撲	モータースポーツ	陸 上	スケート
プロ野球公式戦交流戦	大相撲本場所	F-1	横浜国際女子マラソン	ISU 世界フィギュアスケート選手権
プロ野球オープン戦	大相撲トーナメント	フォーミュラ・ニッポン	東京マラソン	ISU 世界ジュニアフィギュアスケート選手権
プロ野球オールスター戦	全日本相撲選手権	全日本 F3	福岡国際マラソン	ISU 四大陸フィギュアスケート選手権
プロ野球クライマックスシリーズ	全国学生相撲選手権大会	WRC 世界ラリー選手権	別府大分毎日マラソン	
	武道・格闘技	ダカールラリー	北海道マラソン	全米フィギュアスケート選手権
プロ野球日本シリーズ	新日本プロレス	DTM 独ツーリングカー選手権	大阪国際女子マラソン	
アジアカップ	PRIDE		名古屋ウィメンズマラソン	欧州フィギュアスケート選手権
日韓クラブチャンピオンシップ	K-1	インディー・レイシングリーグ	都道府県対抗駅伝	ロシアフィギュアスケート選手権
WBC	ワールドプロレスリング	SUPERGT	世界陸上	フィギュアスケート国別対抗
都市対抗	パンクラス	スーパー耐久シリーズ	全日本実業団駅伝	
全日本大学野球選手権	全日本プロレス	MFJ 全日本バイクレース	全国高校駅伝	フィギュア日本選手権
東京 6 大学	NOAH	モトクロスバイク	全日本大学駅伝	ISU スピードスケート
高校野球（夏の甲子園）	X-SHOOTO	スーパーバイク世界選手権	出雲全日本大学選抜駅伝	アイスホッケー NHL
高校野球（春の選抜）	DRAGONGATE		箱根駅伝	
NPB12球団ジュニアトーナメント	ZERO-1	MotoGT		IIHF 世界アイスホッケー選手権
リトルリーグワールドシリーズ	闘龍門	鈴鹿 8 時間耐久レース	**自転車**	アジアリーグアイスホッケー
	女子プロレス		ツール・ド・フランス	
MLB	みちのくプロレス	**バレーボール**	ジロ・デ・イタリア	**アメフト**
サッカー	WWE	アジア選手権	ブエルタ・ア・エスパーニャ	X リーグ
J リーグ（J1）	シュートボクシング	FIBV 世界選手権		NFL・スーパーボウル
J リーグ（J2）	ボクシングタイトルマッチ	アジア選手権	ワテンファル・サイクラシックス	NCAA
ナビスコカップ	極真空手	V リーグ	パリ〜トゥール	全国高校アメフト
天皇杯	新極真空手	スーパーカレッジバレー	ジロ・デ・ロンバルディア	関東学生アメフト
プレミアリーグ	剣道	春高バレー		全日本大学アメフト
スコットランドリーグ	フェンシング	全国中学校バレーボール選手権	ツール・ド・スイス	ライスボウル
セリエA	柔道世界選手権・日本選手権	**バスケットボール**	クリテリウム・ドゥ・ドーフィネ	**バドミントン**
リーガエスパニョーラ	UFC	JBL	ツアー・オブ・カリフォルニア	BWF スーパーシリーズ
コパ・デル・レイ	TNA	bj リーグ		トマス杯・ユーバー杯
コパ・リベルタドーレス		高校バスケットウィンターカップ	ツール・デ・フランドル	日本オープン
ブンデスリーガ	**ラグビー**	NBA	パリ〜ルーベ	日本選手権
フランスリーグ	ワールドカップ	WNBA	アムステルゴールドレース	**総 合**
ロシアプレミアリーグ	日本代表テストマッチ	NCAA		オリンピック
エールディヴィジ	日本選手権	**ゴルフ**	ツール・ダウン・アンダー	アジア競技会
UEFA チャンピオンズリーグ	トップリーグ	JPGA 男子ツアー・シニアツアー	フレッシュ・ワロンヌ	高校総体
UEFA カップ	大学選手権	JLPGA 女子ツアー	ミラノ〜サンレモ	**その他**
コンフェデレーションズカップ	大学対抗戦	PGA ツアー・LPGA ツアー・欧州ツアー	リエージュ〜バストーニュ〜リエージュ	世界卓球
	大学リーグ戦			世界水泳
FA カップ	全国高校ラグビー花園大会	全英オープン・全英女子	ツール・ド・北海道	ボウリング・ビリヤード・ダーツ
カーリングカップ	スーパー15	全米オープン・全米女子	UCI プロツール／世界選手権	サーフィン
アルゼンチンリーグ	トライネイションズ	マスターズ		ダンス
ワールドカップ	6 ネイションズ	**テニス**	**スキー**	フィッシング
国際親善試合		ウィンブルドン	FISW 杯アルペン	エアロビクス・フィットネス
全国高校サッカー選手権		全米・全英・全豪・全仏	FISW 杯ジャンプ	ヨガ・ピラティス
大学サッカー		ATP	FISW 杯フリースタイル・モーグル	ラジオ体操
アジアカップ		WTA		
		フェドカップ・デビスカップ		

出所：各局番組表などから筆者作成。

表4-3 民法地上波・BS・CS比較表

	民放地上波	BS放送	CS放送
有料・無料	無料	無料・有料	有料
ＣＭ	多い	多い(無料放送) 少or無（有料放送）	少ない
カバー地域	県域・広域	全国	全国
対象世帯（万）	5200万	3400万	1100万
編成	総合	総合，有料系は専門編成	専門編成

出所：対象世帯は2011年6月の視聴可能世帯。

CS放送では，都市対抗野球，全日本大学野球選手権，NPBジュニアトーナメント，リトルリーグ・ワールドシリーズなども放送されている。米メジャーリーグやワールドベースボールクラシックなども複数メディアで中継され，少年野球から世界の頂点までありとあらゆる野球が放送されていることになる。このほかサッカーも国内，海外の多くの試合が生中継されるなど，日本で放送されているスポーツは実に多岐にわたり，ちょうど世界中の料理が日本で食べられるように，世界の多くのスポーツが家にいながらにしてリアルタイムで楽しめる時代になっている（表4-2）。それは，少ないファンでもその放送を見たい人たちが視聴料金を払う有料放送のビジネスモデルが始まったことと関係がある。

2　ビジネスとしての放送

▍地上波と衛星放送のビジネスモデル

　地上波，BS，CSの比較表をみてみよう（表4-3）。地上波はどんなに大きい局でも基本的にローカル局であり，全国をカバーするためにキー局はネットワークの系列局を通じて各家庭に番組を届けてもらう仕組みになっている。編成はニュースもスポーツもドラマもバラエティも混在した「総合編成」であり，またローカルニュースや地域密着番組と全国ネットの番組が混在している。BSとCSは全国をカバーしている。編成は概ね，無料放送（フリーＴＶ）の場合は総合編成，有料放送（ペイＴＶ）の場合は，専門チャンネルという棲み分

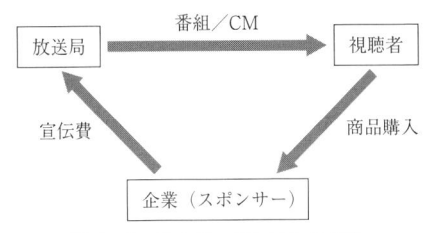

第4章　多チャンネル時代のスポーツ専門放送

図4-3　地上波・BS民放モデル
出所：筆者作成。

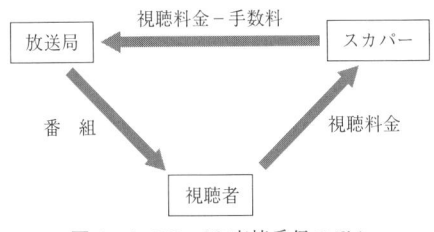

図4-4　BS・CS直接受信モデル
出所：筆者作成。

けになっている。公共放送であるNHKは，テレビ受信機を所有していれば受信料を払う義務があると放送法に定められているので，特殊な形態の有料放送ということもできる。

　地上波の無料放送は広告放送モデルであり，多くの人が番組とともにCMを見ることで成立する。CMの宣伝効果を期待するメーカーやサービス業の会社（スポンサー）が放送局に出稿する（CMを放送し，その対価を払う）ことで成り立っているので，多くの人に見てもらわないと企業はCMを流すメリットがない。したがって視聴率（何パーセントの世帯や人がその番組を見たかという指標）の高い番組のほうが放送局にもスポンサーとなる企業にも都合がよいことになる。放送局は一般消費者に番組やCMを届けるが，お金はスポンサーである企業からもらっているというトライアングルな関係になる。企業は商品やサービスが売れて消費者からお金を受け取り，売上げの中から放送局に宣伝費としてCMを放送する対価を払う図式となる（**図4-3**）。

　一方，有料放送は番組ごとの広告ではなく，基本的にはそのチャンネルを見

65

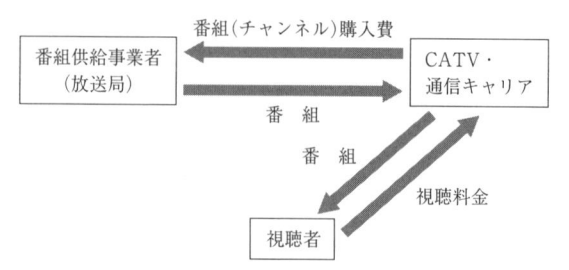

第Ⅱ部　メディアスポーツの動向

図4-5　CATV・通信キャリアモデル
出所：筆者作成。

たい視聴者から毎月お金を払ってもらう視聴料金で成り立っている構造となる。NHKは有料放送であり，BS，CS放送は有料放送と無料放送が混在している。専門チャンネルの多くは有料でCMも少し入っている場合が多い。ちょうど専門雑誌のように，購読は有料だが広告も重要な情報ということで広告のページがあるのと同じだ。視聴方法は大きく二つある。視聴者が自らBS・CSアンテナを付けてスカパーやWOWOWに申し込んで衛星から直接受信する場合（図4-4）と地元のケーブル局や通信キャリアに加入して，自宅まで有線で番組を配信してもらう場合（図4-5）となる。

　直接受信の場合は，番組視聴料をプラットフォーム（スカパーやWOWOW）に支払う。スカパーはその中から手数料を差し引いて放送事業者（チャンネル）に料金を支払う。月額視聴料金は，放送事業者が決める。つまり，視聴者と放送事業者の契約を代行し，プロモーションや顧客管理・課金代行を行うのがプラットフォームということになる。多くの専門チャンネルはスカパーにこれらの業務を委託しているが，WOWOWはプラットフォームと放送事業者の機能を兼ねていることになる。NHKのBS放送はプラットフォームとは呼ばないが，WOWOWモデルに相当する。

　一方，ケーブル局（CATV）や通信キャリアに加入し，その中の多チャンネルサービスを利用する場合，放送事業者はケーブル局や通信キャリアに番組（チャンネル）を卸売する形となるため，最終的に加入者にいくらで販売するかはケーブル局や通信キャリアが決めることになる。

第 4 章　多チャンネル時代のスポーツ専門放送

表 4-4　スポーツ専門チャンネル概要

チャンネル	配信媒体	主要コンテンツ	放送事業者	主な株主
J SPORTS 1	BS・CS・CATV 他	野球/広島，千葉ロッテ，サッカー/J1, J2，国内ラグビー，ウインター，卓球，バドミントン	㈱ジェイ・スポーツ（東京）	J:COM，スカパー，TBS，ESPN
J SPORTS 2	BS・CS・CATV 他	野球/中日，オリックス，サッカー/プレミア・フランス・オランダ・ロシア，高校大学バスケ，WWE，ダーツ	㈱ジェイ・スポーツ（東京）	J:COM，スカパー，TBS，ESPN
J SPORTS 3	BS・CS・CATV 他	野球/東北楽天，MLB，野球好きニュース，サッカー/プレミア，フランス，ニュース Foot!，国内ラグビー，モーター，格闘技	㈱ジェイ・スポーツ（東京）	J:COM，スカパー，TBS，ESPN
J SPORTS 4	BS・CS・CATV 他	野球/MLB，サッカー/プレミア，CL，オランダ，ロシア，海外ラグビー，フィギュア，モーター，サイクル	㈱ジェイ・スポーツ（東京）	J:COM，スカパー，TBS，ESPN
GAORA	CS・CATV 他	野球/阪神，日ハム，選抜高校野球サッカー/ブンデス・ドイツカップ，ATP テニス，全日本プロレス，インディーカー（一部スポーツ以外の番組も編成）	㈱GAORA（大阪）	毎日放送，住友商事
スカイ・Asports +	CS・CATV 他	野球/阪神，高校野球，サッカー/J1，JBL，大阪プロレス（一部スポーツ以外の番組も編成）	㈱スカイ・エー（大阪）	朝日放送，朝日新聞，テレ朝，近鉄，阪神電鉄，伊藤忠
日テレG+	CS・CATV 他	野球/巨人，サッカー/コパリベルタドーレス，高校サッカー，NFL，MotoGP，NASCAR，プロレスNOAH（一部スポーツ以外の番組も編成）	日本テレビ放送網㈱（東京）	読売新聞（東証一部）
ゴルフネットワーク	CS・CATV 他	PGA，LPGA ツアー，欧州ツアー，国内男子，国内女子，ニュース，レッスン	ジュピターゴルフネットワーク㈱（東京）	J:COM，SRIスポーツ，ブリヂストンスポーツ，ミズノ，ダンロップ，スポーツエンタプライズ

出所：各社公式サイト（2011年4月）から筆者作成。

日本のスポーツ専門局

　冒頭に触れたように日本にはスポーツ専門チャンネルが数多く存在する。「スポーツ専門局」とは何か。放送法で定める「基幹放送」に該当し，全放送時間に占めるスポーツ番組の割合が100％またはそれに準ずる比率で編成されており，スポーツの生中継を日常的に行っているものと定義すれば，現在8チャンネルが運営されている。具体的にはBS・CS・CATVなどで放送している

67

「J SPORTS 1」,「J SPORTS 2」,「J SPORTS 3」,「J SPORTS 4」, CSとCATVなどの「GAORA」,「スカイ・A sports＋」,「日テレG＋」(ジータス),「ゴルフネットワーク」の8チャンネルとなる(2012年4月現在)。このほか上記の定義には当てはまらないが,エクストリーム系の「ＥＸスポーツ」,プロレス・格闘技の「サムライ」などもスカパー！などでスポーツコンテンツを放送している。主なスポーツ専門局のコンテンツ,放送事業者,資本関係などについては**表4-4**を参照していただきたい。

3　メディアとスポーツの共栄

▌放送メディアが育てるスポーツ

　ここでは BS, CS で四つのスポーツ専門チャンネルを運営する J SPORTS の事例を紹介しながら放送とスポーツの共存共栄 (WIN-WIN) 関係について考えてみたい。

　J SPORTS の CATV, スカパー！等を合わせた加入者は,760万世帯 (2011年7月現在),売上げは約190億 (2011年決算),地上波キー局や WOWOW などの総合編成局と比較すると小さいが,専門チャンネルの中ではもっとも大きな規模となっている。民間放送全体の中では15位前後,福岡県の基幹の地上波局と同じ程度の経営規模である。(2010年民放年鑑をもとに計算)。

　たとえば2011年の J SPORTS では,プロ野球は中日,広島,ロッテ,西武,オリックス,ソフトバンクのホームゲームを中心に年間400試合以上,MLB200試合以上,サッカーはプレミアリーグ,チャンピオンズリーグ, J リーグなど年間600試合以上,ラグビーはトップリーグ,大学,高校,海外など250試合以上,モータースポーツはスーパー GT,フォーミュラ・ニッポン,WRC など年間50戦,ツール・ド・フランスはじめサイクルスポーツの主要大会年間300時間以上,フィギュアスケートの世界フィギュア,四大陸,各大陸選手権,世界ジュニア,このほかバスケット,スキー,格闘技,卓球,バドミントンなど4チャンネルで年間5000時間以上のライブ放送を行っている。

　J SPORTS のチャンネル別編成方針は**表4-5**のようになっている (2012年予定)。

第4章 多チャンネル時代のスポーツ専門放送

表4-5 J SPORTS 各チャンネルの特徴

2012年ラインアップ	野　球	サッカー	その他のスポーツ	ニュース情報
J SPORTS 1 （国内メイン）	広　島 千葉ロッテ	J1リーグ J2リーグ	国内ラグビー／ウィンター／ 卓球／バドミントン	
J SPORTS 2 （国内メイン）	中　日 オリックス	プレミア／フランス ／オランダ／ロシア	バスケットボール／ WWE／アメフト／ダーツ	
J SPORTS 3 （ニュース情報も）	東北楽天 MLB	プレミア フランス ほか	国内ラグビー／モーター／ プロレス格闘技／ドキュメ ンタリー	Foot! 野球好き ニュース
J SPORTS 4 （圧倒的生中継）	MLB	プレミア／ チャンピオンズリーグ／ オランダ／ロシアほか	海外ラグビー／フィギュ ア／サイクリング／モー ター	

出所：筆者作成。

　メジャースポーツばかりでなく，マイナー競技や学生スポーツに力を入れているのも専門チャンネルならではの編成方針と言えよう。地道に放送を続け，イベントを展開し，その競技の魅力を訴え続けてきた結果，実を結びつつあるジャンルがいくつかある。たとえばツール・ド・フランス（以下ツール）。NHKが1985（昭和60）年に紹介したのが始まりで1992（平成4）年からフジテレビで山岳コースなど大会の要となるレースが放送された。J SPORTS では1998（平成10）年から全21ステージのライブ中継を行っている。当初は NHK やフジテレビでツールの名前は知っているといった視聴者や一部の自転車のコア（熱心な）ファンが観る程度だったが，日本人好みのマラソンのようなレース展開やフランスの田園や山岳の美しい風景を楽しむファン層まですそ野が広がった。その後はイタリアやスペインなどで開催される欧州の主要レースも全日程ライブ放送するなど，まだ観る人が少なかった時期から紹介してきた。近年は，エコブームにも乗って自転車愛好家が急増し，自転車で通勤する人も多く，筆者の住む湘南でも，休日は色とりどりのロードレーサーやクロスバイクに乗った老若男女がひしめいている。自転車，ウエア，グッズ，専門誌などの産業も拡大してきた。また「街おこし」の一環としても普及し，家族向けの10キロ程度から本格的100キロ，160キロを走破するイベントまで，様々な自転車イベントが全国で年間500以上も開催されるようになった。

　ほかにもフィギュアスケート，卓球など地上波民放局が放送しなかった競技

の主要大会を日本人選手に限らず全試合中継を基本原則に放送してきた。フィギュアスケート女子などは，いまではキー局がゴールデンタイムに放送し，年間高視聴率番組トップ10の常連イベントとなっている。また，日本が2度目の優勝を果たした2009（平成21）年のワールドベースボールクラシック（WBC）は，地上波が日本戦中心に放送したのに対し，J SPORTS は日本戦以外も全試合放送，海外への国際配信のホスト局も務めた。

　J SPORTS では2012年の年間ライブ放送時間はおよそ6000時間にのぼると公表しているが，専門チャンネルの存在意義はそこにあるとも言える。在京の地上波6局（NHK 総合と民放5局）の年間の全日放送時間（6時～24時）に占めるスポーツ放送番組の割合は2009年度で5.3％，6局合計で2083時間（民放年鑑2010：694から計算）であることと比較すれば，スポーツ専門チャンネルがいかに生放送に力を入れているかがわかる。

スポーツジャーナリズムとして

　スポーツ専門局の特徴は，「生放送時間の多さ」とともに「網羅性」，つまり全部中継することである。最近ではユーストリームやニコ生などの動画配信が定着し，編集しないナマの映像を全て見せることがジャーナリズムのひとつのあり方であるとする議論もあるが，放送でも極力，競技や大会の全てを伝えるという方向性は有料放送ならではと言えよう。

　"全試合"，"予選から"といった編成方針や多チャンネルの強みは同時に複数の試合が実施される大会や予選中継に発揮される。J SPORTS では大阪・花園の高校ラグビーは毎年3つのグランドから，さらに高校バスケ・ウインターカップも4面のコートから同時に中継を実施している。

　NHK や地上波，無料 BS 局がメジャーな競技や大会の決勝戦中心の編成であれば，スポーツ専門局はマイナーな競技や予選からカバーし，その競技そのものの発展につなげて行くことが生き残りの道でもあり，求められる存在意義でもあろう。

　定量的な検証は以上のようだが，では放送の内容，質はどう違うのか，またどう違いを打ち出すべきか。まずはスポーツニュース・情報番組の拡充があげられる。地上波のような大括りな"スポーツニュース"ではなく，サッカーニ

ュース，野球ニュースといった専門チャンネルならではのジャンル別に深堀した切り口の番組が支持されはじめている。

　また個々の番組では，いわゆる"直球勝負"の演出を追求している。人気グループや芸能人が応援するといったエンタテイメント色の強い中継は地上波に敵わないし，それらは有料でも観たいコアファンの望むところではないという認識に基づいて，ストレートな実況，解説を心がけている局が多い。お金を払ってまでスポーツを楽しみたいファンは地上波的演出や試合終了まで見られない可能性がある中継に不満をもち，真剣勝負の中継を望むという傾向がある。

　さらに，「深堀」という意味では，スポーツをより深く，他の文化や社会と関連付けての番組にも可能性があるだろう。海外の事例は米国のスポーツ専門チャンネルESPN（コネチカット州ブリストル）に見ることができる。ESPNは，1979年にケーブル配信のテレビとしてスタート。CNNやMTVなどと並ぶ専門チャンネルの老舗である。いまや米国内だけでも6チャンネルのスポーツテレビ局を運営し，世界中に提携局をもっている。米国では通常のスポーツ中継を行うESPNやESPN2をはじめ，スポーツニュース専門のESPNEWS，学生スポーツ中心のESPNU，過去の映像を専門に放送するESPNクラシックなどのユニークなチャンネルラインアップとなっている。ほかにもラジオ，出版，ネット，モバイル，スポーツバーなどを有し，スポーツメディアグループを形成している。MLBの選手の移籍情報などはESPNが発信源になり，他社がそれに追随することも珍しくない。米国のブランド調査によるとスポーツメディアといえばESPNを想起する人が最も多く，スポーツの全ブランドのなかでもNFL，Nike，NBAに次いで第4位のポジションを得ている（SRI Knowledge Networks 2009データから）。

　振り返って日本においても，スポーツと政治やスポーツと経済，国際問題はいまや切っても切れない関係にある。もっと世論を反映した切り口や政治記者，経済記者が語るスポーツ番組があってもいいだろう。たとえば近年の大相撲の相次ぐ不祥事問題なども，角界の対応もジャーナリズムの扱いも問題の本質に触れなかった。単なる八百長事件としてゴシップ的に報道してしまうのではなく，星の売り買いについても，勧進相撲から興行に変わっていった歴史的な経緯まで辿って，伝統的文化としての相撲の魅力を再認識し，そのうえで今後ど

うしていくべきか,精神論だけでなく制度論,産業論までをメディアで議論してもよかったのではないだろうか。

■ "いつでもどこでもメディア" とスポーツ

いまやスポーツのライブ中継を楽しめるメディアはテレビだけではない。合法的に配信しているものだけでも,プロ野球,MLB,Jリーグ,ブンデスリーガなどの海外サッカー,NBA,SUPER GT をはじめとするモータースポーツなどが有料,無料で楽しめる。運営は YouTube や USTREAM,ニコ生などの配信サービス事業者や球団などの権利元が行っている場合と放送局が配信の権利を取得して実施している場合などがある。PC だけでなくスマートフォンやタブレット PC でも視聴できるようになり,まさにいつでもどこでもスポーツが楽しめるようになってきた。この傾向は今後も拡大する傾向にあるが,ビジネスとして確立するにはまだ時間がかかると思われる。いまのところテレビで見られないときの補完的な機能にとどまっているようだ。

これらは "ANYTIME ANYWHERE (いつでもどこでも) メディアのジレンマ" と考えられる。つまり場所と時間を選ばないことを売りにしているメディアが時間の制約のあるコンテンツを配信することは自らの長所を生かせないというジレンマである。ドラマなどのように後から楽しめるコンテンツと違って,スポーツ番組の醍醐味はライブであり,たとえ見る場所の制約から解放されたとしても視聴時間は制限されることになる。大切な試合を見るために,中継時間に合わせて行動するのであれば,初めから大きな画面の高画質で,しかも家族や友達と一緒に楽しめるようにスケジュールを組んだほうがいいだろう。ビジネスを展開する側から考えても,ドラマのように再放送による "のべ視聴者数" を稼ぐわけにいかないので,多くの人が見ないとなると広告収入も限られ,視聴料を徴収したとしても投資額に見合う採算がとれないことになる。

では,その解決方法はないのだろうか。逆に考えてテレビの補完的存在であることを生かせばかなり可能性はあるだろう。たとえば,有料放送のテレビ局が契約者に PC やスマホ,タブレットでも視聴できるおまけサービスとして "いつでもどこでもメディア" への配信をすることで,双方の弱点を補えるのではないだろうか。すでにアメリカでは HBO (映画系専門局) がドラマなどの

番組で，日本でもスカパーが2012年のＪリーグ中継でこういったサービスに取り組みを開始した。もっともこれもテレビとPCなどではクリアしなければならない権利が異なるので，すべてのスポーツで実現できる単純な構造ではないことを付記しておきたい。

また，2012年4月に主にスマホで楽しむ有料放送の「NOTTV（ノッティビー）」がサービスを開始した。無料で楽しめるワンセグ放送と技術的には同じと言っていいものだが（ISDB-T），ワンセグが既存の地上波テレビとほぼ同じ編成であるのに対して，この新サービスは独自の編成でワンセグより高画質である点を売りにしている。専用のチューナーを搭載したスマホなどの端末が必要だが，出資社のNTTドコモや地上波キー局などが力を入れており，プロ野球やＪリーグ，オリンピックなどスポーツのライブ中継も編成されている。

間宮聰夫はスポーツイベントが創造する四つの経済的な市場として，①イベント運営費や協賛金，入場料などの「ライブマーケット」②放送権料やテレビ受信料などの「メディアマーケット」③競技場への交通費や情報を得るための新聞，雑誌購入費などの「イフェクトマーケット」④関連グッズや広告手数料などの「フリンジマーケット」を挙げている（間宮，2010，12-14頁）。ただ，これらがすべて個別のマーケットを構成しているのではなく，テレビでスポーツを中継することで，全てのマーケットにプラスの効果を促進することが期待できる。

スポーツ専門チャンネルを核にして，さまざまなメディアが視聴機会や接触機会を増やし，マイナースポーツが人気スポーツに成長し，スタジアムや試合会場に足を運ぶファンが増え，周辺産業も潤う，過去も未来もメディアとスポーツはそのような共存共栄，WIN-WINの構造を構築できる関係だと言えよう。

▍参考文献・資料

有山輝雄『甲子園野球と日本人』吉川弘文館，1997年
朝日新聞社『朝日新聞社史　大正・昭和戦前編』朝日新聞社，1991年
『ESPN POCKET GUIDE』2011年
江藤茂博『20世紀メディア年表』双文社出版，2009年
橋本一夫『日本スポーツ放送史』大修館書店，1992年

第Ⅱ部　メディアスポーツの動向

広瀬一郎『メディアスポーツ』読売新聞社，1997年
間宮聰夫・野川春夫，『スポーツイベントのマーケティング』市村出版，2010年
日本放送協会『20世紀放送史』（上・下・資料）日本放送協会，2001年
日本民間放送連盟『民放年鑑2009』2010年

> コラム 3

インターネットメディアとスポーツ

　皆さんは自身が関心のあるニュースや情報をいつどのような方法で得ているだろうか。毎日発刊される新聞，テレビやラジオでのニュース番組とその情報源はさまざまであろう。加えて近年は情報取得源としてインターネット上や携帯電話コンテンツにおけるニュースウェブサイトなどの存在はその台頭が著しい。ヤフージャパンやグーグルをはじめ，各通信社や新聞社と提携して情報を配信するポータルサイトの存在はもはや説明不要である。スポーツの分野においてもその傾向は同様で，特にスポーツファンがブログやツイッターなどの CGM（Consumer Generated Media）を使いながら，個人で情報を発信していく傾向が近年では著しく増えている。インターネット上における個人表現ツールの多様化は，これまで特定のスポーツやそのチームを応援していたスポーツファンが「応援する」行為に加えて「語る」行為を手に入れたと言えよう。

　スポーツは，競技自体が公開性と公共性を伴うものであり，一般観客も視聴者も職業記者と同じ光景を目の当たりにすることが多い。また，娯楽的な要素を多分に含むものであり，社会批判としての側面が希薄であることから，一般のファンがその批評や論壇を形成することが比較的容易だと言えよう。そこにそれぞれのファン性が伴うことで，より個性的な視点からの情報発信が可能になる。その手段としての代表格が写真や動画，そして文章を自在に構成してログ（記事）化できるブログである。ブログは観戦記やそれぞれのチームへの思い，各自の評論を発露するスポーツファンに限らず，一般的に多用されているツールであり，ウェブサイトと違って HTML 言語など難解な理解を必要としない。ライブドアやアメーバに代表されるようなサービスサイトからテンプレートが提供され，個人単位で自由自在にオンライン上に開設が可能である。そして，それらインターネット上のブログをその主題別にサブカテゴリーで振り分け，ソーシャルサイトとして読み手が情報取得する際の仲介的な役割を果たすウェブサイトも多く存在する。ここで関連づけられた主題によって，ブログ閲覧者によってコメント機能を活用したオンライン上のコミュニケーションも生み出される。ブログによってそれぞれの分野に特化された固有の情報が集合知となり，インターネット上に大きなデータベースを形成することはウィキペディアに代表されるようにウェブ時代におけるもっとも大きな情報革新とも言える。

　たとえば，筆者は長らくサッカーの観戦記を中心としたブログを運営している。

既存のニュースサイトとブログ記事がリンクされることで，多くのアクセスがブログに集まることがしばしば見られる。以前に自身のブログで，ある批判的な記事を書いたところ，筆者の知らぬところでその記事はヤフーニュースの関連記事にリンクを貼られ，日常を遥かに上回るアクセス数に最初は事態を摑めず混乱したことがあった。このようにリンクを貼られる場合，事前連絡など何も無い。つまり，細々と書いている一般ファンのブログが自身の知らぬところで一躍衆目の集まる場所に提示されることがウェブ上の論壇においてはしばしば起こる。

　スポーツジャーナリズムという視座に置き換えると，こういった傾向は既存マスメディアの既得権を覆す転換期をもたらしているのではないだろうか。ファンがそれぞれの現場で戦況を見守るスポーツでは，試合結果などCGM上でのファンによる速報が新聞のそれを遥かに上回りつつある。昨今では，それに加えてツイッターを使うことで，より容易に即時性と共時性をあわせ持つ報道が可能となっている。ツイッターも用いれば試合の実況も可能である。自分が気になるさまざまなスポーツファンのツイート（つぶやき）をフォローしておけば，同時に異なる場所でのスポーツ速報を取得可能となる。わざわざ自分でインターネット上に該当情報を検索する必要もなくなる。これほど即時性に優れている情報ツールはないだろう。また，記事がサーバー上に時系列で残されていくそれらの情報は，アーカイブ化されていく。「速報はツイッターで，詳報はブログで」というように自身で構成可能な新たなツールと使うことで，スポーツファンが内なる思いや独自のスポーツ評論をテキスト化する，すなわち新たな「語る」行為の楽しみがそこに生まれているのである。こういった新たなメディアの熟成によって，これまで報道されることのなかったスポーツシーンの情報にもより簡単にアクセスできるようになった。

　これら新たなインターネットを活用したツールは私たちの生活により身近なものとなっている。しかしながら，その一方で注意を払わなければいけない懸念事項も少なくない。たとえば，これら一般市民による情報発信に対する信頼性が確実に保証されていない点である。これまでの新聞やテレビのコンテンツと異なり，複数の人間が情報の編集に携わって商品としての情報を配信していくのではない。個人の裁量で発信されていることが大半である。加えて匿名性と自由な転送と拡散いうインターネット時代の特性がさらにこの問題の責任性を曖昧にしてしまうことも挙げられる。

　今，私たち「スポーツブロガー」にまず求められることは，確かな情報リテラシーを身につけて，スポーツ文化の発展と寄与のためにそれぞれが責任ある情報の送受信を心がけることではないだろうか。それが今後のウェブ社会と共生する豊かなスポーツ文化を育むはずである。

（生駒　義博）

第5章
ビッグスポーツイベントと広告主企業のスポンサード

水野由多加

1 ビッグスポーツイベントの象徴としてのオリンピック

　オリンピックやサッカーのワールドカップといった「世界的に何十億人もの関心と注目を，ほぼ同時に集めるビッグスポーツイベント」はその開催に莫大な資金を要する。現代においてはその資金は，大きく分けて①主催者（国，都市，運営組織）の負担，②実際に会場で観戦する人の支払う入場料，③テレビ放映権料，④企業スポンサードの四つによって支えられている。ビッグスポーツイベントと呼べるものにはその他にも，モータースポーツ（F1，ル・マン24時間，など），ゴルフ（マスターズ，全米オープン，など），テニス（ウィンブルドン，全豪オープン，など），世界陸上，世界水泳，スキー，マラソンなど数多くの国際大会があるが，運営資金の集め方はほぼ同じである。

　また，国内ではプロ野球，Jリーグ，大相撲，ゴルフ，ボクシング，バスケットボール，レスリング，ボーリングなどがプロスポーツとして成り立っていて（ただし公営ギャンブルである競輪，競艇，競馬には，スポーツ関係書ではあまり言及されないが当然これらもプロスポーツである）ビッグスポーツイベントと言えよう。競技自体の成り立ちの経緯や大会運営などの関係から，フィギュア・スケートのようにNHKを含め，テレビ局との関係が強いものがある一方，テレビ放送ではほとんど見られないものもある。

　さらには3万人の参加者を数える東京マラソンなどの市民参加マラソン，さまざまなスポーツ大会にも国際規模，アジアなどの地域的国際規模，全国規模などのものが多数あり，その中には参加者人数という点であきらかにビッグスポーツイベントと呼ぶべきものもある。

このように「ビッグスポーツイベント」と呼べるものを思いつくままに挙げてみるだけでも、その歴史や経緯、さらに趣旨や目的、規模、頻度、競技、主催者、参加者などは千差万別である。その定義を無理矢理に定めて、これがそう、それは違うと分類することが適切とも思えない。

したがって、この章では「ビッグスポーツイベント」と、大規模なスポンサードの象徴であるオリンピックを中心に理解を進め、他のビッグスポーツイベントにも適宜言及することとしたい。特にオリンピックにおいては、先進諸国の主催国や都市にとって開催にかかる巨額の負担が難しくなっている。結果として、ロサンゼルス大会以降、テレビ放送権料と企業スポンサードへの依存が、それ以前に比べて決定的に高まっている。

この状況と背景は、現代のビッグスポーツイベントとスポンサードを理解するために重要な特徴である。

2　ビッグスポーツイベントの費用

▌状　況

国際オリンピック委員会（International Olympic Committee：IOC）は、オリンピックマーケティングの基本的な目的の中に「一大会ごとにスポンサード募集や交渉を行う不確実性を考え、大会開催国の組織とは別に、IOCが世界規模の公式スポンサーを長期に確保する」という公式の説明がある（Olympic Marketing Fact File 2008年版、IOC）。ここで使われているオリンピックマーケティングという言葉は、国際オリンピック委員会から見た経済的資金調達的な計画といった意味と理解することができ、一般企業におけるマーケティングとはやや意味が異なる(1)。しかしながら、本大会だけをスポンサードを行いたい企業にとっては、タイミングにおいて、何年も前から4年間を単位とした契約を迫られるという「売り手優位」な条件の契約である。**表5-1**に掲げたものがその長期スポンサーである。

表5-2によればその4年単位の収益が明らかになっている。この表で驚かれるのは、入場料収入が全体に占める比率は4大会順に17％、17％、10％、5％と実に少ない。放映権料は、4大会順に48％、49％、53％、47％、トップと

表5-1 過去3回の夏季オリンピック大会での世界規模のスポンサード企業

シドニーオリンピック ワールドワイドスポンサー（11社）	アテネオリンピック TOPスポンサー（11社）	北京オリンピック TOPパートナー（12社）
コカコーラ	コカコーラ	コカコーラ
ジョン・ハンコック	アトス・オリジン	アトス・オリジン
タイム・インク／スポーツ・イラストレイティッド	タイム・インク／スポーツ・イラストレイティッド	ゼネラル・エレクトロニック
ゼロックス	ゼロックス	ジョンソン・アンド・ジョンソン
コダック	コダック	コダック
IBM	――	レノボ
UPS	マニュライフ	マニュライフ
マクドナルド	マクドナルド	マクドナルド
――	スウォッチ・グループ	オメガ
松下電器産業	松下電器産業	パナソニック
サムスン	サムスン	サムスン
ビザ	ビザ	ビザ
他に「チーム・ミレニアム・オリンピック・パートナーズ」としてスウォッチなど13社，サプライヤーとしてナイキなど18社，プロバイダーとして38社，スポーツ用品プロバイダーとして24社あり。	他に「グランド・ナショナルスポンサー」としてヒュンダイなど11社，「オフィシャル・サポーター」としてアディダス，GEなど7社あり。	他に「北京2008パートナー」としてフォルクスワーゲン，アディダスなど11社，「北京2008スポンサー」としてUPS，バドワイザーなど10社，「北京2008排他的サプライヤー」として15社あり。

出所：IOC資料から筆者作表

国内のスポンサード収入が31％，33％，35％，45％と増加傾向にある。放送権料も広告収入によって広告主企業への依存となる民放の場合，放送局を経由したスポンサー費用である。したがって，IOCが公式に明らかにする収益構成において，企業スポンサードの占めるウエイトは直接でも3分の1強，放送権料を含めれば，8割から9割のウエイトとなっているのである。

近年のオリンピックが実質的に広告主企業資金によって運営されているイベントであるという事実がある。

ビッグスポーツイベントにおける需要と供給

ビッグスポーツイベントの実施費用の高額化は，そのイベントの需要（対価

表5-2　オリンピック・マーケティング収益（過去4回の4年単位）

	1993-1996 （アトランタ大会まで）	1997-2000 （シドニー大会まで）	2001-2004 （アテネ大会まで）	2005-2009 （北京大会まで）
放映権料	1376億円（48％）	2030億円（49％）	2455億円（53％）	2827億円（47％）
トップ・スポンサード	307億円（11％）	637億円（15％）	729億円（16％）	953億円（16％）
開催国国内スポンサード	587億円（20％）	721億円（18％）	876億円（19％）	1711億円（29％）
入場料収入	496億円（17％）	688億円（17％）	452億円（10％）	301億円（5％）
ライセンス収入	127億円（4％）	73億円（2％）	96億円（2％）	204億円（3％）
合　　計	2893億円	4111億円	4608億円	5995億円

注：1 US＄＝110円としての概算，％は構成比（縦％，小数点以下四捨五入）
出所：Olympic Marketing Fact File 2010 Edition, IOC

を支払って利用しようとする側の要求）と供給（対価を受け取ってその内容を提供しようとする側の希少性）が釣り合った結果である。このスポーツイベントにおいての「需要」とは「スポンサード企業の資金負担意向」と理解することができる。需要と供給の釣り合いで価格と量が決まることは，すべての商品の取引に通じる。スポーツは文化であるから，商品取引とは違う，と考えるのは早計である。なによりも，オリンピックの1984（昭和59）年ロサンゼルス大会以後四半世紀にわたって，国際的な「ビッグスポーツイベント」の需要が供給を上回り開催費用が高騰した点が特徴的である。テレビ放送権料も民間放送の場合は，テレビ番組を提供し，広告（CM）放送するスポンサード企業（スポーツイベント番組提供広告主は，放送局を経由しての間接的なスポンサードである）の負担である。

では，なぜスポンサード企業は，ビッグスポーツイベントにこれほど多額の費用負担を行おうとするのであろうか。

▍アメリカのニューエコノミー

スポーツイベントだけの観察からは見えないこともある。図5-1は表5-2に対応する1993年から2004年までの期間中の，先進主要各国のGDP（国内総生産）推移である。この間，IT化によって生産と在庫調整の技術が進み，もは

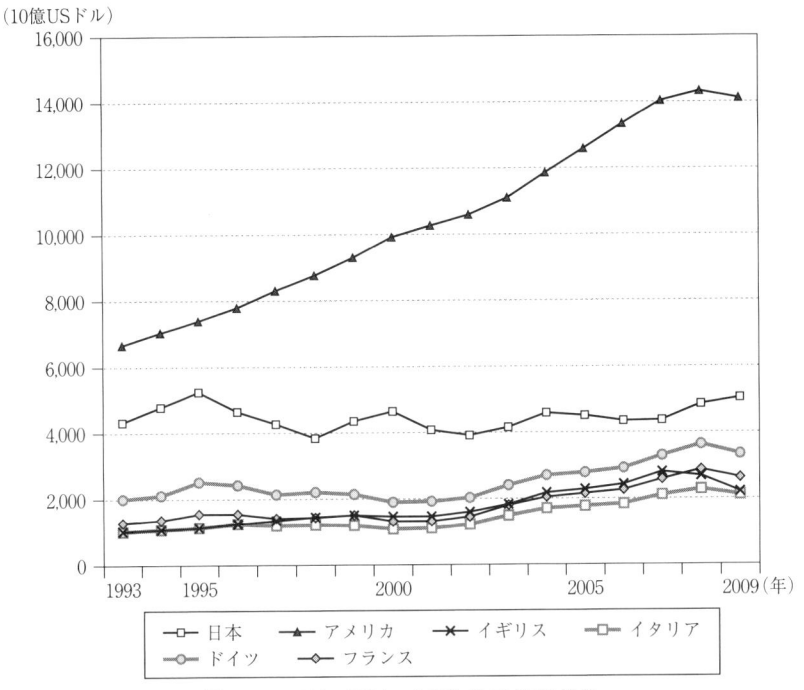

第 5 章　ビッグスポーツイベントと広告主企業のスポンサード

（10億USドル）

図 5-1 1993～2004の主要先進国 GDP 推移
出所：IMF-World Economic Outlook

や不況は来ないのではないかとも言われ，それまでの景気循環を常識とする市場経済に対して，まったく違う時代が到来したという意味で「ニューエコノミー」と呼ばれるに至った。確かに1990年代末期のアメリカ経済は，史上最長（戦時下を除く）の景気拡張を示し，かつ新興国の経済危機などを背景に，超大国アメリカへの信頼感が高まった。けれども，実際には，高度な金融商品によってリスクの分散を行い，その限界の露呈から，アメリカの信用拡大がいかに危うかったものだったか，が2008年のリーマン・ショック（サブプライムローンの破たん）によって明らかとなった。

　したがって，オリンピックやサッカーワールドカップの開催費用の1990年代から2008年までの拡大は，マクロ経済的にはこのアメリカ経済のバブル経済に負うところが大であり，オリンピックについても北京大会後の収益が懸念され

ている。

　つまり，以上のことをまとめれば，次のように見ることができる。オリンピック大会開催の規模の拡大は，オンエアされるテレビを見る人の総数，大会参加国数の増加などで語られることが多い。しかしながら，その背後には，開催，運営，放送，PR，演出に格段の費用を掛けられる資金提供があったこと。その大部分をスポンサード企業が行ったこと。主催者側がアメリカ経済の好調を見越して各種スポンサードの値上げを働き掛け，それが企業業績の好調さによって実現したことがわかる。

▍スポンサード企業の負担

　ところが，こうした広告主から主催者に支払われた「公式スポンサード契約金」だけでは，主催者の製作する極めて限られた製作物（公式なリリースや看板類，記者会見の背後のロゴ・マーク掲示など）以外には，社会的な露出にはならない。

　「公式スポンサード契約」とは，もともとは，広告など広告主の製作物（露出する物）にオリンピックマークと大会のロゴ・マークを「使用する権利の許諾」である。したがって，公式スポンサーになった広告主にとって，自社のテレビ CM や新聞，雑誌，ポスターなどの広告制作費とそれをマスメディアに掲出する媒体費（メディア費）はオリンピック委員会への契約金以外の支出となる。その他にも，自社のロゴ・マークとオリンピックと大会のロゴマークを「同時に掲げた」すべての製作物製作費，たとえばノベルティ・グッズ（Tシャツ，携帯ストラップ，文房具などにロゴ・マークを使用したもの）などに至るまで「公式スポンサード契約金」とは別の費用が生じる。

　図5-2はビールブランドのバドワイザーが NASCAR レースをスポンサードした事例である。カップの冠や競合他社の排除などを含めてさまざまな協賛契約を結んだと考えられる。けれども，この事例として挙げたポスターは，スポーツバーやビール販売を行う店頭などに，バドワイザーが今後のレースのスケジュールを PR するものである。これはレース主催者の製作したものではない。先にも触れたとおり，民放でオンエアされるオリンピック番組を提供する番組制作費・電波料，また，新聞，雑誌，ラジオ，インターネット，他のメデ

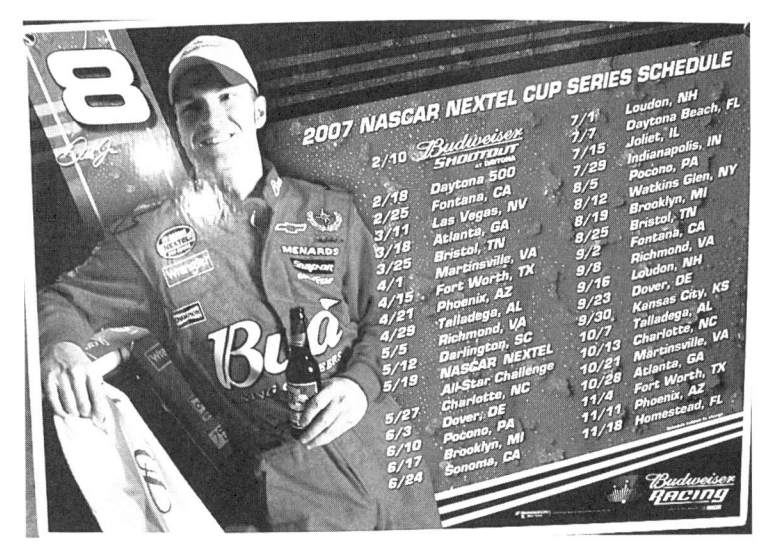

第 5 章　ビッグスポーツイベントと広告主企業のスポンサード

図 5-2　バドワイザー2007年レーシングスポンサード PR ポスター
出所：アメリカ合衆国ミズーリ州にて筆者撮影

ィア広告費，それにかかわる製作費，ノベルティ・グッズ，宣材製作費など，企業のイベント協賛には直接費用であるスポンサード契約金額の数倍の費用が掛けられる場合があるという（仁科・田中・丸岡，2007，260頁）。本来の協賛契約金以外にそれを告知，利用するコストが別に掛かることは，企業側から見れば「過大な負担」である。

　また，オリンピックにおいては，夏季冬季1回ずつの大会を含む4年間単位の契約が TOP と呼ばれるスポンサード契約の基本とされる。したがって，広告主にとっては各々の大会期間2週間を含む「せいぜい数カ月間注目を集める」露出のためだけに，スポンサード契約費用とその数倍の負担を強いられることとなっている。

　単純計算では北京大会までの4年間単位の契約 TOP スポンサー12社で953億円を割れば，約80億円となる。自社広告等の露出と製作にこの5倍の費用を掛けるとして，夏季冬季1回ずつの大会とその前数カ月間の「企業広告」に，240億円を隔年で負担できることが，現在のところのオリンピック TOP スポンサーの条件となっている。

83

3 スポンサードの目的

　企業（通例，営利企業をその典型として考えれば）の行動は「経済的合理性」にしたがう。言い換えれば，企業の行うことのすべては，何らかの収益的な見返り（売り上げや利益）のために行われる。目的に対する手段なのであって，目的と手段の関係が企業内部で正当化されなければ行われない行動となる。企業がスポーツイベントに費用を投じてスポンサードを行うのは，趣味のためでも好意からでもない。企業は株主や投資家に説明責任がある。正確に計算された利益に対しての納税義務も負う。このように企業も会計的な「公共性」の下にある。

　したがって，企業のスポーツイベントのスポンサードを理解するためには，どのような目的のためにスポンサードが手段としてなされているのか，ということの理解が不可欠となる。

▍企業ブランドの露出

　消費者を対象にマーケティング活動を行う現代の企業にとって，ブランド（端的には名前を知ってもらうこと）をターゲット（標的）顧客や見込み客の頭の中に確立することは，製品の選択や競争企業との関係から重要である。また，ブランド露出の対象には，顧客と見込み客以外にも，投資家，従業員，取引先企業従業員，地域住民，学生，など多様なステークホルダー（利害関係者）が送り手である企業には自覚されている。このためにマスメディアが広告の媒体として利用されてきたが，メディアそのものの増加と受け手の分散化，広告主企業と広告量の増加によって，伝統的なマスメディア内の広告の「到達効果」を効率的に狙うことが難しくなってきた。

　このために，とりわけ大規模な広告予算を持つ広告主から，多くの人々の耳目を集めることのできるビッグスポーツイベントへのブランド露出が有効な手段として見なされるようになってきた。たとえば，サッカーにおける「トヨタカップ」はトヨタ自動車が1981（昭和56）年から今のクラブワールドカップに至るまでの間30年近く継続し，多くの国々で長年にわたって効果を上げてきた

とされる事例である。また，オリンピックとコカコーラの関係も長年の事業展開を支えるグローバルブランド構築の典型的事例と言える（詳しくは後述する）。

　この際のブランド露出において，実際のスポーツイベント会場に足を運んで観戦する人数が一見重要と考えられそうだが，むしろその試合を報道するマスメディアの番組，ニュース，映像，記事写真，画像という（実際の試合会場観戦を一次的な露出と見れば）二次的な露出がスポンサード企業から重視される。広告放送を行わないNHKにおいても，ニュースや番組中に「スポンサード企業名」が音声として流され，映像中にブランドのロゴマークが，多頻度，長時間流され続けることを，スポンサード企業は自覚的に目的として認識，追及している。

　また一見ブランド露出は，グローバルなイベントにおいて何十億人に何度も繰り返し行われるように，特定のターゲット層というよりは，人数が多いことに価値があるように思われがちである。グローバルなイベントでは，莫大な人数がターゲットという考え方を隠してしまうことも多いが，ゴルフのトーナメントなどでは，ゴルフに興味のある，経済的にも富裕な成人男性が他のスポーツに比べて，多く接触する。したがって，保険業，証券業などの金融業やアルコール飲料関係の企業などが自社のターゲットとそのイベントへの接触者の「重なり」が多いと判断して，スポンサードという広告費支出を行う。

▎知名獲得手段としてのビッグスポーツイベント

　露出はそれ自体が目的ではない。ブランド名の知名（知っていること）が対象となっている人々の中でどの程度高まるか，という（その人々を分母とした）比率の向上，すなわち知名度（あるいは知名率，認知度，認知率）の獲得の手段が露出である。1960年代テレビがマス・メディアの主役となり，広告がテレビCMという形で反復的に実施され，その効果が累積的に把握されるようになって以降，知名率は，マスメディアを利用するマスマーケティングのもっとも分かりやすい目標となっていた。

　たとえば，現在もなお「アフガニスタンにおいては『トヨタ』が『自動車』を指す代名詞となっており，市場シェアも99％である」という見解すらある（『週刊エコノミスト』2009年9月22日号，41頁）。これは，自動車という製品市場

が成立する時期に，知名率を他社に先んじて獲得したトヨタブランドの知名が，アフガニスタンではもはや一朝一夕には作れないような，競合他社には大きな参入障壁となっている事例であろう。

このように，当該地域の状況や製品市場のタイミングなどにおいて適切な場合，知名率の獲得はそれ自体が意味を持つ場合がある。

▌受け手の関与対象としてのビッグ・スポーツ・イベント

従来の「ブランド露出」手段としての考え方の背景には，実は「通常の広告露出と接触よりも，スポーツイベントスポンサードとしての露出には高い関与をもってブランド接触を行う」であろう，という期待と見通しがある。関与とは端的には「その内容が自分と関係のあることとして積極的に」接する接し方の度合いである。このスポンサード企業側の考え方には大きく分けて二つの論理がある。

一つには，先にも触れたように，先進国においては，マスメディアの増加と受け手の分散化，広告主企業と広告の増加によって，伝統的なマスメディア内の広告の「到達効果」の効率性が低下した認識がある。観戦者は，試合会場においても，テレビなどの二次的な露出への接触においても，真剣にその内容を注視し，高い関与をもって接触を行う。この際に伝統的なマスメディア内の広告が見過ごされがちで，低い関与でしか接触されないこと（漫然と何かをしながら接する接し方は「低い関与」とされる）を，スポーツイベントのスポンサードという露出方法によって克服する期待がなされる。

プロ野球の阪神タイガースのスポンサード企業の中に，家電販売の上新電機があるが，ユニフォームに付けられた企業ブランド・ロゴは，試合中継や番組に挿入される上新電機のCMとの相乗効果もあって，通常の広告よりもあきらかに注視される。またCMで謳われる「上新電機はタイガースを応援しています」，あるいは「上場家電販売店中唯一の関西資本」というメッセージもブランドと広告への通常よりも高い関与を引き出すことが期待されている。企業スポンサードが「高い関与でのブランドと広告接触を叶える」ことを狙った事例である。

もう一つには，さまざまなマスメディア情報の中でも，ビッグスポーツイベ

ント情報は，「多くの人々がそれに関心を持って接触しているであろう」と推論されながら接触される特性を持つ。マス広告が期待される効果には「個人への情報伝達」が従来から認識されてきた。しかしながら，同じ広告内容でも「多くの人が関心を持って接触していないだろう」と推論される場合と「多くの人が関心を持って接触しているであろう」と推論される状況での接触とは大きな違いをもって受け止められる。そのこと自体が重要になってきた。この効果は「個人が推論する集団（他の人々）」という「環境監視」効果である（仁科貞文による「集団効果」の定式化，2001年，2007年）。

たとえば，高視聴率を取ったと後から報道されるような，テレビのゴールデンタイムでの放送番組中のブランド露出は，仮に同じ番組内容であったとしても，CS放送でなされる放送番組中のブランド露出とは違って受け止められる。前者は「多くの人々も同じものを，関心を持って注視しているだろう」とされる中でのブランドや広告への接触であり，社会集団の動向や趨勢という「環境監視」が広告効果に織り込まれる。要は関与が高まるのである。

この「人々の関与対象」あるいは「世の中の多くの人がそれを注視している感じ」について，冒頭の「ブランド露出」とは別に力点をおいていることは実践面でも確認される。アメリカではアメリカンフットボール，野球，バスケットボールのオールスターゲームに，通例のゲームとの関係で言えば桁違いに高額なCM料金が設定されている。その効果への期待と成果が「人々の関与対象」あるいは「世の中の多くの人がそれを注視している感じ」なのである（仁科・田中・丸岡，2007，105-113頁）。

また，オリンピックは世界的な平和の祭典と言われる。各国の元首なども，開会式への出席を政治的な行為として行う。また現代のマスメディアは，それを報道や記事化，番組化し利用する。オリンピックは「誰もが反対しにくい祭典」であるとされやすい。内容的にも面白く感動的である。特別の知識が不要であって多くの人が分かりやすく楽しめるイベントは現代社会にはなかなかない。企業から見れば「好き嫌いが分かれない」「多くの人に関心を呼ぶ」稀有な対象ということになる。

こうした多くの人の興味関心を呼ぶというイベントの性格を踏まえれば，たとえば「オリンピック観戦優待」を景品としプレゼントを行う販売促進キャン

ペーンも，スポンサード企業がイベント関与を利用する形態である（次項の関連づけにも関係する）。多くの人から人気で，入手しにくい入場券や大会期間中の渡航，宿泊の困難，高額などが前提とされている。スポンサード企業商品の購買や保有が応募の条件になっている場合などでは，一層「短期的な販売促進利用」という性格があらわになる。

企業ブランド・イメージのスポーツとの関連付け

　スポンサード企業は，スポーツ協賛によって，スポーツと自（企業）ブランドとの間にイメージ上の関連付けを作ることができる。ただしマーケティング論や広告論で言う「関連付け」作りとは，広告の受け手の頭の中にそれを行うことである。

　とりわけビッグスポーツイベントにおいては，権威性，現代性，またスポーツが本来持っている健康イメージ，楽しさ，興奮といったイメージを，スポンサード企業は自分のブランドイメージに関連付けることを目指すことができるのである。製品ジャンルによっては，国際性（乗用車，金融など），効用それ自体（飲料，ウエアなど）に望ましいイメージを結び付けることが出来そうである。先進諸国では，こうした点が単なる知名率や，関与を持って接触されること以上にスポンサードの目的として追求されている。そのジャンルでのナンバーワンイメージや有名性もこの観点である。

　第二次世界大戦後，日本企業で国際的に事業を行ってきたトヨタ，ソニー，ホンダ，松下（現パナソニック），キャノン，といった企業ブランドのロゴマークが，ビッグスポーツイベントに登場すること自体，それを見る人に「外国に進出し評価される日本」企業として，応援する日本人選手やチームと結び付けられて見られてきた。敗戦後から高度成長期におけるナショナリズム（愛国心）が，企業スポンサードとスポーツという結び付きの中で観察されたのである。

　また，大会運営に関連して使用される機器類などでは，もっと重要な「世界の専門家・プロに認められた」という名声イメージや採用実績情報と自社ブランドの関連付けが自覚される。時計，AV機器，コンピューター，に加えて建設業，建設資材メーカーで近年の事例が観察できる。

第5章　ビッグスポーツイベントと広告主企業のスポンサード

図5-3　北京大会会場コカ・コーラPRスペース
出所：IOC Marketing Report Beijing 2008, p.48

その他のメリットの追求

　International Olympic Committeeの考える「スポンサーシップ投資目的」には，ブランド・エクイティの強化，企業の評判の構築，顧客関係の発展，販売の増加，地域社会との関係作りなどが挙げられる（IOC Marketing Report Beijing 2008, pp. 42-43）。こうした言い方は以上に挙げたことの言い換えに過ぎない内容が大部分である。

　けれども，たび重なる値上げやスポンサード条件改定に伴って，北京大会では会場内の目立つ場所にスポンサーのPRスペース，来場者への販売コーナーなどを特別に設置する権利がスポンサード企業に与えられたことについて，公式記録の中でも強調されるようになっている（IOC Marketing Report Beijing 2008）。図5-3はその一例だが，アテネ大会以前の報告書よりもあきらかに，

こうした機会の入手がスポンサー・メリットとして強調されている。

　コンピュータ機器，オーディオ・ビジュアル機器，カメラ類などについては，世界中の報道関係者が実際にそれを使ったり，つぶさに観察したり，という「部分的な取引過程」を用意することも知られている。世界中の新聞社や放送局が会場で貸与される機器類を使い，かつ専門的な会話や評価がなされる場であるから，企業対企業の取引金額の大きさも踏まえて考えれば，顧客関係の発展，販売の増加，というIOCの「投資目的」にもこうした製品を持つ企業にとっては頷かれる部分がある。

　スポンサード企業が，特別席優待券，各種接遇イベントへの招待，施設，設備の使用などの面で，IOCと大会運営本部から有形無形のサービスを受けていることも知られている。婉曲な表現で「ホスピタリティ（hospitality）」と日本語でも言われるが，要は特別な接遇の意味である。スポンサード企業は自社の有力な取引先のトップクラスの接遇に「オリンピックへの招待」「オリンピックでの接待」が可能なのである。

　また，アメリカのプロ野球においては，バンクオブアメリカが「野球界公式銀行（the official bank of baseball）」をスポンサード契約し，自社PRにも使用したが，リーグ所属球団のスタジアム建設の資金調達において，他の金融機関を排除する契約が含まれていたという（関口，2008，6頁）。

4　スポンサードの効果

　以上述べた「スポンサードの目的」は，スポンサードを行う企業内部での計画の中にある考え方である。そうした考え方は，スポーツを観戦する人であり，そのスポンサード企業から見て「消費者」「見込み客」「顧客」である人々に何らかの効果を持つであろうと，スポンサード企業から期待されている。したがって，実際の「スポンサードの効果」が「スポンサードの目的」の裏付けになっていなければならない（水野，2004）。以下，広告研究で考えられる心理的効果について説明し，このスポンサードの効果についての理解を深めたい。

▎単純接触効果

　一般の広告と同様に，スポンサードにおいても「マスメディア」への露出をもって効果と考える考え方がある。現代においても，テレビ，新聞，雑誌での「ロゴマーク」の露出を，仮に，同等の広告出稿（広告費で時間なりスペースを購入する露出）を行った場合の「媒体広告費（たとえばテレビCM 15秒当たり単価，印刷媒体においてはスペース料）」換算を行い，その金額を持ってスポンサードの効果である，とするような実践もある。関口（2008）によれば，欧米の調査会社が，スポーツイベントのテレビ露出について，「ロゴ・マーク」の露出時間，また露出サイズ（画面の何％のサイズでの露出か），露出場所（画面の中央部50％は周辺部50％よりも高い評価がなされる），露出個数（同一画面内に複数個の露出がある）などを詳細に測定する事例があるという。

　しかしながら，論理的に「露出は接触などその結果の効果を挙げるための手段」であって，露出自体は目的でも効果でもない。

　また，先に「スポンサードの目的」で見たように，現代社会のメディア接触状況を踏まえれば，単に「マスメディアに露出したから」自動的に受け手に接触が叶って，所期の目的を達したとは言いにくい。

　「たびたび見掛けるロゴマークや企業名」は，ただ見掛けるというだけで，見掛けないものよりも好意を形成する，という心理学の法則もある（専門的にはこれを「単純接触効果」と呼ぶ）。たしかにもともと広告やスポンサードは「たびたび見掛ける」ということ，それ自体に意味があったし，現在でも「知られていないロゴマークや企業名」ではそうした効果があると考えられる。けれども先に挙げたアフガニスタンにおけるトヨタブランドのような事例は，むしろ稀である。現在，ビッグスポーツイベントに関わる国際的に事業展開するような企業にとっては，単純接触効果以上の効果が見られる。

　さらに，露出そのものは，マスメディアに露出，掲出される広告全般について同じだから，ビッグスポーツイベント固有の効果ではない。そのコストパフォーマンスがテレビCMなどと比較して効率的であるといった判断がなされる場合も，次項以降でも触れるように，看板やゼッケンを何百回も，ずっと眺め続けて得られるタイプの効果は限られている。

■ 知名効果

　露出の結果が知名である。韓国企業サムソンと中国企業レノボの世界的な知名度は，確かにビッグスポーツイベントスポンサードの効果が挙がった事例である。しかしながら，同じく**表5-1**に掲げた北京オリンピックのTOPスポンサーであるマニュライフは，いくら接せられたとしても，事業展開を行っていない日本では「ゼロに等しい知名」しか得られていない。一般に，たとえば工夫された音声と動画の組み合わせであるテレビCMの15秒間の接触効果である知名を，ロゴマークだけの競技場の看板が1500秒間（25分間）テレビ画面に映った接触効果である知名とはどのように比較が可能であろうか。けして100倍の効果がある，とは考えられない。北京オリンピックの記憶のある人は**表5-1**のスポンサード企業を再度見て欲しい。露出がまったく企業名の知名と結びついていない企業が確認できるだろう。

　広告効果の用語では，主にテレビCMを前提に「有効到達回数」という概念があり，さらに「最低有効到達回数」と「最高有効到達回数」という詳細な検討がある（仁科，2007）。仁科は「広告の反復接触が一定以上にプラスの効果が生じなくなることを，広告の『飽和（ware out）』と呼ぶ」とし，その原因の一つを「広告に対する注意の低下」，もう一つを「過剰な接触のために，視聴意欲が低下するだけではなく，苛立ちなどのマイナス反応が生じる」とする。このことは，テレビCMが過剰な昨今の視聴環境のリアリティを押さえようとしている。むろん，さまざまな要因によってこの「最低」「最高」の回数は異なる。最低が経験則上3回とされる場合が多いが，仁科によれば，最高は「1購買サイクルあたり（反復購入される日常の消費財が想定される）3回以上」としか言及されていない。とはいえ，テレビCMが過剰な昨今のリアリティは重く「最高」の回数が低下傾向にあることが強く示唆されている。

　確かに，テレビCMにおいては，「CMの量は質を補わない」とされ，評価の低いCMが単純に回数を重ねるような露出は負の効果をもたらすという実証研究もなされている（古川・片平，1995）。また，木戸（2006）は「広告効率上『ベスト・プラクティス』は全体の1.5～3％」と言い，九十数％のCMが回数を重ねた分の知名度を含む効果を挙げ得ていないことを確認している。

　こうした「広告との接触は必ずしも多ければ多いほど効果を持つわけではな

い」という見解は，広告の溢れる現代において数多い事例によって支持されるが，特に近年の，また日本のビッグ・スポーツ・イベントにおいて，看板類の多さは苛立ちなどの「逆効果」を強く示唆する。広告の過剰感という倫理面とも重なる問題領域である。

企業ブランドとの関連付け

　スポンサード企業のロゴマークへの接触は何らかの認知（頭の中の思考）のための手段であって目的ではない。その認知とは子細に見れば「好ましい要素」であるビッグスポーツイベントとブランド名の同時露出による関連付けである。

　図5-4は16カ国の平均といういささか妙な調査結果スコアのグラフではあるが，いかに巨額の資金を投じ世界規模でのスポンサードを行おうとも，スポーツ用品メーカーのブランドとスポーツの結び付きを超えるような意味では，他業種企業が「結びつき」を一般生活者（消費者）の心の中に作ることはたやすいことではないことが分かる。表5-1を掲げて説明した際のようにそもそも「公式スポンサー」として知ってもらうこと自体困難なのである。

　長年にわたってオリンピックのスポンサードを継続しているパナソニック（旧松下電器産業）でさえも，この「スポーツスポンサード活動」に5段階尺度で平均（中程度の関与度）とされることは，企業のイメージや事業領域，製品ジャンルなどとの関連付けが，簡単ではない証拠であろう。

　むろん，国際的な，一流の，その業種でナンバーワンの，規模の大きい，多くの国々で認められた，有名な，といったイメージが，スポンサード企業ブランドに転移したり，もともとあったイメージを強化したり，（また，オリンピックやサッカーのワールドカップでは特に意識されるであろうが）スポンサードしなかったライバル企業ブランドとの間での顕在的な差異作りがなされていると考えられよう。また，時計，コンピュータ，オーディオビジュアル機器においては，製品性能としての正確さ，信頼性，プロが認めた，プロが使っている，世界的に定評のある，といったイメージや実績がブランドに良い効果を持つ。

　このようなことに関して，もともと広告の心理的効果の分野では，たとえば多くの人から好意を持たれるタレントの広告への起用などで，次のような論理

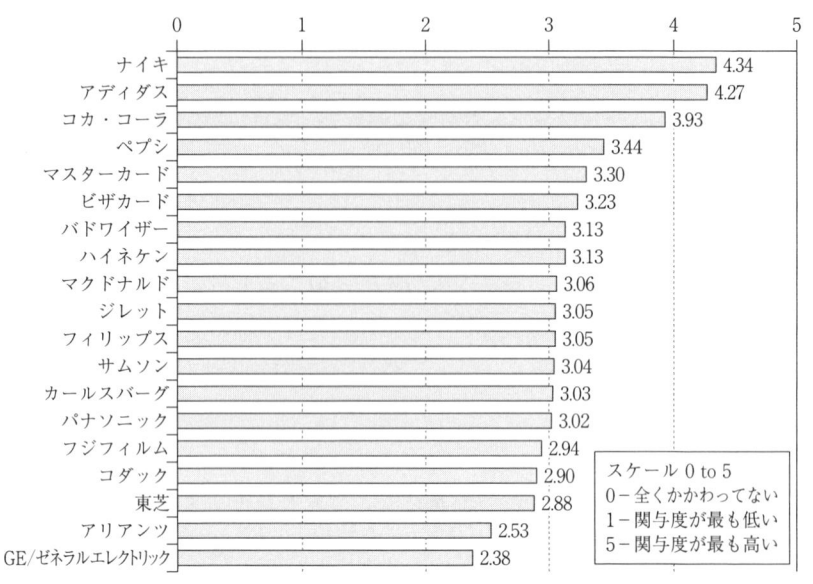

第Ⅱ部　メディアスポーツの動向

企業	値
ナイキ	4.34
アディダス	4.27
コカ・コーラ	3.93
ペプシ	3.44
マスターカード	3.30
ビザカード	3.23
バドワイザー	3.13
ハイネケン	3.13
マクドナルド	3.06
ジレット	3.05
フィリップス	3.05
サムソン	3.04
カールスバーグ	3.03
パナソニック	3.02
フジフィルム	2.94
コダック	2.90
東芝	2.88
アリアンツ	2.53
GE/ゼネラルエレクトリック	2.38

スケール 0 to 5
0 - 全くかかわってない
1 - 関与度が最も低い
5 - 関与度が最も高い

図5-4　その企業がどの程度スポーツスポンサー活動に関わっていると思うか
出所：NTTデータスミス㈱世界16カ国国際調査結果，2008年より作成（注2）

を，経験則としても，また心理学的な知見をベースとして認識していた。

・同時に露出される要素について，受け手にとっての既存の好意的な態度（あるいは感情）が，態度（感情）の定まっていない要素に転移（乗り移る）する。
・同時に露出される要素について，受け手がすでに持っているイメージや連想が，他の要素にも転移・連合する（関係づく）。

これらは広告効果について，基礎的で単純な論理ではある。

ただ，同時に露出すれば必ず結びつきができる，というわけではないように，転移も簡単ではない。あるファッションブランドは長年にわたってF1レースをスポンサードしたが，ファッションとF1の意味的な関連性がなかったため，コミュニケーション上の結果が残せなかった，とされる事例がある。マッチング（相性）や適合性が，ブランドとスポンサード対象スポーツイベントの間に

もあるのである。

　むしろ，看板やゼッケンにもまして，スポンサード企業が，そのイベントで優勝したり活躍したりするスポーツ選手をタレントとして契約し，テレビCMや他のメディア広告で登場させたものを，大会への関心の高い期間中に出稿，露出する場合，高い関与と「好意」，「イメージ」，「連想」の転移が観察される場合がある。

▎受け手の認知に及ぼす効果

　その企業が高い志（ヴィジョン）を持ち，その一環としてあるスポーツイベントを応援し，また見る側がそのスポーツ（のあるチーム）のファンであり，かつその企業の製品のユーザーであるような場合，受け手の認知（頭の中の思考）は自ずと企業にも好意的になってゆくという期待がスポンサード企業にはある。1990年代から地域志向で新たな企業スポンサードを獲得しプロサッカーを成立させたJリーグ理解にはこうした文脈がある。スポーツ関連製品を製造・販売する企業では，ナイキの急成長も志（ヴィジョン）抜きには理解できないだろう。

　クレジットカードのVISAやコカ・コーラのオリンピック協賛の場合は，むしろこの意味ではVISA加盟店や，コカ・コーラ製品取り扱い小売業（流通業）に「共感のある応援」を送っているようにも思える。なぜならば，スポンサードを行うこと自体がそれらの人々の「仕事を応援」すること，「販売を刺激」していること，「役に立とう」としていること，を示しているからである。

　同社のホームページによれば，コカ・コーラのオリンピック関与は，1928（昭和3）年のアムステルダム大会にまでさかのぼるという（http://www.cocacola.co.jp/study/museum/library.html アクセス日2009年10月15日）。もともと，広告を巧みに利用することによって，それまでになかったコーラ市場を創造し，消費者からの支持を競合社（アメリカには最大200社の追随者があったとされる）に打ち勝ち成功を収めていたのがコカコーラである。同社は，第二次大戦において，「世界中どこであっても戦うアメリカ軍兵士を応援するために本国と同じ5セントでコカ・コーラを飲めるようにする」ことを宣言し，戦時下でひっ迫する原材料である砂糖の割り当てを政府から得て，ヨーロッパ，アフリカ，太平洋

と世界各地に展開するアメリカ軍の前線にコカ・コーラを届け続けた。これは，当時海外生産拠点などを持たず，船便で送るため重い製品を長距離にわたって輸送することになるから，とうていアメリカ国内と同じ5セントでは販売原価が引き合わないにもかかわらず，戦うアメリカ軍兵士のために（日本的な用語では慰問物資として）愛国的な（ナショナリズム的な）行動を企業として行ったこととなる。

　このことはアメリカの歴史と文化に深くかかわるから，説明を加え想像力を働かせてみなければわからないことだが，現在「コカコーラと聞いたら何が思い浮かぶか」とアメリカ人に尋ねた場合，「星条旗（アメリカ国旗）」が第一番に挙げられるという（トラヴィス，2003）。これは，コカ・コーラのブランド連想が国旗，アメリカ・ナショナリズムと結びついていることを示している。この企業の軍支援は，朝鮮戦争，ベトナム戦争，と，たび重なり，現在もイラク，アフガニスタンなどで戦闘，従軍経験を持つアメリカ退役軍人にとって，生死を分けた人生上の体験，記憶の中にコカ・コーラが結びつくこととなっている。退役軍人は地域社会でも特別の尊敬と恩恵を受ける存在である。

　実際，1940年代のコカ・コーラの広告の中には，世界各地の前線において「ひと時の安らぎ」に「故国と平和を夢見る時のよすが」として，また「無事に家族のもとに帰った帰還兵が，妻と子どもとの久々の対面を喜び家庭生活に戻ったシーンの中で」コカコーラは描かれる。

　アメリカのナショナリズム教育にも説明が要る。アメリカの義務教育は高等学校までであるが，その教室には国旗が常時掲げられ，基本的に毎週一回，教室では国旗に向かって誓約（pledge）が胸に手を当てて全員で唱和される。不幸な9.11ワールドトレードセンタービルテロ事件以降，アメリカ世論におけるナショナリズムは高まっている。

　広告において，また消費者の記憶の中にあるブランドにおいて，広告表現要素間や露出状況（ビッグスポーツイベントはまさにこの露出状況である）との，同時提示による単純な要素間の結びつきや転移は，心理的効果としての基礎的なものである。しかし，広告と接触する消費者は，心理学実験が想定するような「白紙の状態」で広告と接していない。同じコカ・コーラの広告，パッケージ

を見てもアメリカ人は「ナショナリズム」をそれに感じるのである。

　オリンピックは国別対抗の形で行われる。それが報道され，表彰式では1位の選手の国歌が流され国旗が掲揚されるというナショナリズムをもっとも前面に押し出す経験を，メディアを介した受け手も持つこととなる。コカ・コーラのロサンゼルス大会以前からの長期にわたるオリンピック関与は，このような企業ブランドのポリシーをもっとも体現する企業行動であるという判断でなされている。ちなみに，近代オリンピック100回大会（1996年夏季大会）開催地に，最後までオリンピック発祥の地アテネと競って，結果アトランタが選ばれたこと，コカ・コーラの本社所在地がアメリカ，ジョージア州アトランタであることは偶然ではない。

　むろん，コカ・コーラは今やもっとも多国籍展開を行う企業のひとつであるから，アメリカナショナリズムを含めつつも，他国からは「アメリカ消費文化の象徴として」認知されるように配慮しつつ，オリンピックへの関与を企業の意思として継続する。ブランドイメージの果たす役割の大きい消費財だからでもあるが，その考えは単純なイベントスポンサード効果の域を超えるものがある。そのような企業像（つまりは企業ブランド）が確立することを手段として，その企業が他の企業とは違ったものと受け止められ，企業の存続と成長につながることを目的として企業行動が成り立っている。この事例から分かることは，企業が自覚し追及していることの最大のものが「受け手の認知に及ぼす」効果なのである。

　イベント主催組織においての「受け手の認知に及ぼす効果」事例には，サッカーのワールドカップを主催するFIFAが，2005年から45カ国70のプログラムからなる「希望のためのサッカー（Football for Hope）」と名づけられた社会貢献活動を行っていることが該当する（FIFA Activity Report 2008/2009, pp. 64-67）。この中には，エイズと健康に関する社会教育（ザンビア，南アフリカ），人種間の紛争解決や民族的文化的な自尊心を，サッカーを通じ培う活動（セルビア，バルカン諸国，ウルグアイ），子ども向けの国際大会の開催（南アメリカ諸国），アフリカ各国に20カ所の社会教育，健康サービス，コミュニティ集会施設，サッカー場などを併設したセンターの建設，などが含まれている。

　このFIFAの事例においても，そのことを知った人々のサッカーというス

ポーツへの見方を変え，他のスポーツとは違う価値を感じることにつながる。このことは，今後のワールドカップの盛り上がり，サッカーの競技人口の拡大，大会開催の容易化など，さまざまにFIFAへの国際的な支持が高まる効果を意味する。つまり，この場合も，狙っている最大のものが「受け手の認知に及ぼす効果」であると言える。

先に触れた「敗戦後から高度成長期におけるナショナリズム（愛国心）を，企業スポンサードとスポーツという結び付け」として社会的に顕在化させた日本企業の事例もこの「受け手の認知に及ぼす効果」であった。ソニーやキャノンが欧米で認められること，そのこと自体が「敗戦国の国民であるひとりひとりのアイデンティティや誇り」に重ねられて見られた。とりわけ国際的なビッグスポーツイベントでは，日本人選手，日本チームは，相対的に「知らない外国選手，外国チーム」と対戦する。あたかもそれは，日本企業が，知らない外国企業の中で戦っていることと並行的な構図である。この文脈で，近年のビッグスポーツイベントへのスポンサードは，日本においては実は「敗戦後から高度成長期の成功した事例についての記憶」を下敷きにしているとも言える。

ここでは，海外展開する日本企業ブランドを見る日本人と，同じブランドを見る外国人と，さらに，その外国人も見ているであろうことを意識しつつ見る日本人，というやや入り組んだ（3重の）効果が観察でき，これも「受け手の認知に及ぼす効果」と言える。

5　スポンサードの論点

典型的にオリンピックとサッカーのワールドカップで見たように，世界規模で主としてテレビを通じて観戦する総人口の増加と，スポーツという文化圏をまたがる現代的なエンタテインメントの魅力がまず目につく。方や，それを支える主催者側（放映権の売り手）のパワー（端的には取引価格の決定権，その他条件上の優位性）を増加させている。スポンサード企業にとっては，直接の協賛費用とテレビ広告による「放送局を経由した」間接協賛費用という二つの費用が高騰し，結果としてグローバルビジネスを行う少数の企業がビッグスポーツイベントのスポンサーとして固定化傾向にある。仮に費用負担が企業内で正当化

できずに，スポンサーを止めることになった場合においても，自ずと代わりとなる候補企業は少数となる。また今後多くの企業にとって高額な負担に耐えられるかどうかは不透明でもある。

　ビッグスポーツイベントを世界規模で多くの人が楽しめることの価値は多くの立場から認められるが，その組織や運営が肥大化しあまりにも費用のかかるものになっている点には批判もある。資金の使途についての説明責任や組織運営の正当性と効率性の担保には，もともと組織が非営利であるだけに社会に説明する責任が大きい。また批判は「ビッグスポーツイベントの商業化」としてスポンサー企業に向けられることも少なくないが，スポンサードを求める側の意向も見過ごすことができない。

　過剰な看板が会場や報道される映像や画面に溢れることの効果の疑わしさと倫理的問題も重要である。企業が短期の販売促進論理を超えて，スポーツと社会とどのようにかかわることが望ましいか，という議論も課題である。露出や知名，イメージ改善を超えて，企業のポリシーが社会から共感を得ている事例は極めて少数であり，その方策はマニュアルのあるタイプの知識ではない。

　ビッグスポーツイベントにスポンサード費用を掛けている企業や多額の協賛金を集める主催者が，もっと有効な，あるいは社会性のある使途や使用方法を考えるべきである，という視点もある。地域でのイベント，マスメディアが取り上げていないスポーツ種目には，資金や知恵が不足している。企業にとっても，単に「看板を出す権利」といった浅薄ではないスポーツ支援の新しい取組みが，社会的にも将来的にも求められている。地域のマス・メディアが取り上げていないスポーツイベントに対するさまざまな規模の企業のかかわり方も考えられるべきであろう。

　また，オリンピックやサッカーのワールド・カップへのスポンサード費用の高騰が，果たして現代社会でどのような意味を持つかを問う視点も重要である。あきらかに人々の関心がそこへ向き，企業はその関心を利用するためにスポンサードという手段で資金提供をする。しかしながら，お祭り的な演出ばかりが大規模化し国際化する意味とは何だろうか。スポーツ，経済，企業，社会，政治，地域などの一見異なった次元をどう結びつけて考え，その中でスポーツが果たすべき役割とはどのようなものか，という視点もFIFAの事例から導か

れる。現代のスポーツと企業のあるべき関係を考える大きな糸口を，ビッグスポーツイベントとそのスポンサードは，われわれに提起していると言えよう。

■ 注
（1） 2004年に改定された最新のアメリカ・マーケティング協会（American Marketing Association）によるマーケティングの定義は「マーケティングは組織的な活動で，顧客に対し価値を創造し，価値についてコミュニケーションを行い，価値を引き渡すための一連のプロセスであり，さらにまた組織及び組織のステークホルダーに恩恵をもたらす方法であり，顧客との関係を管理するための一連のプロセスである」とされている。オリンピックのそれと比較すれば，有体の製品（財）の新製品開発（価値創造），流通（価値の引き渡し）や顧客との関係管理が含意される。大会の実施とマス・コミュニケーションによる伝達を活動とし，また大会への接触者とスポンサード企業，放送局を顧客とするオリンピックの活動が，本来のマーケティングから見れば一特殊ケースであることが分かる。

（2） この調査はオーストラリア，デンマーク，フィンランド，フランス，ドイツ，ギリシャ，インドネシア，日本，ノルウェイ，中国，ポーランド，ポルトガル，スエーデン，オランダ，イギリス，アメリカの合計16カ国において2007年に実施された。対象者は15歳以上の男女個人，抽出は各国ごとに性×年齢の母集団構成比に合わせた割当て抽出による。調査手法は国により電話，面接，ネットのいずれかの手法で実施されたとされる。

■ 参考文献
相原修・嶋正・三浦俊彦『グローバル・マーケティング入門』日本経済新聞社，2009年

木戸茂「広告活動のフロンティア分析(1)」『日経広告研究所報』226号，2006年，64〜69頁

黒田勇・水野由多加・森津千尋「W杯における『待ち伏せ広告』の意味とその社会的インパクト」『関西大学社会学部紀要』第38巻第1号，2006年，159〜174頁。

仁科貞文編著『広告効果論』電通，2001年

仁科貞文・田中洋・丸岡吉人『広告心理』電通，2007年

原田宗彦編著『スポーツ産業論 第4版』杏林書院，2007年

古川一郎・片平秀貴『カテゴリー効果と動的効果を考慮した広告クリエィティブ効果の分析』（第28次）吉田秀雄記念事業財団助成研究報告書，未公刊，1995年

水野由多加『統合広告論 実践秩序へのアプローチ』ミネルヴァ書房，2004年

嶋村和恵監修『新しい広告』電通，2006年
関口秀之『スポンサーシップの効果測定に関する研究』（早稲田大学大学院スポーツ科学研究科2008年度リサーチペーパー），未公刊，2008年
ダリル・トラヴィス著・邦訳木村達也・川村幸夫・水野由多加『ブランド！ブランド！ブランド！』ダイヤモンド社，2003年（Travis, Daryl, *Emotional Branding: How Successful Brands Gain the Irrational Edge,* Crown business. 2000.）

コラム4

韓国のスポーツマーケティング

　2010年バンクーバー・冬季オリンピックの女子フィギュア金メダリスト，キムヨナ選手の韓国での人気ぶりは，日本でもよく知られている。彼女の年間スポンサー契約は，10億ウォンを超えるといわれ，出演するCFは，国民銀行，現代自動車，大韓航空等，いずれも韓国におけるトップ企業ばかりである。また，韓国広告公社が発表した消費者動態報告書（2010年）の「好きな広告モデル」調査でも，キムヨナ選手は一位であり，二位の芸能人とは倍の差をつけるほどの人気ぶりである（http://www.kobaco.co.kr）。またその他の競技でも，2010年南アW杯に出場したサッカー代表チームには，サムソン，現代自動車等の国内14社が公式スポンサーについている。
　このように，現在，韓国においてスポーツマーケティングが盛んだと言えるが，実はその歴史はまだ浅い。1990年代前半まで，スポーツチームは，親会社や学校の所有物という意識が強く，ファンも少なく限定されていた。そのため，韓国の一般企業はスポーツをマーケティングに利用できると考えていなかった。
　しかし1988年のソウルオリンピックを契機に，韓国スポーツの「世界化」がはかられ，1990年代後半から，LAドジャースで活躍した朴賛浩や，米国LPGAツアーで優勝した朴セリなど，海外で活躍する韓国人選手が登場する。彼らは，韓国の「世界化」や，民族の「自尊心」の象徴として，国民の幅広い層から支持され，高い人気を集めた。さらにその人気を利用しようと，彼らを起用したCFが制作されるようになり，次第に韓国でもスポーツマーケティングが定着していった。
　さらに，2002年日韓W杯では，携帯電話会社SKテレコムのスポーツマーケティング，「街頭応援」イベントが，韓国社会に強いインパクトを与えた。「街頭応援」とは，赤いTシャツを着て，集団で韓国チームを応援するというものだが，このイベントには，国内のべ300万人を超える人々が参加したといわれている。これは，公式スポンサーではない企業のアンブッシュマーケティングであったが，マーケティングの視点を，従来のフィールドから観客に転換させたことで成功をおさめ，その後も，韓国のスポーツ応援の「定番スタイル」として定着していった。このSKテレコムの「街頭応援」イベントの成功により，韓国企業は，スポーツマーケティ

ングが生み出す社会的インパクトの大きさを改めて認識し,さらに韓国でスポーツマーケティングが盛んになっていったのである。

　このように,韓国におけるスポーツマーケティングは,世界的に活躍する選手の起用が主流であり,国内スポーツ選手が起用されることはほとんどない。これは,華やかに海外で活躍する選手がいる一方で,韓国の国内スポーツ自体の低迷を表している。国内スポーツは,地上波による試合中継が少なく,観客動員数も低調であり,チーム経営や選手の生活は厳しいのが現状である。

　今後,韓国企業は,海外で活躍する選手ばかりでなく,その基盤となっている国内スポーツの振興・育成という視点からもスポーツマーケティングを行っていくべきではないだろうか。SKテレコムの「街頭応援」イベントが示したように,従来のマーケティングの視点からの転換が,また新たな社会的インパクトを生みだす可能性もあるのだから。　　　　　　　　　　　　　　　　　　　　　　（森津　千尋）

第6章

西ヨーロッパの主な市場におけるメディアスポーツの特別な意味

トーマス・シエル／クリストフ・ベアトリング

1 スポーツとメディアの特別な関係

　西ヨーロッパにおけるスポーツとメディアの関係を見ると，サッカーが明らかに中心的な意味を持っていること。その大きな意義をもっとも最近に確認できたのは2008年にスイスとオーストリアで開催されたヨーロッパサッカー選手権においてであった。このサッカー大会は世界で3番目に大きく，ヨーロッパでは最大のメディアスポーツイベントである。大会の主催者である欧州サッカー連盟（UEFA）の報告によると，ヨーロッパでは少なくとも1億5500万人の視聴者が最終ラウンド31試合の生中継をテレビの前で見守り，大会の放映権料は5億2500万ユーロを超えた。これらの数字は西欧におけるもっとも人気のあるスポーツとしてのサッカーの地位とともに，スポーツとメディアの関係の中でのサッカーの飛び抜けた重要性をも表している。本章ではまず，ヨーロッパのメディアの中で報道対象としてのスポーツにどのような地位が与えられているかを説明する。次に，スポーツにとってその報道が持つ意義を明らかにする。最後に，報道対象としてのサッカーの特別な意味を強調したい。

　ヨーロッパのスポーツとメディアは非常に多様に構成されている。したがって本章では二つの異なった限定が必要となる。まずは対象を空間的に限定する。本章ではドイツ，フランス，イタリア，スペイン，そしてイギリスという西ヨーロッパの国々を取り上げる。その理由は，これらの国々はヨーロッパの中で経済的にもっとも裕福な国々であり，そして社会的かつメディア的な観点からサッカーが大きな意味を持つからである。この5カ国における放送権はその重要性があまりにも大きいので，その他のヨーロッパの国々とは別に契約され

る。そして二つめにメディア的な限定を設け，主にテレビを取り上げる。それは，西洋社会においてはテレビが主流のメディアであり，したがってメディアスポーツに対し特別な役割を果たしていると言えるからである。

2　報道対象としてのスポーツ

　西ヨーロッパのメディアの中でのスポーツの地位を理解するには，経済的なアプローチが有意義であろう。ヨーロッパのような多元的なメディア市場においてスポーツとメディアは主に経済的な前提にしたがって利用されている。その利用はスポーツとメディアの双方に利益をもたらす。スポーツとメディアの結合から生じるこの利益についてまずメディアに関して，次にスポーツに関して簡単に述べよう。

■ メディアにとってのスポーツの有益性

広く届く範囲　　放送の量だけを見ればテレビ放送全体の中でのスポーツ割合はごくわずかである。それにもかかわらずスポーツ番組は放送分に対する利用分（視聴者数）の比率が特徴的である。この比率は番組の効率を量的に示す尺度としてとらえることができる。スポーツ番組におけるこの比率は，他の番組より平均的には2倍高い。すなわちスポーツ報道とスポーツ中継が一般的には平均以上の数の視聴者に伝わる。このことはサッカーだけではなく，オリンピック大会の中継にも該当する。ヨーロッパにとって不便な時間帯に中継された北京オリンピック大会はドイツだけでも4804万人の視聴者を獲得した。2006年のトリノ冬季大会はドイツ国民のなかで延べ3億7000万のテレビ接触を数えた。

　他のどの番組形式をも上回るスポーツ中継の高い視聴率によって，スポーツは無料の地上波放送局だけではなく有料放送局にとっても大きな価値を持つ。[1] 魅力的なスポーツイベントを持たない有料放送局はヨーロッパの中心市場で生き残れないと断言してもいいだろう。

ブランドと
イメージの確立　　ヨーロッパのメディア市場は競争が激しい。1980年代に民間放送局に免許が与えられて以来，できるだけ多くの

視聴者を獲得するための競争は著しく激化している。テレビ局にとって大きなスポーツイベントは市場で独自な特色を出し、あるいはこれまでのイメージを支持し、提供者のブランドの認知度を上げ視聴率を獲得するなどの効果がある。たとえばドイツの民間放送局 RTL は、そのイメージを強化するために2008年にクロアチアで行われた世界ハンドボール選手権大会やF1レースの放送権を買った。また新規参入者にとってスポーツ放送は、市場参入の障壁を乗り越える手助けとなり得る。ドイツの民放テレビ局のTM3は1999-2000年のシーズンにおいて、人気のあるチャンピオンズ・リーグを放送することによってその知名度とともに普及率をも大きく延ばすことができた。

番組編成上の高い関連可能性　スポーツ番組は他のジャンルの番組と関連しやすい。スポーツ選手はドイツでは大変人気があり、スポーツ報道だけではなく娯楽や政治、経済など多くの番組の中でも取り上げられる。それにスポーツ・イベントはさらに他の番組まで浸透する。イベント前後の報道がますます多くなり、スポーツ番組との関連でスポーツを取り上げる娯楽番組が多く放送される。

スポーツにとってのメディアの有用性

主催者の資金調達　スポーツイベントの主催者は放送権を売ることによってその収益を大きく増やすことができる。入場券販売と別に得られるこの付加的な収益によってスポーツイベントは初めて、広く売り込めるような高品質で制作されうる。人気のあるほとんどのスポーツ種目にとって放送権の販売による利益が主要な収入源となっている（図6-1）。

テレビからの資金無しで（サッカーを含めての）現在のスポーツ構造は存続できない。そのうえ放送権利者にとって決定的な利点は、放送権の前売りによって番組を制作する確実な計画ができることである。

スポーツ実践者の資金調達　ヨーロッパのスポーツ実践者（訳注：クラブ、選手など）は、活動を続ける資金を工面するために民間経済に自らを位置づけざるをえない。スポーツとその実践者はメディアに媒介されて初めて経済的な魅力を持つ広告領域となる。その広告領域とは、たとえばユニフォーム広告や競技場のフェンス広告など、スポーツイベントそのものに直接か

第Ⅱ部　メディアスポーツの動向

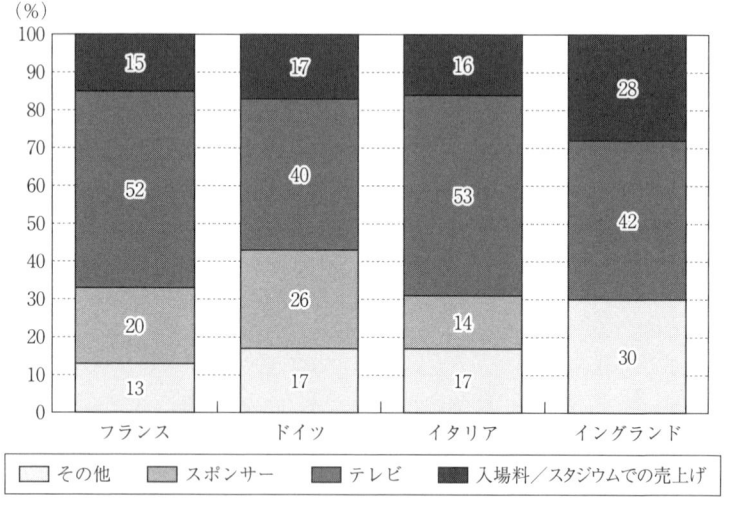

図6-1 ヨーロッパのサッカークラブの2001-2002年シーズンの売り上げ
（パーセントで表示）

フランス：その他13、スポンサー20、テレビ52、入場料/スタジアムでの売上げ15
ドイツ：その他17、スポンサー26、テレビ40、入場料/スタジアムでの売上げ17
イタリア：その他17、スポンサー14、テレビ53、入場料/スタジアムでの売上げ16
イングランド：その他30、テレビ42、入場料/スタジアムでの売上げ28

出所：Haselbauer, 2004

かわるものから，選手が出演する広告のような関連コミュニケーションにまで及ぶ。これらは，メディアによる報道によって受け手層が拡大することによって初めて，スポンサーとフェンス広告から相当の収入が見込めるような魅力的な一定規模の受け手の範囲がようやく発生するからである。

普及　スポーツ種目はメディアに取り上げられることによって人気と知名度を獲得し，さらに拡大することができる。スポーツ種目はとりわけ肯定的に，そしてなるべく多くメディアに登場することによって特定のイメージを構築することができる。知名度とイメージはこれまた商売を成功させる前提である。普及との関連で言えば，あるスポーツ種目の頻繁な報道はその種目が重要であることを暗示し，それによって視聴者の需要が刺激されるという，正のフィードバックが起こりうる。人気は，直接的に経済的な意義の他に，あるスポーツ種目に次の世代を導く影響も持ち，そのためにスポーツ種目の長期的な経営戦略にとってとりわけ重要なものである。

表6-1　2001年にテレビで放送された上位5種目（時間）

ドイツ	フランス	イタリア	イギリス
サッカー (3,853)	サッカー (855)	サッカー (2,798)	サッカー (5,677)
テニス (1,514)	ラグビー (293)	テニス (799)	モータースポーツ (3,162)
自動車スポーツ (1,376)	モータースポーツ (267)	バスケットボール (374)	ゴルフ (3,069)
自転車競技 (963)	バスケットボール (182)	モータースポーツ (315)	クリケット (2,028)
オートバイ競技 (550)	自転車競技 (177)	スキー (261)	テニス (1,708)

出所：Burk, 2006

3　メディアスポーツの現実

　ヨーロッパの中心的な市場，（イタリア，フランス，イングランド，スペイン，ドイツ）におけるテレビスポーツはもっとも重要な点において多くの類似性を示している。次の特徴は関連文献に繰り返し挙げられ，多くの人が認めるものとなっている。

・スポーツの多様性は十分反映されていない。むしろ放送が人気のある数少ない種目に集中しがちである。
・トップクラスのスポーツに特別な地位が与えられている。レジャースポーツと大衆のスポーツは報道の中では，わずかな存在でしかない。
・女性スポーツは量的にも質的にもわずかな位置しか与えられていない。
・生放送に強い執着がある。
・スポーツの演出はさらに強くなってきている。この流れに沿ってスポーツはよく「メディアスペクタクル」と呼ばれる。
・スポーツはますます大幅に娯楽作品としてジャーナリスティックに加工されている。

　特にサッカー報道は突出した役割を持っている。ドイツ最大の民間放送局で

あるRTLの元経営者ヘルムート・トマは数年前，テレビのスポーツ報道の中でサッカーがほとんど唯一の番組アイテムである，という意見を述べた。ドイツ，フランス，イタリア，イギリスの4カ国で放送されたスポーツ種目を放送時間で並べた上位5種目はヨーロッパのテレビ画面におけるサッカーの圧倒的な優位をはっきりと示している（**表6-1**）。

各国においてサッカーの放送時間は突出している。そのうえ民間テレビ放送の開始以来，サッカーの重要性は増すばかりである。ところが表6-1に示されているデータは奇数の年に集められたため，大きな大会が行われていない。大きな大会で放送の規模が大幅に増えるのは不思議ではないが，それにしても放送量はときに目を見張るような大きさに及ぶ。2004年ヨーロッパサッカー選手権大会の際，ドイツの放送局ARD/ZDFにおけるサッカー報道の割合は局の総合放送時間の50％以上であった。

4　メディアにおけるサッカーの格別の意義

メディアの中でサッカーに与えられている格別の意義は次の四つの側面からさらに明確になり，その根本的特徴が明らかになる。

▎オーディエンス

国境を超えてヨーロッパの人々はサッカーに魅せられていることは**表6-2**からも読み取れる。この表はドイツ，フランス，イタリア，イギリスの4カ国のそれぞれの国民が2009年のさまざまのサッカー大会に対して抱いている関心を示している。

スポーツファイヴの調査によるとイギリス，フランス，ドイツ，イタリアとスペインに住む2億4660万人の人々のうち71％がサッカーに関心を持ち，4カ国合計で約1億7500万人の人々になる。しかし4カ国におけるサッカーに対する関心はただ単に他のスポーツ種目に比べて著しく高いというだけではない。**図6-2**が示すように，4カ国においてヨーロッパサッカーに対する関心と認識は多数のサッカー大会に及んでいるのである。

第 6 章　西ヨーロッパの主な市場におけるメディアスポーツの特別な意味

表 6-2　サッカーのリーグと大会に対する関心（2009年）

ドイツ	フランス	イタリア	イギリス
FIFA ワールドカップ (96%)	FIFA ワールドカップ (95%)	FIFA ワールドカップ (92%)	FIFA ワールドカップ (94%)
UEFA 欧州選手権 (92%)	国代表チームの試合 (75%)	セリエA (82%)	FA カップ (83%)
ブンデスリーガ (77%)	クープ・ドゥ・フランス (74%)	UEFA 欧州選手権 (79%)	プレミアリーグ (82%)
国代表チームの試合 (69%)	リーグ・アン (70%)	UEFA チャンピオンズリーグ (79%)	UEFA チャンピオンズリーグ (71%)
UEFA チャンピオンズリーグ (67%)	UEFA チャンピオンズリーグ (66%)	UEFA 杯 (69%)	UEFA 欧州選手権 (70%)

注：FIFA：国際サッカー連盟；UEFA：欧州サッカー連盟
出所：Sportfive 2009 より

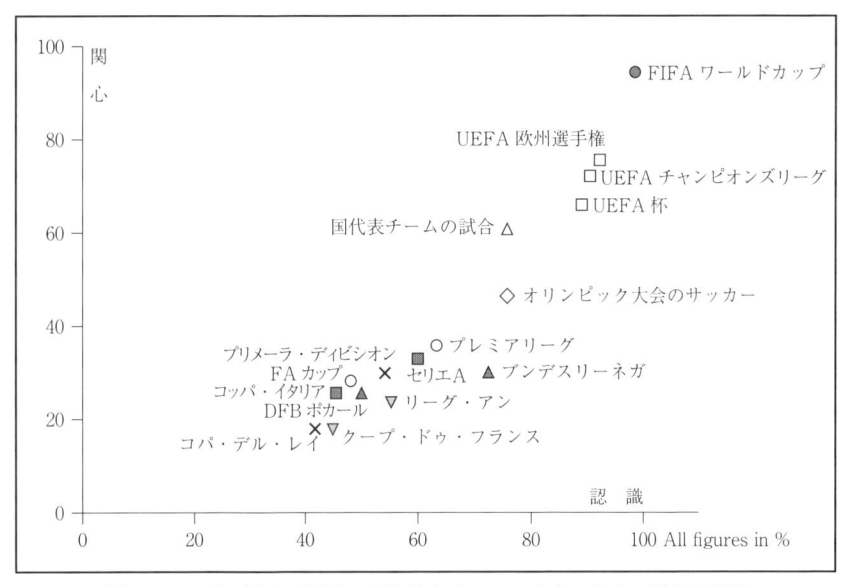

図 6-2　さまざまな全国的・国際的なサッカー大会に対する関心と認識
出所：Sportfive 2009 より

第Ⅱ部　メディアスポーツの動向

放　送　権

　テレビ商品としてのサッカーの重要性はその放送権からも読み取ることができる。ヨーロッパにおけるその価格は過去数十年間で飛躍的に増加している。現在の金額は放送局が他のコンテンツのために支出する額をはるかに超える。放送権料市場価格の現状はドイツとイギリスの事例が典型的に示している。アイルランドのスポーツ専用チャンネル「セタンタ」の破産後の2009年6月に，ディズニー子会社のESPNはイギリスのトップレベルのサッカーの2013年までの放送権を2億5000万ポンドで確保した。それでもESPNは最小限の試合しか放送できない。大半の試合はルパート・マードックが用いるニューズ・コーポレーションが管理する有料放送のBスカイBが確保している。BスカイBは16億2000万ポンド（約2兆4000億円）で2010-2011年から2012-2013年までのシーズンの権利を獲得した。ドイツにおいてもドイツサッカーリーグ機構（DFL）は常に価格を押し上げることができた。世界的な経済危機にもかかわらずDFLは2009年から2013年までの国内テレビ放送権を16億5000万ユーロで販売した。

有料テレビ放送

　テレビ商品としてのサッカーの重要性は，特に有料放送局にとっての意味を考えるとさらに明らかになる。ドイツ，フランス，イギリスとイタリアのすべての有料放送局は，視聴者にとって魅力的であるために独占的なスポーツ放送権を確保している。イギリスのサッカーリーグの権利は有料放送局のBスカイBとESPNがほとんど独占している。公共放送局のBBCはハイライトだけ，それに夜の10時半からしか見せることはできない。2001-2002年から2004年まで合計40試合の生放送のペイ・パー・ビュー［番組有料視聴］と携帯電話の権利は年間3億3200万ユーロでNTLとTelewestとONdigitalに授与された。

　フランスにおいてはリーグ・アンの2001-2002年から2004年までの放送権は有料放送局のCanal＋［カナル・プリュス］に売却された。Canal＋は毎週土曜日の午後にすべての試合を生で放映するが，無料では日曜日になってから民間放送局のTF1が試合のダイジェストを放送する。ドイツとイタリアにおいても有料放送は優位である一方，地上波の無料放送局が他国に比べれば元気な

第❻章　西ヨーロッパの主な市場におけるメディアスポーツの特別な意味

表6-3　社会的に重要なスポーツ・イベント：
　　　　ドイツ，フランス，イギリスとイタリアのそれぞれの国の指定行事

ドイツ：
夏と冬のオリンピック大会；サッカーのワールドカップとヨーロッパ選手権大会（開幕戦，準決勝戦，決勝戦，それにドイツが参加するすべての試合）；チャンピオンズリーグ（ドイツ出場決勝戦）；UEFA 杯（ドイツ出場決勝戦）；ドイツ代表サッカーチームの国内試合と遠征試合；DFB ポカールの準決勝と決勝戦
フランス：
夏と冬のオリンピック大会；フランス代表サッカーチームの公式戦；サッカーワールドカップ開幕戦，準決勝戦，決勝戦；サッカー・ヨーロッパ選手権の準決勝戦と決勝戦；UEFA 杯決勝戦（フランス出場）；チャンピオンズリーグ決勝戦；フランス杯決勝戦；ラグビーの6カ国対抗大会；ラグビーワールドカップの準決勝戦と決勝戦；ラグビーのフランス選手権大会決勝戦；ラグビーのヨーロッパ杯決勝戦（フランス出場）；テニス全仏オープン男女シングルズ決勝戦；デビスカップとフェドカップの準決勝戦と決勝戦（フランス人出場）；フランスグランプリ（F1）；男性ツール・ド・フランス；パリ～ルーベ自転車ロードレース；男女バスケットボールのワールドカップとヨーロッパ選手権決勝戦（フランス出場）；男女ハンドボールのワールドカップとヨーロッパ選手権決勝戦（フランス出場）；世界陸上競技選手権大会
イギリス：
カテゴリーA：夏と冬のオリンピック大会；サッカーワールドカップ（決勝戦のみ）；サッカー・ヨーロッパ選手権大会（決勝戦のみ）；ウィンブルドン（決勝戦）；ラグビー世界選手権大会（決勝戦） カテゴリーB：ウィンブルドン（決勝戦以外の全試合）；ラグビー世界選手権大会（決勝戦以外の最終ラウンド）；ラグビーの6カ国対抗大会；世界陸上競技選手権大会；クリケット世界選手権大会；ライダー・カップ；ゴルフの全英オープン；コモンウェルスゲームズ
イタリア：
夏と冬のオリンピック大会；サッカーのワールドカップ大会（決勝戦とイタリア代表チームの試合）；サッカー・ヨーロッパ選手権大会（決勝戦とイタリア代表チームの試合）；イタリア代表サッカーチームの全公式戦；チャンピオンズリーグと UEFA 杯の準決勝戦と決勝戦（イタリア出場）；ジロ・デ・イタリア（自転車競技）；イタリアグランプリ（F1）

カテゴリーA：生で無料放送が義務。
カテゴリーB：無料な録画放送とハイライトの提供が義務。
出所：Burk, 2006 参照

おかげで有料化はいくらか抑制されている。

国が定める特別指定行事

　法定の特別指定行事からもヨーロッパにおけるサッカーの重要性を読み取ることができる。放送権が有料放送領域に移ったことがきっかけで，大きなスポーツ大会の社会的な意義についての議論がヨーロッパで起きた。つまり一般

の人々が広くスポーツ番組を視聴することができなくなる恐れが生れたのである。これに対し，欧州連合加盟国においては，国家的・国際的なスポーツ・イベントのテレビ放送をなるべく多くの国民が広く視聴できるような対策を施すことができる，という指針が作成された。その指針によって全住民が無料で視聴できるスポーツイベントが複数指定された（**表 6 - 3**）。すべての国々がこの趣旨に従いサッカーの重要なイベントを指定したという事実は，それぞれの国においてサッカーに与えられている意義を示している。ドイツでは夏冬のオリンピック大会以外に指定されている競技はサッカーだけである。

5 サッカーとテレビの密接な関係

　本章では，ヨーロッパにおいてスポーツとメディアはたいへん密接な関係を結んでいるということを明らかにした。この関係は主に経済的な前提に基づいて，メディア組織にとってもスポーツ組織にとっても数多くの利用価値が認められる。なかでもサッカーとテレビとが密接な関係を結んでいて，サッカーのメディア的または社会的な意義があまりにも突出していることから，次のように総括することができる：メディアはサッカーを愛し，サッカーはメディアを愛している。

（訳：リー・トンプソン）

▍参考文献

Burk, Verena: Fußball auf europäischer Bühne. In: Müller, Eggo/ Jürgen Schwier (Hrsg.): *Medienfußball im europäischen Vergleich*. Band 4. Reihe Sportkommunikation. Köln 2006 (Halem-Verlag), S. 29-46

Geese, Stefan/ Claudia Zeughardt/ Heinz Gerhard: Die Fußball-Weltmeisterschaft 2006 im Fernsehen. Daten zur Rezeption und Bewertung. In: *Media Perspektiven 9/2006*, S. 454-464

Geese, Stefan/ Heinz Gerhard: Die Fußball-Europameisterschaft 2008 im Fernsehen. Daten zur Rezeption und Bewertung. In: *Media Perspektiven 9/2008*, S. 442-449

Haselbauer, Torsten: Ware, Werte, Wandel. In: *Frankfurter Allgemeine Zeitung (10. Januar 2004)*, S. 32

Müller, Eggo/ Jürgen Schwier (Hrsg.): *Medienfußball im europäischen Vergleich*.

Band 4. Reihe Sportkommunikation. Köln 2006

Schauerte, Thorsten/ Jürgen Schwier (Hrsg.): *Die Ökonomie des Sports in den Medien*. Band 1. Reihe Sportkommunikation. Köln 2004

Schierl, Thomas: *Die Visualisierung des Sports in den Medien*. Band 2. Reihe Sportkommunikation. Köln 2004

Schramm, Holger: *Die Rezeption des Sports in den Medien*. Band 3. Reihe Sportkommunikation. Köln 2004

Sportfive: *Fußballstudie 2009*. Hamburg 2009

Zubayr, Camille/ Heinz Gerhard: Olympia 2008 im Fernsehen. Nutzung und Bewertung der Übertragungen von den 29. Olympischen Sommerspielen in Peking. In: *Media Perspektiven 10/2008*, S. 494-501

第7章

アメリカスポーツの発展とメディア

杉本　厚夫

1　メディアがつくりだすアメリカスポーツ文化

　2010年，アメリカのスポーツでもっとも人気があり，今一番チケットの入手が困難なアメリカンフットボール NFL（National Football League）の第44回スーパーボウル（ニューオリンズ・セインツ VS. インディアナポリス・コルツ）は，CBSテレビが独占放送し，全米で46.4％の史上最高視聴率を獲得し，1億650万人もの人が見たことになる。さらに，この映像は日本をはじめとして世界中に配信された。ちなみに，2009年のベースボール MLB（Major League Baseball）のワールドシリーズの視聴率が11.7％，バスケットボール NBA（National Basketball Association）決勝が9.3％であることから，NFL がメディアイベントとして，いかに成功しているかがわかる。

　それゆえに，テレビ中継に流される30秒のスポットコマーシャルの価格は破格で，映画会社，自動車会社，ビール会社といったアメリカを代表するような大手企業がスポンサーとしての名乗りを上げる。それは，アップルコンピューターが1984年のスーパーボウルでマッキントッシュの発売を発表し，コンピューター業界のシェアを飛躍的に伸ばしたことが契機となっている。

　このスーパーボウルは，毎年2月の第1日曜日と決まっており，この日は「スーパーボール・サンデー」と呼ばれ，クリスマスや独立記念日に匹敵する国民的行事なのである（森田，2010）。つまり，スーパーボウルを見ることは，アメリカ人としてのアイデンティティを形成する上で，重要な役割を担っているといえよう。

　この NFL を映画にした「エニー・ギブン・サンデー」で，1人のプレイ

ヤーが母親に「どうして試合を見に来てくれないんだ」と聞く。その時，母親は「だって，日曜日は教会に行かなくてはならないから」と言う。そう，NFLが行われる日曜日はクリスチャンにとっては安息日であり，教会に行く日なのである。つまり，日曜日にアメリカンフットボールを見に行くということは，教会に行くことに等しいのだ。周知のとおりさまざまな民族からなる現代アメリカは，同時にさまざまな宗教を有している。そのような宗教を一つにまとめるのが，スポーツという宗教なのだ。さしずめ，メディアはそれを伝える宣教師だと言える。

そのために，アメリカのメディアはスポーツを神話化しようとする。とりわけ，1996年のアトランタ・オリンピックで放送権を有していたNBCは，徹底的に選手のエピソードを取材し，挫折や悲劇を乗り越えた「人間ドラマ」を作成することで女性の視聴者を獲得し，視聴率を大きく伸ばしたのである。

このようにメディアによってスポーツは，アメリカの文化となったといっても過言ではない。では，メディアはどのような仕掛けによって，スポーツ文化を作ってきたのだろうか。

2　新聞とスポーツの濃密な関係

アメリカでは，新聞が刊行当初からスポーツを取り扱っていた。新聞社「ガゼット」は1880年のJ.ゴス対P.ライアンのヘビー級ボクシング戦のスポンサーとなり，取材を独占することで新聞の販売部数を飛躍的に伸ばした。これを契機として，スポーツのさまざまなイベントを新聞社が主催するようになる。1933年に始まったMLBのオールスターゲームの仕掛けは，イリノイ州シカゴの地方紙『シカゴ・トリビューン』であった。その目的は，明らかに自社の購読者を増やすことであり，新聞の商品価値を高めることであった。

スポーツは新聞記事としてはとても安定した素材である。なぜなら，新聞はいつ起きるかわからない出来事を記事にするのだが，スポーツはあらかじめ決められている出来事なのである。別の言い方をすれば，スポーツは「作られた出来事」だと言える。

しかも，スポーツは端的にいって記事にしやすい。A.グットマンが言うよ

うに，近代スポーツは，世俗性，平等性，官僚化，専門化，合理化，数量化，記録への固執といった七つの特徴を持っており（グットマン，1981），これらはスポーツを論じたり，記事にしていくには好都合である。とりわけ，これまでの記録や選手の打率といった数量化された情報の提供においては，文字情報としての新聞は有効である。また，単にスポーツの試合だけを報道するのではなく，そこで活躍する選手の生い立ちを描くことによって，読み物としてのスポーツを作り上げることもできるのだ。

　もちろん，スポーツ界にとっても，新聞記事として扱われることのメリットは大きい。新聞に取り上げられることによって，そのスポーツの人気が高まることは想像に難くないが，プレイヤー自身のアイデンティティ形成にも大いに役立つのである。それは，有名だからメディアに登場するのではなく，メディアに登場することによって有名になるというメディアの社会的機能を選手はよく知っているからである。

　とりわけ，活字によってスポーツ選手をヒーローに仕立て上げるのは容易なことである。なぜなら，実際にその選手を見ることはできず，記者によって切り取られた恣意的な一面で，しかも，紙面に書かれた文字から想像するしかなく，選手を理想のプレイヤーに仕立てることができるからである。たとえば，1920年代のボクシングのヒーロー，ジャック・デンプシー（Jack Dempsy）は，新聞によって「大男キラーのジャック」と命名されることで，理想的なチャンピオンに仕立て上げられたという（小田切，1995）。また，ニューヨークヤンキースのベーブ・ルース（Babe Ruth）は「ファンは俺が一本の本塁打を右翼スタンドに打ち込む方が，三本の二塁打を左翼に打つより満足してくれる」と言って，ヒーローとしてファンの期待を裏切らないようにした。また，ロジャー・マリスも「もし私が61本のホームランを打たなかったならば，自分にとって野球はもっと楽しいものだったろう」と作り上げられたヒーローの苦悩を語っている（伊東・馬立，1991）。

　いずれにせよ，メディアによってスポーツ選手をヒーローに仕立て上げ，人々の関心をひきつけようという手法は新聞から始まったと言ってよい。

3　ラジオによるメディアスポーツビジネスの確立

　ただ，新聞の情報はすべて過去のものである。昨日の結果であったり，これまでの記録にしかすぎない。ところが，ラジオは実況中継によって「今」という時間を共有することを可能にした。つまり，スタジアムに見に行かなくても，同時刻にラジオによって観客になることができるのである。

　MLBはナショナル・リーグが1876年に，アメリカン・リーグが1900年にそれぞれ創設されたが，ほとんどが東部の地域に固まっており，ローカルなプロスポーツにすぎなかった。ところが，1926年からワールドシリーズのラジオ放送が始まり，ベーブ・ルースはローカルヒーローからナショナルヒーローへと変身したのである。

　また，ローカルなゲームであったアメリカンフットボールは，1934年にNBCラジオで全米に放送されたことで，ローカルスポーツからナショナルスポーツへと変わった。そして，1941年にはNFLのゲームが，120のラジオ基地局を結んだネットワークを通じて全米に放送されることによって，NFLのファンは全米に拡大していったのである。

　さらに，ラジオによるスポーツ中継は他のスポーツにも広がり，1940年代から50年代にかけて絶頂期を迎える。

　ところが，ラジオによるスポーツ放送開始当時，それによってスタジアムの観客数が減少するのではないかという懸念があった。この観客数の減少を補償する意味で，「放送権料」をラジオ側が競技団体に支払うというシステムを作りだしたのだ。つまり，入場料の減収を放送権料でカバーしようと考えたわけである。放送権料の支払いは，1926年にボクシングの放送から慣習的に行われていたが，1938年にMLBのピッツバーグ・パイレーツが放送権料を支払わずに試合を放送した地方ラジオ局を訴え，それに勝訴したことにより放送権料は社会的に認められるようになった。このことによって，アメリカでのラジオによる放送は定着し，拡大していったのである。

　このようにアメリカにおいて，競技団体とメディアがパートナーシップを確立することができたのは，その背景にスポーツのファン層を拡大する必要があ

ったからだ。したがって，最初はもうからなくても，あるいはスタジアムから観客が少々減少しようとも，スポーツの認知度を上げる方を優先したのである。

そこには，アメリカとヨーロッパの国々におけるスポーツの大衆化の違いを見ることができる。当時，ヨーロッパの国々，とりわけイギリスは階級社会であり，スポーツは一部の富裕階級のものであったので，労働者階級への垂直的大衆化が行われなければならなかった。しかし，アメリカではそのような階級社会は存在しなかったので，横への広がりという水平的大衆化だけで良かったのである。車はイギリスでは上流階級のシンボルとしてあったが，アメリカでは初めから大衆の乗り物としてあったのと同じである。

さらに，公共放送のないアメリカは，民間放送としてスポンサーに頼らざるをえなかった。それゆえ視聴率を上げることに躍起になり，内容が報道からエンターテイメントにならざるをえなかったのである。

神原によれば，アメリカではスポーツは『競技団体－メディア－広告主』の三者間におけるビジネスの材料であり，競技団体は放送による観客数の減少を補償する放送権料が入れば問題なく，放送局は高額な放送権料の支払いを広告料でカバーできれば問題なかったのである。またスポーツを商業的に扱うならば，スポーツをより多くの人に見てもらえるような商品価値の高いものにするために「ある程度の装飾は容認されるべき」というスタンスが正当化される。一方，受信料を基盤として経営するヨーロッパの公共放送局の場合，放送の仕方についても，公共の立場から好悪が明確に分かれるような余計な装飾は避け，すべての人々に受け入れられるようなスタンス，つまり事実を客観的に描写するという報道的なスタンスが正当化されるのである（神原, 2001）。

つまり，アメリカではラジオは競技団体と広告主（企業）を結びつける，まさしくメディアとなったのだ。

1930年代に入ると，ラジオ局は，NBC（National Broadcasting Company）とCBC（Columbia Broadcasting System）の二大全米ネットワークを構築した。アメリカの企業は，メディアによる広告の営業的効果を早くから理解しており，高い聴視率の取れるスポーツ番組のスポンサーになることに積極的であった。1934年のMLBワールドシリーズでは，当時，アメリカの車社会への移行にともなって売り上げを伸ばしてきたフォード社がスポンサーとなり，約10万ドル

をこのラジオネットワークに支払ったのである。さらに，40年代になると，ニューヨーク・ヤンキーズのように球団独自で広告主とコマーシャル契約をしたり，放送局と直接放送契約を結ぶようになり，年間約10万ドルの収益を上げるようになったのである。

このように，スポンサーと放送権料によって，スポーツビジネスを成立させるメディアスポーツはラジオによって確立されたと言ってもよい。

4 テレビによるスポーツのグローバリゼーション戦略

■ テレビによるスポーツファン獲得の仕掛け

1939年にアメリカではテレビ放送が開始されたが，ラジオと同様に，スポーツは視聴率の取れる重要なキラーコンテンツとなった。

1951年には，NFL はチャンピオンシップゲームをテレビで全米に放映して成功をおさめ，1956年からは CBS がレギュラーシーズンのいくつかのゲームを全米に放送し始め，ベースボールを凌駕して NFL の人気を不動のものにしていった。

どうして，これほどまでにスポーツは人々をテレビの前にくぎづけにするのだろうか。

それは，アメリカンフットボールでは，スタジアムで見るよりもテレビで見る方がはるかにゲームはわかりやすいからである。ゲインラインは CG で引かれているし，ヘルメットの中の選手の表情は映し出されるし，作戦を指示するヘッドコーチの様子やそれを実行するフォーメーションもよくわかる。また，一つひとつのプレイがスローモーションで角度を変えて繰り返し映し出される。さらに，スタジアムでは立つことができないプレイヤーのポジションにわれわれを連れて行ってもくれるのだ。

さらに，ハーフタイムショーはチアリーダーやマスコットのパフォーマンスで盛り上げる。スーパーボウルでは有名なロックバンドのコンサートもある。まさしく，スポーツがエンターテイメントの場となっているのだ。このスポーツをショーに仕立て上げるのは，アメリカのスポーツの特徴でもある。たとえば，1992年のアルベールビル・オリンピックから正式種目になった「モー

グル」は，ロック調の音楽によって演出され，造られたこぶの斜面を超スピードの回転で滑りながら，途中に個性的なフォームでのジャンプを2回交えるというスキー技術のパフォーマンスの凄さは，さながら荒馬乗りのあのロデオショーを連想させるものがあった（小田切，1992）。

しかし，このようにテレビ放送が人々をひきつけるようになると，ラジオと同様に観客がスタジアムに来なくなるのではないかという懸念がある。そこで，1953年にNFLでは「ブラックアウト」という制度を作った。この制度は，地元で試合があるとき，そのスタジアムの座席が売りきれない限り，その地元でのテレビ放映はしないというものである。それは，放送権料によるスタジアムの収入の補填という考え方ではなく，メディアより実際にスタジアムに行って生のプレイを見ることを重視した考え方であるといえる。

さらに1960年，NFLはチーム戦力を均等化し，競技としての面白さを増すため，リーグが全放送権を一括管理し，全チームにそこから得られる収入を平等に配分することと，付加価値をつけてより高額な放送権料を獲得するために，全試合の放送を一つのネットワークに独占的に認めることを決定した。これは連邦裁判所により独占禁止法違反と判定されたが，1961年のスポーツ放送法の成立により，NFLだけでなく，MLB，NBA，NHL（アイスホッケー）の四大プロスポーツで，放送権料の一括販売が認められた（神原，2001）。

いずれにせよ，アメリカンフットボールによって，メディアスポーツがビジネスとして成功したといっても過言ではない。

▎メディアイベントの確立

前述のようなアメリカンフットボールで培ったメディアイベントのノウハウを，1984年のロサンゼルス・オリンピックで展開し，アメリカはオリンピックというスポーツの祭典をメディアイベントに変えたのである。

これまで都市や国に依存していたオリンピックを，P・ユベロス氏率いるロサンゼルス・オリンピック組織委員会（LAOOC）が民営化し，国からの援助なしで2億ドル（約400億円）の黒字を計上したのである。

その基本的な収入は入場料，放送権料，スポンサー料である。大きく変わったのは放送権料で，ABCが2億8600万ドル（約570億円）で買ったが，この額

はモントリオール・オリンピックの10倍に当たる。ちなみに，2008年の北京オリンピックの放送権料は8億9400万ドルと高騰の一路をたどっている。しかも，オリンピック経費の50％を放送権料が占め，40％がスポンサー料であることからして，オリンピックは明らかにメディアイベントであると言える。

　このロサンゼルス・オリンピックでは，156カ国，2億5000万人の人がテレビによって観戦した。テレビによるオリンピック観戦者は増え続け，シドニー・オリンピックでは220の国の3億7000万人がテレビ観戦し，これは1996年のアトランタ・オリンピックの20％増に当たる。

　なんといっても，オリンピックの基本的なミッションは，スポーツを世界に普及させることであり，それはテレビというメディアによって可能となったと言ってよい。さらに，衛星テレビ放送によるオリンピックの生中継は世界中の人々を魅了し，その有効性が確認された。

　しかし，メディアイベントビジネスによって，スポーツ文化が変容することが問題となっている。衛星テレビ放送によって，リアルタイムでグローバル化するということは，時差の関係で地域によっては深夜になる場合もある。そのために，競技の開始時間を変えるというルールの変更が行われる。たとえば，1998年の長野オリンピックでは，開会式はアメリカで視聴率がとれる夜の時間に合わせて午前中に行われるし，アイスホッケーの決勝もアメリカとカナダの対戦が予想されるため，昼に時間変更となった。1988年のソウル・オリンピックでも，陸上の100メートル決勝が，カール・ルイス（アメリカ）とベン・ジョンソン（カナダ）の優勝争いが予想されたので，北米のプライムタイム（ゴールデンタイム）に合わせて行われた。これは，放映権をアメリカの民営放送局（NBC）が独占していたために，その視聴率確保のために行われたのは明らかである。今や，オリンピックは4年に1度のアメリカのテレビショーだといわれるゆえんはここにある。

　このように，メディアのためにスポーツのルールを変えるのはアメリカスポーツの専売特許と言ってもよい。アメリカの四大スポーツはすべてプレイオフによって優勝を決める。これは，リーグ中に優勝が決まれば，それ以降は試合を見なくなるからである。つまり，視聴率を上げるためにプレイオフがある。また，バスケットボールがハーフタイム制からクウォーター制に変わったのも，

第7章　アメリカスポーツの発展とメディア

CMを入れる回数が増えるからである。さらに、アメリカンフットボールでは、「コマーシャルタイムアウト」もある。これらはすべてテレビというメディアの都合によって、スポーツ文化が変容を余儀なくされた例である。

グローバリゼーションとアメリカナイゼーション

衛星放送による NBA の世界戦略　アメリカスポーツを世界に広げていくグローバリゼーションで、「バスケットボール」ほどメディアによって成功したスポーツはない。

バスケットボールは、1891年にYMCAで冬場のインドアーのスポーツとして誕生した。YMCAで生まれたこともあり、20世紀の当初には宣教師によってアジアに広がっていった。しかし、冬のスポーツではサッカーが中心のヨーロッパにはなかなか広がっていかなかった。

1949年にプロバスケットボールリーグのNBAが設立され、冬のスポーツとして天候に左右されない室内ゲームの観戦のしやすさと、スピーディーなゲーム展開で人気を呼び、アメリカの四大スポーツの一翼を担うことになる。さらに、このプロバスケットボールが世界に広がったのは、なんといっても衛星放送とマイケル・ジョーダンのおかげである。1990年代、NBAシカゴブルズを6度の優勝に導いたマイケル・ジョーダンは、その豪快なダンクシュートと華麗なる空中プレイで人々を魅了し、一躍スーパースターとなった。そして、このNBAが衛星テレビ放送によって世界に配信されることになり、マイケル・ジョーダンはアメリカのスーパースターから世界のスーパースターとなったのである。

つまり、アメリカのスポーツの世界戦略は衛星テレビ放送によって可能になったと言ってもよい。

NFLのメディア戦略 による欧州進出　メディアの極めて組織的なキャンペーンによって、イギリスおよびヨーロッパ大陸に広がっていったのは、アメリカンフットボールである。もともと、イギリスで生まれたラグビーフットボールをアメリカ流の近代化の中で、アメリカンフットボールに変え、イギリスに輸出しようとしたのである。1982年にチャンネル4が毎週75分間のNFLの試合を放映して、それまでの淡々とゲームの進行を伝えていたスポー

ツ番組を一変させた。クローズアップを盛んに使ったり，ロックの BGM を挿入したり，見ている人を興奮させるような陽気な番組づくりを提供するようになった。このスポーツ番組づくりは，とりわけ若者たちに受け入れられていった。そして，1988年の第22回のスーパーボウルは生中継され，600万人以上のイギリス人が見たという。もちろん，サッカーの FA カップには及ばないが，クリケットやラグビーの視聴を凌駕する人が注目するようになったのである。そして，それはヨーロッパに拡がって行き，1991年には NFL がスポンサーになってワールドリーグをつくったが，残念ながら2年で幕を閉じることになり（グットマン，1997），衰退していったのである。

このようにして，アメリカスポーツはメディアを利用してグローバリゼーションを試みる。その意味で，グローバリゼーションはアメリカナイゼーションやアメリカスポーツ帝国主義などと呼ばれることもある。

MLB の WBC による グローバリゼーションの失敗

一方，アメリカの国技とまでいわれるベースボールは，グローバリゼーションに失敗した。20世紀の初めにイギリスで，クリケットに代わってベースボールを広げようとしたが失敗している。それ以降，イギリスではベースボールはまったくといっていいほど行われていないし，ヨーロッパにも広がっていかない。

1984年のロサンゼルス・オリンピックで，ベースボールが新たな種目として入った。オリンピックを通してベースボールをグローバリゼーションしようとする試みである。しかし，アメリカの MLB の一流選手が出場しないこともあって人気が出ず，2008年の北京オリンピックで姿を消すことになった。

そこで，今度はワールド・ベースボール・クラシック（WBC）を立ち上げ，ベースボールのグローバリゼーションに再挑戦した。クラシックという名前が付いているのは，まさしく伝統的なスポーツ大会であるオリンピックを意識しているし，また，イギリスで生まれ，世界に広がったサッカーへの対抗意識の表れでもある。しかし，この大会も環太平洋の諸国で盛り上がっただけで，グローバリゼーションにはならなかった。ただし，MLB の選手のリクルートとスポーツビジネスの面では成功を収めているので，アメリカのスポーツマーケティングの強さを世界にアピールすることには成功したと言える。

なぜ，グローバリゼーションに失敗したかというと，ベースボールは国民的

娯楽として，アメリカ人になるための文化装置だからである。J．ハリスは日本人がメジャーリーグのシアトル・マリナーズを買おうとしたとき，ワールドシリーズでカナダのトロント・ブルージェーズが優勝したとき，アメリカ人は嫌悪感を持った。つまり，アメリカ人にとってベースボールは単なるスポーツではなく，まさしく自分たちの「心」である（ハリス，1998）という。

つまり，ベースボールのグローバリゼーションをアメリカ人は望んでいなかったのである。MLBのナンバーワンを決めるゲームを「ワールドシリーズ」というところに，ベースボールの世界観が現れている。

5　映画が作り出すアメリカ社会とスポーツの意味

アメリカスポーツの発展に影響を及ぼしたメディアで忘れてはならないのは映画である。アメリカの代表的な文化としての映画でスポーツはたびたび取り上げられ，約300本以上に達する。

このスポーツ映画の作り方の一つは，スポーツを通して人間愛や家族愛を描こうとするものである。

代表的な作品は1977年に製作された「ジョーイ」である。白血病と闘う弟のジョーイとの交流を通じて，兄のジョウがアメリカンフットボールのハインズマン賞に輝くまでの過程を描いたノンフィクション映画で，家族愛の大切さをテーマにしている。ジョウはクライマックスのハインズマン賞授賞式のスピーチで，家族に支えられたこと，ジョーイに教えられたことによって受賞できたとして，トロフィーをジョーイに渡すところで終わっている。また，1989年製作の「フィールド・オブ・ドリームズ」では，親子のキャッチボールを描くことによって，忘れかけている親子の絆の大切さを訴えかけようとする。さらに，過去のベースボールプレイヤーを登場させることによって，ベースボールに仮託されたアメリカという社会の意味を伝えようとする。つまり，塁を回って（新しい土地に行って）ホームベース（家庭）に帰るという，西部開拓時代のフロンティアスピリット（今福，1997）と，一つのホームランで逆転できるというアメリカンドリームこそが，アメリカ社会を支えているのだと，この映画は語りかける。

もう一つは，スポーツそのものを描こうとしている映画である。

1949年の作品「私を野球に連れてって」は，野球に魅せられた男たちのミュージカル映画である。この主題歌は現在，MLBの7回に全員で合唱する愛唱歌となっている。少年野球をテーマにした「がんばれベアーズ」(1976年)は，勝利に固執するコーチが，子どもたちが自主的に野球を楽しむことの大切さに気づき，変わっていく姿を通して子ども達にとってのスポーツの意味を問いかける。バスケットボールを素材とした「エディー　勝利の天使」(1996年)は，NBAニューヨークニックスがスポーツビジネスのために他の地域に売られることに地元ファンが反対し，ニューヨークにとどめるという物語であり，スポーツは地元ファンによって支えられていることを描いている。また，前述のアメリカンフットボールの映画「エニー・ギブン・サンデー」(1999年)は，オーナーがファンを興奮させるようなプレイスタイルに変えるようにコーチに指示を出し，それに従わない者は解雇するというビジネスによるスポーツ文化の変容をテーマにしたものである。1943年の全米女子プロ野球リーグを描いた「プリティ・リーグ」(1992年)は，スポーツにおけるジェンダー問題を歴史的事実から明らかにし，ゴルフの映画「ティン・カップ」(1996年)では，スポーツは勝つことよりも挑戦することに，その美学があることをわれわれに訴えかける。このように，スポーツにおける現代的な問題を理解する上で，映画というメディアが大きな役割を果しているといえよう。

また，「スリーオンスリー（バスケットボール）」は映画「ハード・プレイ（Hard Play）」によって人気が出て，世界中に広がっていったといわれている。

このように，映画はスポーツの社会的意味と，アメリカにおけるその存在意義（レーゾンデートル）をわれわれに示してくれるメディアと言えよう。

6　これからのメディアとアメリカスポーツ

■■ スタジアムを変える

テレビによるスポーツ観戦に慣れてしまうと，人々はスタジアムでスポーツを見ることがつまらなくなる。ホームランを打ったシーンは一瞬で終わってしまうし，選手の打率や打点などの記録はわからない。そこで，人々は球場にラ

ジオを持ち込んで、それらの情報を得ようとする。さらに、ポータブルなテレビを持ち込み、それを見ながら観戦することになる。そのうち、スタジアムが大きなテレビを備えるようになり、ホームランのシーンの再現や記録を観客に提供するようになる。このようにして、人々はスタジアムでメディアが作り出す情報と生のスポーツのプレイを楽しむことができるようになったのである。NBAでは、コートの頭上に設けられた電光掲示板によって、選手のプロフィールを知るだけではなく、そこに現れる応援メッセージによって、「ゴーゴーニックス」や「ディフェンス」と叫ぶのである。さらに、会場に流れる電子音によって、われわれは興奮させられる。

　また、スタジアムでないと楽しめない仕掛けもする。たとえば、スタジアムの中にバーベキューができるピクニックゾーンを設けたり、プールに入りながら見られるゾーンがあったりと、スタジアムがアミューズメントパークとして存在するようになる。このように、メディアによって取り込まれた観客を、如何にスタジアムに引き戻すかという努力がなされる。

テレビ視聴を変える

　これに対して、メディア側も負けてはいない。逆に、テレビにスタジアムを持ち込もうとする。それは、1990年代からアメリカで現れたスポーツバーである。バーに備えつけられた大画面テレビの前で、ビールを片手にみんなで応援をするというものだ。かつて街頭テレビで、スポーツ観戦を楽しんだのと同じだ。その当時は、一家に一台テレビが普及していなかったので、そうせざるをえなかったのだが、テレビが一人に一台といえるまで普及した今日では、新たなスポーツ観戦の形であると言えよう。日本では2002年の日韓サッカーワールドカップ以降、スポーツバーやパブリック・ビューイングとして定着している。つまり、一人でテレビでスポーツを見るのではなく、まるでスタジアムにいるような雰囲気を味わいながらテレビを見るのである。

　さらに、FOXやESPNというスポーツ専用チャンネルを設けたり、多チャンネル化を生みだしたアメリカでは、2000年に入ってインターネットによるスポーツ配信を行っている。それは、自分の好きな時間にスポーツを見ることができるオンデマンドで人気を呼んでいる。

そして，メディアはスポーツ現場に近づこうとして，3Dテレビによるスポーツ情報発信を始め，立体的に迫力ある映像が送られてくる。それは，メディアの臨場感へのあくなき追求であると言えよう。

ただ，いくら映像の技術が発達したとしても，スタジアムを忠実に再現することはできないのだ。地響きするような生の歓声，空気の感触，ポップコーンの香り，プレイヤーの身体がぶつかり合う迫力など，その場に居合わせないと味わえない雰囲気は，テレビではどうしても演出することができない。しかも，テレビで見るスポーツはあくまでメディアがとらえた視線なのだ。もはや，ファンはメディアの視野でスポーツを見ることから離れて，自分の目で試合を見たがっている。

このように，メディアが工夫をすればするほど，人々がスタジアムで見る価値は高まるというパラドックスを作り出してしまう。それでも，スポーツファンを取り込もうとするメディアとスタジアムの熱い戦いは，タイムアップのないゲームとなっているのである。

■ 参考文献

伊東一雄・馬立勝『野球は言葉のスポーツ』中公新書，1991年

今福龍太『スポーツの汀』紀伊国屋書店，1997年

小田切毅一「アメリカによるスポーツ・メディアの歴史」中村敏雄編『スポーツメディアの見方，考え方』創文企画，1995年

小田切毅一「スポーツをショーに変えた国・アメリカ」サントリー不易流行研究所編『スポーツという文化』TBSブリタニカ，1992年

グットマン，アレン『スポーツと現代アメリカ』清水哲男訳，TBSブリタニカ，1981年

グットマン，アレン『スポーツと帝国──近代スポーツと文化帝国主義』谷川稔他訳，昭和堂，1997年

神原直幸『メディアスポーツの視点──疑似環境の中のスポーツと人』学文社，2001年

杉本厚夫『映画に学ぶスポーツ社会学』世界思想社，2005年

ハリス，ジャネット「アメリカンスポーツに熱狂するアメリカ人」スポーツ社会学会編『変容する現代社会とスポーツ』世界思想社，1998年

森田浩之『メディアスポーツ解体──〈見えない権力〉をあぶり出す』NHK出版，2010年

> コラム5

台湾プロ野球の発展——日本とメジャーのはざまで

　台湾プロ野球は1990年に「中華職業棒球連盟＝CPBL」として発足し，兄弟，味全，統一，三商の4球団でスタートしたが，1993年には俊国，時報が加わり，6球団時代に入った。最初の2年目は，プロ野球の試合を放送するのは地上波のテレビ局だけで，土日以外の平日は，すべて深夜の録画放送だった。

　3年目（1992年）に入ると，CPBLは宣伝費用として，3年総額2400万円を払い，TVISというCATV局に中継を要請し，台湾でレギュラー番組として初の「プロ野球生中継」が開始された。

　1994年には野球人気が上昇し，放送にとっても「プロ野球中継」が重要なコンテンツとなりTVISはCPBL（中華職業棒球連盟）と3年総額2億7千万円の契約で合意するなど，全国的に注目されることとなった。これにより，プロ野球の放送権料が，CPBLやそのもとに所属する各球団の最も重要な財源となった。

　その後の3年間（1994年～1996年）プロ野球の人気が継続的に高くなり，TVISの野球中継は高い視聴率をキープし，CPBL試合の放送権は台湾の各テレビ局にとって注目の的となった。そして，1996年のシーズンオフには，TVISを始めESPN，ETVなど七つのテレビ局が放送権の争奪戦に参加した。

　結局，スポーツ専門テレビ局のVIDEOLAND（緯来電視台）が3年45億円の破格の金額で放送権を得た。その競争に敗れて放送権を失ったTVISグループは「苦労して野球中継をファンに定着させたのはわれわれなのに」と激怒し，TML（台湾大連盟）という新しいプロ野球連盟を創立した。

　これにより，従来のCPBLの7球団と新参入のTMLの4球団と合わせると，台湾に11球団が存在することとなった。人口2300万人の島国に，11ものプロ野球チームがあるという"異常事態"に陥ったのである。こうして，その後の八百長事件の影響もあり，両リーグの過当競争で国内リーグの試合は「品質」が低下し，台湾プロ野球は暗黒時代に入っていく。

　6年間にわたって野球の人気低迷が続いた後，2003年には，2リーグ分裂状態から，ようやく1リーグ6球団となり，人気回復の兆しが見えてきた。ところが，この2年間，八百長の噂が絶たず，野球ファンからの信頼が回復せず，有望なスター選手の大リーグや日本への大量流出などが原因でCPBLの試合の観客動員数は伸び悩んでいる。

　そして，10年間CPBLの試合を放送し続けたVIDEOLANDは，視聴率が上がらないことを理由に，2009年からの放送権料の大幅ダウンを提示した。これにより，放送権料の収入に頼ってきた各球団は大きな衝撃を受け，球団消滅の可能性まで浮上した。この緊急事態に，各球団も危機感を持って動き始めた。

　その中で，一番注目されるのは，台湾人気ナンバーワン球団の洪オーナによる「放送権料の一括管理をやめ，これから自由競争すべきだ」という発言である。

　台湾プロ野球の放送権料はここまで17年間にわたって，リーグが一括して契約す

る形で運営された。その間，球団の中に単独で交渉しようという声もあったが，プロ野球の発展に強い責任感を持ち，「共存共栄」を主張し続ける兄弟球団の反対で撤回されてきた経過があった。

兄弟球団は台湾野球界で大きな影響力があるだけに，2008年シーズン中に，従来の方針を変えたこの発言は，「自由競争」を推進する発言として大きな波紋を呼んだ。

その年のシーズンオフに米迪亜（T-REX）は，球団ぐるみで野球賭博にかかわっていたことが発覚し，シーズン終了を待たずして除名され，直後に中信も解散となり，またも6球団から4球団時代（2009年シーズンから）となった。

それとともに，あと一つの球団が消滅してしまうと台湾のプロ野球も潰れるという自覚を各球団が持ち，「これから放送権料は自由競争すべきだ」という話も消えていった。

2009年から4球団となったCPBLは下位球団が補強を行ったのと，海外組スター選手の国内復帰もあるため，少数精鋭でのペナントレースの激化が進んだ。それが好影響をもたらし，観客動員数は倍増し（表），テレビ視聴率も著しくアップした。

しかし，人気回復の光が見えた2009年，オフに大規模な八百長問題が発覚した。兄弟エレファンツ監督で元阪神タイガース投手の中込伸の他に，埼玉西武ライオンズで活躍した張誌家（ラニュー），MLB球団で活躍した曹錦輝（兄弟）らスター選手も絡んでいた。

2010年シーズンの観客動員数の減少が避けられないとシーズン前から予測されたが「29％減」という数字（9月22日現在）は予想より少なく，野球を愛している台湾人がプロ野球を簡単に見捨てられない表れだとも言えるだろう。　　（劉　東洋）

表　CPBL観客動員数の推移

	試合数	観客動員数（人）	平均観客動員数（人）	成長率（％）
2008年	298	572692	1922	−5.93％
2009年	240	898278	3742	＋94.79％
2010年	221	587569	2658	−28.97％

出所：CPBL広報資料より作成。

第8章

地域メディアと地域スポーツ

東元　春夫

ここでは「地域メディア」として神戸のサンテレビ（UHF局）を，「地域スポーツ」として関西学生アメリカンフットボール（以下，「フットボール」と略す）を事例として取り上げる。フットボールは関西では集客数とメディア露出という点で他の競技から突出しているからである。

1990年ごろには関西の民放各局で学生フットボールの中継が行われるようになっていた。「'91年のリーグ戦，プレイオフの2試合とも関学－京大戦は西宮スタジアムに満員の4万近い観衆を集め，同年の甲子園ボウルは4万5000人の観客で埋まった。ラグビーの早稲田－明治戦とともに，最も観客を集める大学スポーツへと関西のフットボールは成長した」（新村，2003，109頁）（筆者注，当時「甲子園ボウル」は東西大学王座決定戦）。

1　歴史と現状

フットボールは1869（明治2）年アメリカ東部でプリンストン大学とラトガース大学の間で行われたのを起源とするが，日本のフットボールの歴史は1920（大正9）年東京高等師範学校附属中学校でアメリカ留学から帰国した岡部平太が指導したことに始まる。やがて1934（昭和9）年に東京で学生連盟が設立されリーグ戦が始まった。戦前から戦中にかけて東西合計9大学で競技が行なわれていたが，戦争の激化とともに1943（昭和18）年「大学運動部解散命令」が出され「関西鎧球連盟」は事実上の解散に追い込まれた。

戦後の1946（昭和21）年2月20日，3大学が集まり「関西米式蹴球連盟」を設立，これは関東に4カ月ではあるが先んじた（産経新聞大阪本部運動部，2006，

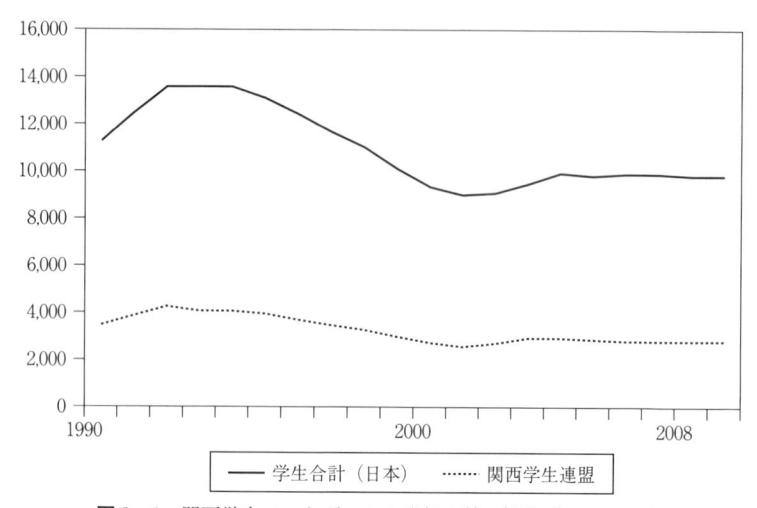

図8-1 関西学生フットボールの登録人数の推移（1990-2009）
出所：日本アメリカンフットボール協会提供（2010）のデータをもとに東元作成

29頁）。翌年の1947（昭和22）年4月13日，第1回「甲子園ボウル」が開催され慶應義塾大学が45-0で同志社を破り，初代学生王者についた。

東京五輪の2年後の1966（昭和41）年11月23日西宮球技場で，リーグ戦最終日全勝対決の関学－関大戦が行われた。この試合はリーグ戦初の有料試合であり，6000人の観客で超満員になった。その結果，協会が100万円という利益を得てその後の基金となった。ちなみに当時の大卒初任給が3万円程度であった（新村，2003，70頁）。その試合に勝った関学は2週間後の12月4日，第21回甲子園ボウルで日本大学に12-40で敗れたが，1万2000人の観客を集め，甲子園ボウルで初の1万人を突破した。この試合は毎日放送で7年ぶりに放送された（新村，2003，165頁）。

チーム数も1960年代後半に急激に増加した。1967（昭和42）年12月10日には甲子園ボウルで11年ぶりに関学が日大を破ったとき，観客は1万5000人，NHK教育テレビでカラー放送された。翌1968（昭和43）年には2部制に移行，1969（昭和44）年には加盟校はさらに増え，この年から原則として1部リーグは西宮球技場や西京極球技場などでの有料試合となった（新村，2003，165-166

頁)。

　こうして1960年代後半から1970年代にかけて，学生フットボール界の整備が急速に進むことになる。1971年のユタ州立大学の来日以降，アメリカ大学チームとの交流や指導者のアメリカ留学を通して，アメリカの戦略や技術を学んだ。京都大学は1976（昭和51）年に関西学院を破り，そのリーグ戦29年連続無敗を阻止，そして1982（昭和57）年の京都大学の関西リーグ初優勝，1994年の立命館の全国制覇，2009年には甲子園ボウルが全国選手権となり，関西大学がこの初回の全国選手権をも制し，関学の「一人天下」の時代は終わった。2009年現在，関西学生フットボール連盟の登録チーム数は53（217），登録人数は2816（9806）である（**図8-1**：カッコ内は学生全国合計）。

2　サンテレビの「カレッジフットボール・イン・USA」

　1973（昭和48）年10月2日，神戸のUHF局サンテレビが毎週レギュラー番組としてアメリカの大学のフットボールの試合の放送を開始した。

　サンテレビは1969（昭和44）年5月1日神戸市長田区で創設され，視聴可能エリアは兵庫県と大阪府の全域と近隣の京都府や奈良県，四国，中国地方など周辺府県の一部にも及んでいる。2005年4月現在，日本民間放送連盟加盟のテレビ局は133局，このうち東京にあるキー局のネットワークに属さず自主編成を行っている局が13局あり，すべて関東圏・中京圏・近畿圏の広域エリアにある都府県を単位としたUHF局であることから独立Uまたは広域圏U局と呼ばれている。同局によれば視聴者は662万世帯，1679万人である。

　当時のフットボールのテレビ放送について『関西アメリカンフットボール史』に次の記述がある。

　　目新しく，スペクテイター・スポーツとしての魅力に満ちたフットボールは，メディアにとってもかっこうの素材だった。ただ，取り上げようにもどう取り上げれば良いのか，その手本が無いのが1970年前後の実情だった。前述したようなヘイズなど，派手な「看板」のあるゲームならともかく，ふだん行われている学生のリーグ戦をどう伝えるか，がまだ確立されていなかっ

た。

（中略）

　テレビは，1960年代には甲子園ボウル（1956年と57年にNHKが中継。1959年と66年には毎日放送が放送，1967年からはNHKが総合または教育で中継）と，ライスボウルのNHK中継ぐらいであった。（筆者注，当時のライスボウルは東西学生オールスター戦）

　それが1970年代に入り，まずアメリカのNFLや大学フットボールを取り上げる番組が生まれてきた。その先駆となったのが，1973年10月2日にスタートした，神戸のサンテレビの「カレッジフットボール・イン・USA」である。火曜日の夜7時という放送時間の良さと，勉強熱心で豊富なデータを駆使する西澤 暲(1)アナウンサーに武田建(2)の初心者にも分かりやすく，競技者にも示唆に富んだ解説は若い世代に強く支持され，1978年の10月まで6年間続く人気番組となった（94-95頁）。

　この番組をアナウンサーとして担当した西澤暲は企画の段階からかかわった。西澤によれば，アメリカ・オクラホマ州のWKY-TVという小さなテレビ局が制作し，ヘッドコーチ（監督）自ら解説をして地元ファンに見せる番組の16ミリ・フィルムを無償でもらい受け，アメリカで放送された映像を1年遅れでサンテレビが日本語で放送したものである。

　西澤の記録によれば，放送が開始からしばらくはオクラホマ大学の試合を毎回1試合ずつ放送していたが，1973（昭和48）年12月11日から南カリフォルニア大学（USC）のゲームに切り替わり，1試合の前後半を2週に分けて放送するという形式にし，以降この原則を維持した。通常アメリカの大学のゲームは3時間以上かかるので，この方がより自然に近くゲームの流れが把握しやすい。このUSCのシリーズは同年秋のゲームを3カ月遅れで放送したのである。この時メディアは16ミリからビデオテープ（VHS）に変わっていた。

　この西澤・武田のコンビによる放送はさらに続く。

　サンテレビは1974（昭和49）年にはウェイク・フォレスト大学と関西選抜の試合を中継，またこの年から1984（昭和59）年まで甲子園ボウルの中継も行うなど，フットボールを数多く放送した。その人気に応えて，1983（昭和58）年

9月から1986（昭和61）年9月まで，サンテレビでは「カレッジフットボール（・イン・USA）」が復活し，通算10年間アメリカの人気チームであるUSCやノートルダムの最先端の情報を送り続けた。また，多くの新たなフットボールファンを生んだことにおいても高く評価され，日本のフットボールテレビ番組の放送スタイルを確立したと言われている。そして1990年代に入って衛星放送のGaoraのNFLの放送では，3たび西澤アナ，武田建コンビが復活する。（同書，95頁）

　この放送は三つの点で，関西のフットボールの発展に貢献したと言えよう。第一に，サンテレビの地元神戸だけでなく，西宮，池田，豊中，箕面という「阪神間および北摂」というフットボールが盛んな地域で視聴可能だったことにより，中学生や高校生が高校，大学でのフットボール部に入るきっかけとなったことである。第二に大学のフットボールにとってもアメリカの試合の映像と武田建の解説は貴重であった。当時のコーチングはまだ黎明期であり，この番組の映像と解説は大学のチーム関係者にも強烈なインパクトを与え，関西フットボールの底上げにつながった。第三は一般の視聴者への影響である。これまで見たこともない球技の格闘技的要素と戦略・戦術的要素が多くの新しいファンをひきつけた。後述するが，この番組を見た世代が現在の関西での「固定ファン」となったという仮説を筆者は提示したい。なお，この番組はテレビ神奈川や千葉テレビ（ともにU局）により関東へも配信され，ファンの拡大につながった。

　西澤暲と武田建は関西学院大学で1年生と4年生の関係だったが，実際に出会うのはこのサンテレビの放送までなかった。西澤によれば，当時阪神間の大学教員は評論家としてラジオやテレビに出演する機会が多く，武田も神戸市の広報番組でサンテレビに出ていた。やたらと専門用語を乱発する大学教員もいる中で，武田はソフトで分かりやすい語り口でフットボールを解説した。フットボールに強い情熱を持つ武田の口から専門用語が飛び出すとその都度西澤が聞きただすが，そのうち自ら用語を解説するようになったという。一方武田は西澤の謙虚さと勉強熱心，周到な準備を評価する。「私が引くと，さっと前に出てカバーをし，私が出ると自然に引く呼吸は凄い」と語っている。

　さて，サンテレビは，独立U局だけに，東京キー局を中心地としたネット

ワークを持たず，そこからの番組配給もない。当然他のVHF局と競争するためには，地元の放送資源を開発せざるを得ない。その中で一つの飛躍のきっかけになったのは，阪神タイガースの試合の「完全中継」であった。阪神地区で潜在的に人気があったものの，ネットワークの関係からVHF局が放送枠を確保できなかった甲子園での阪神戦のほぼ全試合を開始から終了まで完全中継したことで，次第にサンテレビは知名度を高め，さらにタイガースの人気を高める一因ともなった。

「カレッジフットボール」の場合も，潜在的な人気がある阪神地区で，地元の人的資源を使いながら，コンテンツを生み出す努力した結果でもあったと言える。

1977（昭和52）年10月16日，近畿地方全体をサービスエリアとするVHF在阪民放，毎日放送（MBS）が関西学生フットボールのリーグ戦を初めて放送，続いて同年11月13日「涙の日生」と語り継がれている日生球場での関学－京大では視聴率が7.4％に達した（新村，2003，104頁）。翌年もMBSが「関京戦」を放送したが，1979（昭和54）年読売テレビ（YTV）が放映権を獲得して今日まで続いている。

1980年代になると毎シーズン，リーグ戦の2，3ゲームがYTVを中心として放送されるようになった。1980年代はスポーツが世界規模で商業化されていった時代である。1982（昭和57）年のワールドカップ（サッカー），1983（昭和58）年の世界陸上，そして1984（昭和59）年のロサンゼルス五輪がその代表で，この時期に「スポーツマーケティング」の概念が日本にも上陸した。長年NHKが放送してきた甲子園ボウルの放映権についても1985（昭和60）年にMBSが獲得し2008年まで維持した。1980年代後半はバブル経済を背景として「第二次フットボールブーム」となり，テレビ放送も増え，バブルのピークの1988（昭和63）年には関西電力による「協賛」が開始された。多くの会社がフットボールチームを創設，NFL（アメリカのプロリーグ）がプレシーズンゲームとして日本での「アメリカン・ボウル」をスタートさせ，一つの社会現象として注目を浴びた。翌1989年にはMBSが「フットボール・ハイライト」を放送開始，関西学生リーグ（1部リーグ）の28全試合が毎週15分間のハイライトとして放送された。この年には衛星放送が始まり，1990年にはリーグ戦合計17

ゲームが放送された。しかし，放送数は1992年の19ゲームをピークとして減少に向かう。さらにバブル崩壊に加え1995年の阪神大震災がフットボールのテレビ放送に厳しい追い打ちをかけた。一方，この地震の前年，立命館大学が関西学生リーグで初優勝し，甲子園ボウルも制した。「三強時代」の到来である。

続く1990年代後半は1シーズンあたりのテレビ放送数が10から15の間で推移する。2000年にデジタル放送開始，学生リーグの放送は10回であったが，その後は10回未満となり，景気後退とともにフットボールのテレビ放送はMBSの深夜ハイライトも含め縮小傾向にある。

3　観客調査より

関西学生アメリカンフットボール連盟では2003年および2005年のリーグ戦終盤に観客調査を行った。

調査の概要

2003年11月15日大阪市の長居球技場で関西学生リーグ，関大－神戸，同志社－甲南，近大－立命の3試合が行われた。その有料入場者を対象にアンケート調査を行い，有効回答数は885で回答率は74％であった。この日は関学および京大の「二強」を欠いていたため，2年後の2005年11月27日西京極陸上競技場兼球技場（京都大学－関西大学，立命館大学－関西学院大学の2試合）で同様の調査を実施し有効回答2177を得た（回答率26％）。

回答者の男女比は2003年は79対21，2005年が69対31であり，女性が2～3割を占める。興味深いのは年齢構成と観戦歴であった。

年齢構成では，いわゆる中高年の40代から60代が多いのが特徴的である。この年齢層だけで全体のほぼ半数を占める。さらに次の点でも2003年と2005年に共通の傾向が見られた。すなわちチーム（フットボール）との関係は「同窓（母校）」と回答した人がもっとも多く，2003年では44％，2005年では36％であった。次に多いのが「選手の家族」で9％と12％，「選手の友人・知人」が両年とも6％であった。「チームのOB」と回答した人は，7％と6％であった。

観戦歴では，10年以上の「固定ファン」が多いことが特徴的である。すなわ

ち，20年以上の観戦歴を持つ回答者が，2003年では23％，2005年では20％という高い比率を占める。次に「10年以上20年未満」が29％と25％で，両年を通じて最大の比率を占める。この「10年以上」の二つの年齢層だけで観客のほぼ半数を占めている。次に「5年以上10年未満」が21％，16％で，かなりの割合を占めている。

日本の人口構成との比較より

これらの観客の属性，特に年齢層の特徴を明らかにするため，2005年の日本全体の人口構成（人口ピラミッド）と比較したい（図8-2，図8-3）。

いわゆる「少子高齢」社会を示すように日本の人口構成とフットボールの観客調査の外観は似通っている。しかし年齢層を詳しく比較すると次の点でフットボールの観客の特徴が見られる。第一に観客のもっとも多い40歳代は，日本全体の人口では前後の世代よりは少ない世代である。いわゆる「団塊の世代」とされるのは2005年時点では50代後半であるが，この世代を含む50代が観客調査においても第2に多い世代であり，「共通」している。観客調査で3番目に多い30歳代は人口ピラミッドと似て一つのピークを示している。さらに60歳代が観客調査においても人口ピラミッドの分布と似た傾向にあり「高齢社会」であることを物語る。

一つの仮説

前節で述べたように，関西（学生）フットボールの観客の年齢構成は日本の人口ピラミッドと似た形にはなっている。しかし，この比較からフットボールの観客は日本の人口構成から見て「自然な」年齢分布であるということは論理的に正しいであろうか？

アメリカのように生まれたときからフットボールに接し，両親も祖父母もフットボールを知っている社会であるなら，日本の観客も人口ピラミッドに類似した「自然な年齢構成」になるであろう。日本の場合，1970年代以前にフットボールを見たことがある人がどれだけいるだろうか。歴史のところで触れたように，関西学生が二部制に移行する1968（昭和43）年以前にはフットボールをしている大学は関西で7校しかなかった。1966（昭和41）年の「関関戦」で

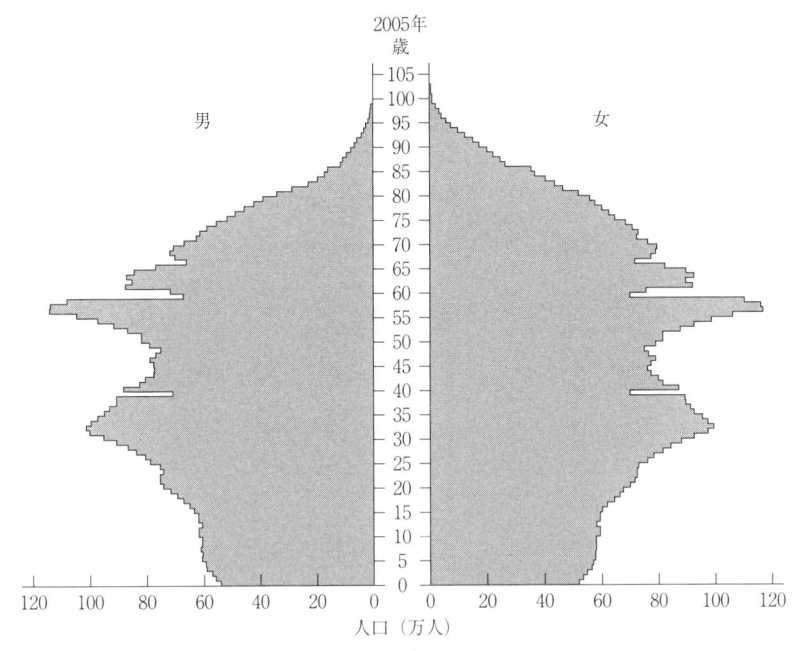

図8-2 日本の人口ピラミッド（2005年）

出所：国立社会保障・人口問題研究所（http://www.ipass.go.jp/syoushika/tohkei/Popular/Popular2010.asp?chap=0 2010.2.11アクセス）

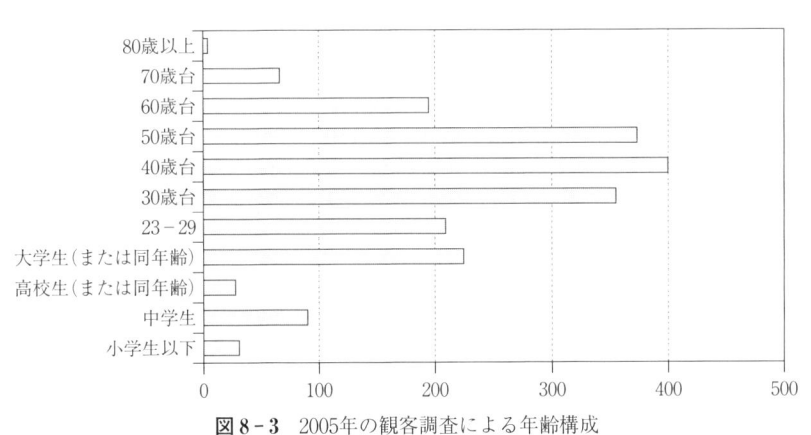

図8-3 2005年の観客調査による年齢構成

注：データ：関西学生アメリカンフットボール連盟
　　調査年月日：2005年11月27日（日）
　　調査場所：西京極陸上競技場兼球戯場（京都大学―関西大学，立命館大学―関西学院大学の2試合）
　　有効回答数：2,177
出所：上記データをもとに2010年2月，東元作成

表8-1 関西1部リーグ選手の出身地域（2009年）

	度　数	パーセント
近　畿	611	85.0
北海道	4	0.6
東　北	1	0.1
関　東	40	5.6
中　部	16	2.2
中　国	18	2.5
四　国	6	0.8
九　州	7	1.0
沖　縄	2	0.3
海　外	3	0.4
不　明	11	1.5
合　計	719	100.0

6000人の観客で西宮球技場が埋まったことは画期的であったが，関西，いや京阪神の全人口と比べれば決して大きくはない。

前述の観客調査から「1973（昭和48）年から始まったサンテレビのカレッジフットボールを見た世代が，現在のフットボールの固定ファンとして定着した」のではないかと考えられる。サンテレビが放送を開始した1973年に10歳であった子どもは2005年時点では42歳になっている。1970年代の中高生世代およびその上の世代が，現在のフットボールの固定ファンになっているという仮説を提示したい。前節の人口ピラミッドとの比較で唯一一致せず，観客がもっとも多かった40歳代こそが，サンテレビを見て育った「カレッジフットボール世代」ではないか。当然ながらこの仮説は検証の対象であるが，観戦歴が示すように，10年以上と答えた回答者が観客の半数近くを占めるという調査結果も，それを裏づけている。

1960年代までは，試合場に足を運ぶ観客は口（くち）コミで集まってきたが，1970年代のチーム数の増加と同じ時期に始まった「カレッジフットボール」の放送というマスコミの巨大な力により関西でさらに多くのファンが生まれたと言えよう。すなわち神戸のU局が火をつけたフットボールのブームが関西一円に広がり，日本の他の地域にない「文化」として関西に定着するきっかけになったのではないか。社会学で言う「文化」は「社会のメンバーが学習し共有するすべて」である。その「学習」と「共有」のきっかけを作ったのがサンテレビであった。

多くのスポーツの中で（大学）フットボールは「西高東低」と言われる。「鶏が先か卵が先か」という話になるかもしれないが，関西ではフットボールのファンが多く，テレビ放送も多い。それで他地区の高校生フットボール選手

はテレビ露出の多い関西への進学を希望し，ますます「西高東低」に拍車がかかるとも言われている。現実に2009年秋の関西学生リーグのメンバー表掲載の1部8大学の出身高校を分析すると，全選手718名中，40名（5.6％）が関東の出身で他地区に比べ突出して多い（表8-1）。大学数もチーム数も多い関東の大学へ進まず，関西の1部校へ進学していることは注目に値する。

4 地域メディアと地域スポーツ──「もちつもたれつ」の関係

スポーツとメディアの共生関係については他章で述べられているとおりだが，本章の主題である「地域メディア」と「地域スポーツ」にも共生関係，つまり「もちつもたれつ」の相互依存関係について改めて強調しておきたい。

■ フットボールと広報活動

フットボール協会や学生連盟の積極的な広報活動によりサンテレビだけではなく，その主要株主の『神戸新聞』をはじめとする関西の新聞もフットボールを掲載するようになってきている。

そのメディアとの関係構築に尽力したのが古川明である[3]。彼はアメリカのデンバー大学へ留学しフットボールのコーチングと広告論を勉強して帰国した。1969（昭和44）年，専務理事として初めて協会の専任スタッフとなった古川は，前述の「マスメディアとスポーツの共生関係」を熟知していた。彼はまず「小さいこと」から始めた。第一は「スケジュールカードの作成と配布」である。観客が多い大学の1部リーグだけでなく，2部リーグ以下の大学，社会人，高校，中学，女子タッチフットボールのスケジュールを名刺サイズほどの小冊子にして無料で配布してきた。各レベルの関係団体がバラバラではなく，一致団結していることが特徴的である。

このスケジュールカードは観客の情報源として定着してきた。先に紹介した2005年の観客アンケートでは「この試合があることをどこで知りましたか（複数回答）」という質問に対し回答者の23.9％が「スケジュールカード」と答えている。これはトップの「ホームページ」（37.5％）と2位の「選手や関係者からの口コミ」（24.0％）に続いて3位である（表8-2）。さらに「（前問でスケジ

第Ⅱ部　メディアスポーツの動向

表8-2　この試合があることをどこで知りましたか

情報源	度数	パーセント*
新　聞	468	85.0
テレビ	101	0.6
ラジオ	14	0.1
雑　誌	473	5.6
スケジュールカード	484	2.2
メンバー表	86	2.5
選手や関係者からのクチコミ	485	0.8
ホームページ	758	1.0
駅張りのポスター	26	0.3
その他	154	0.4
合　計	2024	100.0

注：複数回答ではあるが有効回答数2024を分母とした

表8-3　（スケジュールカードと答えた人のみ）どこで入手したか

	度数	パーセント*
試合会場	267	75.0
選手や関係者からもらった	72	20.2
その他	23	6.5
合　計	356	100.0

注：複数回答ではあるが356を分母とした

ュールカードと回答した人のみ）「どこで入手したか」という質問には「試合会場」が75％と圧倒的に多く「選手や関係者からもらった」が20.2％ある（**表8-3**）。このように協会（学連）側の「小さな」地道な営業努力が実を結んできた。

　第二は「報道関係者への説明会」である。春の大会の説明会（3月），秋のリーグの説明会（8月下旬）と年2回の説明会を報道関係者へ行っている。シーズンの秋の説明会には50〜60人（1社につき2名）が参加する。

　第三は「記者席の確保」である。試合会場の一番見やすい場所に記者席を確保するが，通常は陸上競技場や野球場を借りるので，冷暖房の完備した部屋に協会（学連）の役員よりも記者を優先して席を確保する。当然フィールドに入

るパス（通行証）を発行する一方で，記者の質問に答える協会（学連）関係者が待機している。また試合が終われば，直ちに統計等のデータを用意し，チームの取材が終わって記者席へ戻ってくる記者に配布する。

　このように，古川は「広報活動の重要性」を認識しそれを実践していた。スポーツ社会学者のJ.コークリーも指摘するように，かつての「特権階級だけのスポーツ」が20世紀になって「みんなのスポーツ」となり「人気」（popularity）と「可視性」（visibility）が増したことにより，社会におけるスポーツの位置（重要性）が高まった。古川による他の一貫した努力もこの見解と一致している。それは「良いグランドと良い審判を確保すること」であった。そのためには①資金の確保が必要である。他の大学スポーツに先駆けて1966年に初めてリーグ戦の有料試合を行った。入場料収入の増大が基本である。最初は何枚かの切符（入場券）を選手が売ることから始まり，ついにはテレビ局から放映権料が入り，協賛企業（スポンサー）がつくに至る。それは②良いグランドを確保することにつながる。アメリカのように高校や大学が独自のフィールドをもたない日本では，公営・私営の会場を借りなければならない。また後述する審判の交通費も確保しなければならない。良いグランドを確保することは選手のためであり観客のためである。大学の土のグランドで試合をしていたのでは選手の士気も上がらないし，観客も来ない。③広報活動の重要性を認識すること，そのために日頃からの情報提供や試合当日の記者席の完備が不可欠である（前述のとおり）。

　さらに，関西のフットボールにとって幸運であったのは阪急電鉄の協力である。前述したように初めての有料リーグ戦が西宮球技場で始まり，やがて西宮球場（後の「西宮スタジアム」）で行われるようになったが，この2会場を所有する阪急電鉄が，そのすべての駅にポスターを自前で制作し貼り出した。当然ながら両会場に向かう観客が増えることは電車の乗客が増えることにつながるのではあるが，フットボール協会（学連）にとっては大きな助けであった。④観客の集まる大きな試合で公正な判定ができる優秀な審判の育成はどの競技団体にも共通する課題である。古川自身が審判をし，アメリカから講師を招聘し，若手の育成に努めたことも他の競技団体と異なる点であろう。

ある卒業論文より

　フットボールとテレビ放送に関する卒業研究から，興味深いデータを紹介する。「野球やサッカーに比べ，知名度やルール理解度が低いフットボールがなぜテレビで多く放送されているのか」ということに関心を抱いたある学生が，大学スポーツに限定して，関西でどれだけのテレビ放送が行われたかを調査した。

　調査方法は新聞紙面の内容分析である。調査対象は，『朝日新聞』（大阪版）のテレビ欄に掲載されたNHK総合，NHK教育，毎日テレビ，ABCテレビ，関西テレビ，読売テレビ，テレビ大阪，サンテレビ，京都テレビ，NHK衛星第1，NHK衛星第2である。対象とする期間は，スポーツが盛んな9月から翌年1月の5ヵ月間とし，1995年と2005年を選んだ。ただし社会人対大学生の試合は対象とせず大学生対大学生の試合のみを対象とした。また大学スポーツの試合だけでなく試合の特集も対象とした。

　表8-4から次の知見が得られた。第一にフットボールは，野球やサッカーに比べてテレビ放送が多いことが分かる。しかし，フットボールよりさらに多く放送されているのが，ラグビーである。第二は，2005年が1995年と比べ放送件数が全体を通して半分以下に減っていることである。

　ラグビーは1970～1980年代のラグビー，サッカー，フットボールに人気が出たときにNHKがラグビーに力を入れたことによる。実際2005年は10件中9件，1995年は26件中8件をNHKが放送している。

　また，野球だけが2005年に放送件数が増えたが，3件中2件がU局の京都テレビであり，地元の大学同士の試合を放送している。

　さて大学スポーツに限定すると興味深い傾向が見られる。つまり野球は，新聞社の後援もあるプロ野球と高校野球が大きく取り上げられ，大学野球はあまり注目されていない。サッカーも同様に1993年のJリーグ発足以来，サッカー少年は高校卒業後プロへ行き，あるいは各Jリーグチームのユースを経てプロへ行くのが大半である。したがって野球，サッカーとも大学レベルにおいては，前述した「人気」(popularity)と「可視性」(visibility)において，いわば「空白」のゾーンとなっているのではないか。

　さらに季節的な「空白」もフットボールにとっては追い風となっている。す

なわち、大学フットボールの「本番」である秋のリーグ戦は9月から始まり11月に佳境を迎えるが、この11月前後という時期はプロ野球が終了しテレビ局にとってコンテンツが不足しているという見方もある。

受信料を取っているNHKを除いては、テレビ局にとって「視聴率」が命である。フットボールの場合は生中継が少なく深夜の放送が多いが、協会運営を長く担当した古川によると、視聴率だけではなく「各局の担当者のフットボールに対する熱意や思い入れによりテレビ放送件数が変わってくる」という。

表8-4 関西の大学スポーツのテレビ放映件数

種 目	1995年	2005年
ラグビー	26(8)	10(9)
アメフト	12(1)	5(0)
駅 伝	7(0)	5(0)
野 球	1(1)	3(1)
相 撲	1(1)	1(1)
サッカー	5(0)	
バスケ	3(0)	
柔 道	2(1)	
フェンシング	1(1)	
馬 術	1(1)	
ホッケー	1(1)	
合 計	60	24

注：（ ）内はNHKの件数
出所：濱崎かなえ卒業論文（2007年）

地域風土と地域メディアが育てたスポーツ

阪神間ではもともとスポーツへの一般の関心は高かった。春夏の高校野球が甲子園で行われ、阪急・阪神というプロ野球の球団があったことから、新聞やラジオといったメディアが地域の話題として常に取り上げていた。また、もともと経済的文化的にも恵まれたこの地域には近代的で新しいものを求めるという風土があった。小林一三が1934（昭和9）年に宝塚で阪急職業野球団（のちの阪急ブレーブス）を立ち上げ、スポーツにふさわしい温暖な気候とインテリ層の存在も大学スポーツの発展の背景にあると言われる。

この地域の中心に位置した関学では戦前からサッカーが強く、戦後はフットボールが看板となった。静かではあるが、大学スポーツとして地域に浸透し選手やファンが育っていった。1970（昭和45）年に創刊されたフットボールの専門誌『タッチダウン』の編集長、松本直人はこの「地域風土」を次のように分析する。

「関西の大学フットボールの人気を支える風土は西宮市周辺の市民によって支えられた。西宮スタジアムは関学フットボールにとってはまさにフランチャイズで，関西全域に分布した大学チームが西宮までやってきて，関学が勝ち続けたことも地元人気に直結したでしょうし，まれに関学が敗れた時には大きな話題となってメディアを賑わす構造になった」つまり「文化」としてのフットボールが西宮を中心に関西に根づいていたのである。

また，体育が専門ではない大学教員の武田がコーチした関学が常勝日大を倒したので，関西の新聞は彼に注目し，また専門分野の福祉や臨床心理学の面で河合隼雄とよくテレビで対談したり，新聞雑誌でも取り上げられていた。テレビで見た顔がグランドにいるのを見ることができるという魅力はテレビの影響力の大きさを示している。武田建，西澤暲，古川明という3人の「宣教師」がキリスト教の布教のように，フットボールを知らない地域の人々にこのスポーツを紹介し広めるために，それぞれの持ち味を発揮し役割を果たした。そしてテレビや新聞など地域のメディアがそれをサポートした。

このようにして，関西という適度な経済規模と人口，大学，スポーツ文化を支える人々のいる地域において，全国系列化の厳しいテレビ市場の中での独立U局の努力がくみ合わされて，大学フットボールは独自の発展を遂げたのである。

5　メディア環境の変化とスポーツ

「地域メディア」であるサンテレビの「カレッジフットボール」の放送が西澤暲アナウンサーと解説者武田建のコンビにより10年も続いたことや，古川明をはじめとする協会の営業努力等により「地域スポーツ」となった関西学生フットボールを事例として取り上げた。最後に「地域メディアと地域スポーツの将来」を展望してまとめに代えたい。

メディアとスポーツは，お互いに「もちつもたれつ」の「共生関係」であることを述べたが，その典型例はアメリカの小さな町に見られる。アメリカには *USA Today* 等の例外を除いて「全国紙」はなく，基本的に新聞はすべてが「地元紙」である。日本の「主要紙」が毎朝読産という「全国紙」であること

と対照的である。アメリカでは小さな町にも少なくとも高校のフットボールがあり，地元の新聞や放送局が大きく取り上げる。そのような「地元」を中心としたメディアとスポーツの「共生関係」が「草の根」のように全米に広がっている。昨年（2011）で第66回を迎えた甲子園ボウルも，その長い歴史を毎日新聞社が支えてきた。最近でこそ多くの観客が入るこのイベントも，近年を除く長い赤字の時代に同社が忍耐強く支援してきたことは忘れてはならない。

　関西メディアと関西学生フットボールと「共生関係」も，すべてが成功例であるとは言えない。「カレッジフットボール」が放送中止に追い込まれたのはスポンサーがつかなくなったことによるという現実にも目を向けなければならない。視聴率も含め「スポンサー・メリット」がなくなればスポンサーが降りるという厳しいビジネスの世界がある。1990年前後の「バブル景気の崩壊」，そして2008年の「リーマンショック」等，景気の変動により「メディアとスポーツの共生関係」は時には大きく影響を受ける。アメリカ連邦議会は新聞産業を「絶滅危惧種(きぐ)」と呼んで支援策の検討を始めた（朝日新聞，2009年06月26日朝刊）。またCM収入が大幅に減少し日本の民放テレビの経営が曲がり角を迎えているとも言われている。（朝日新聞，2009年11月6日朝刊）。競技団体側でも経営不振により，多くの企業チームが廃部に追い込まれている。

　では「金の切れ目が縁の切れ目」かというと必ずしもそうではない。「メディア」をとりまく状況が変わってきている。テクノロジーの進歩により，スポーツの放送が，かつて多大の資金を有し巨大な組織体であるテレビ局の専有物であった時代から，競技団体やチームが，極端な場合には個人でも，独自で映像を制作しファンに流せる時代に移行しつつある。YouTubeがその典型である。歴史的にはアメリカプロフットボールのリーグであるNFLが所有し運営しているNFL Networkが本格的なものであり2003年に設立された。これは従来型のテレビ放送であるが，さらに進んで2007年には四大プロスポーツのNFL（フットボール），MLB（野球），NBA（バスケットボール），NHL（アイスホッケー）がインターネットで視聴可能になっている。日本でも，これらアメリカのプロスポーツほど洗練されていない状態ではあるが，野球，フットボール，バレーボール，バスケットボール，陸上競技等でインターネットを通じた動画配信が始まっている。すなわち「電波の届く範囲」で「放送時間」が限られた

状態から,「時間」「空間」という壁を越えて「いつでも」「どこでも」「だれにでも」映像の視聴が可能な状況へと変わりつつある。

メディアとスポーツのこれまでの濃密な「共生関係」がこのまま続くのか,あるいは何らかの変化が起きるのか予断を許さない状況になっている。

■ 注

（1） 西澤暲は1934（昭和9）年神戸に生まれる。長年サンテレビで阪神タイガースの放送を担当。1973（昭和48）年にスタートした「カレッジフットボール・イン・U.S.A.」のアナウンサー。最後はスポンサーがつかなくなり,シーズン途中の1986（昭和61）年9月19日の放送で打ち切ったという。

（2） 武田建は1932（昭和7）年東京に生まれる。学生時代は関学のQBとして活躍。その後ミシガン州立大学でカウンセリングのPh.D.（博士号）を取得。1966（昭和41）年に帰国後,関学のヘッドコーチとして「パスの関学」の黄金時代を築いた。本業は関学社会学部教授,関学の学長,理事長,関西福祉科学大学教授を歴任。

（3） 古川明（ふるかわ・あきら）は1931（昭和6）年兵庫県で生まれる。関西学院大学卒業後フットボールのコーチングと広告論を研究するためアメリカのデンバー大学へ留学。コーチや会社勤務を経て,1969（昭和44）年関西アメリカンフットボール協会専務理事（1993年まで）。関西アメリカンフットボール協会理事長,日本アメリカンフットボール協会理事長を経て,2004年日本アメリカンフットボール殿堂入り。

■ 参考文献

産経新聞大阪本社運動部『関学・京大・立命 アメフト三国志』産経新聞出版,2006年

サンテレビ（ホームページ）http://www.sun-tv.co.jp/company/index.html（2010.2.9.アクセス）

新村佳史『The Western Conference——関西アメリカンフットボール史』関西アメリカンフットボール協会,2003年

西澤暲（インタビュー）2006年4月13日 西宮市にて筆者が実施。

濱崎かなえ「大学スポーツとテレビ放送——関西学生アメリカンフットボールの事例から」（卒業論文）京都女子大学現代社会学部,2007年

東元春夫「スポーツと健康とレジャー——スポーツの社会学」中野秀一郎編『ソシオロジー事始め（新版）』有斐閣,1996年

東元春夫「アメリカンフットボール」『ブリタニカ国際大百科事典 大項目事典』オンライン版 ブリタニカ・ジャパン株式会社, 2009年

Coakley, Jay. *Sport in Society: Issues and Controversies*. 7th Ed. New York, NY: McGraw-Hill, 2001.

Eitzen, D. Stanley, and Sage, George H. *Sociology of North American Sport*. 8th Ed., Boulder, CO: Paradigm, 2009.

第9章

伝統スポーツとメディア

リー・トンプソン

1　創造された伝統スポーツ

　本書で取り上げられているほとんどのスポーツはおそらく近代に西洋，特に英米で発達したスポーツであろう。本章ではそういう近代スポーツとは違って，古来同じような形で続いていると思われがちな「伝統スポーツ」，日本の国技とされる大相撲を取り上げたい。そこでまず指摘しておかなければならないのは，大相撲は決して昔から今のような様式で行われてきたわけではない，ということである。大相撲は近代スポーツ特有の競技性と成績による評価を強化しながら「伝統スポーツ」に仕立てられたと言える。このことについては他で述べている（トンプソン，1990；Thompson, 1998; Guttmann and Thompson, 2001）のでそれに譲りたいが，ここでは大相撲の発展とメディアの役割をもう少し詳しくたどりたい。というのは，本書の他の章で明らかになっているように，私たちが慣れ親しんでいる近代スポーツはメディアと密接な関係にあるが，大相撲もそれに負けない，いや場合によって野球やサッカーよりも早くからメディアからの影響を受けているとも言える。伝統的と思われている大相撲はまさにメディアスポーツの最前線にある。

2　近代以前の相撲とメディア

　大相撲とメディアの関係はなにも明治に始まったわけではない。現在は競技場で観戦したことがなくてもテレビや新聞のメディアで選手のことを知ることができるが，そのような現象が江戸時代にも起きていた。特に後半において，

第Ⅱ部　メディアスポーツの動向

図9-1　錦絵に描かれた相撲の様子
版画は昔の大相撲の様子を現在に伝える。土俵，土俵の上の屋根，力士の回しや髷，行司の服装，会場など，現在との相違が分かる。
江都勧進大相撲浮絵之図　谷風・小野川取組　天明8（1778）年の取組
勝川春章画　鶴屋喜右衛門版　全判一枚

　相撲や相撲取が錦絵の格好の主題となっていた。印刷メディアの特徴は空間と時間の制限を超えるコミュニケーションであるが，錦絵は同時代の人にとって大相撲を直接に観戦しなくてもそれを知る手段となっていた。そして後世に生きる私たちに土俵の発達や力士と行司の出立ち，会場の様子など当時の相撲のあり方を伝えている（図9-1）。
　同じ木版の技術で作られた番付もメディアのはしりであり，各場所の直接的な宣伝としての役割を果たしていたが，後世の私たちにとっては力士名や統括組織などを知る手がかりである。

3　新聞と大相撲

▍優 勝 制 度

　しかし今で考えるメディアと相撲の関係は早期のマスメディアである新聞から始まったといってもよい。一般読者を相手とする新聞が明治の初期から発行

第9章 伝統スポーツとメディア

されたが，当初からでも相撲は相当報道されていた。

　新聞に取り上げられることが場所の宣伝効果になるが，新聞の報道は大相撲にもっと根本的な変化をもたらした。現在ではメディア，主にテレビの影響で多くのスポーツ種目が変容させられていると，批判を込めて指摘される。よく事例に出されるのは，選手を見分けやすくするためのカラー柔道着の導入や，バレーボールの試合を放送の時間枠に収めるために導入されたサーブ権ポイント制からラリーポイント制への移行などである。しかし私たちが大相撲を楽しむ重要な要素が新聞の影響で100年前に取り入れられたという事実はあまり広く知られていない。新聞の報道がきっかけで取り入れられたのは優勝制度である。

　現在の大相撲に優勝制度は欠かせない。年6回の本場所は優勝者を決める目的で展開される。優勝は観客の大きな関心ごとでもある。新聞やテレビの報道も，優勝を中心に行われる。記事やスポーツニュースはその日の取組みを報道する際，だいたい優勝争いにかかわる取り組みが取り上げられる。

　ところがこの優勝制度は，江戸時代ばかりではなく明治時代の終盤まで大相撲になかったのである。

　と聞くと，100年前に優勝制度が導入されるまで観客は大相撲に何を求めていたのか，ということが疑問になるが，ここではその興味深い問題を追求できない。ここで追求しなければならないのは，優勝制度導入における新聞の役割である。

　結論から言うと，優勝制度は新聞社が販売部数を上げるために場所に対する関心を高めようとした報道様式の結果である。優勝制度があれば，誰が優勝するかという関心が生まれる。そして場所中，誰が優勝争いにかかわっているかを知るのに，新聞を見なければならない。その優勝制度は新聞社が作って，力士を表彰したわけである。

　定期的に幕内優勝者を表彰し始めたのは1909（明治42）年からの時事新報社であったということは，多くの相撲の歴史本に書いてある。しかし新聞社が成績により力士を表彰する試みはそれよりももっと前から行われていた。たとえば1889（明治22）年1月30日の『読売新聞』はこのように伝えている。

銀杯頂戴　［略］小錦は九日間とも勝ち通した褒美として（但し時事新報社より）銀杯を贈りし由なるが猶二段目では響升大碇も（但し十日目は此二人が取組なり下引分に付双方勝の部に算入せり）全勝につき是また銀杯の恩賜を忝けな［？］したるよし

　この記事からいろいろなことが読み取れる。まず，優勝制度の起源とされる1909（明治42）年より少なくても20年も前に，新聞社は場所を通しての優秀な成績を表彰していた，ということである。しかしこれは個人優勝者ではない。なぜかと言うと，二人の力士が同点で表彰されることもあったからだ。表象されたのは「勝ち通し」であった。他には「土付かず」，「全勝」，「勝ち放し」などと表現されたが，個人優勝とは違って，全勝がいなければ該当者がいなかったわけである。

　ところが「勝ち通しの褒美として」銀杯を贈られた小錦は，全取組で勝利したわけではない。成績は7勝1引分1預りであった。ここでは引分と預りについて解説しないが，この「半星」の存在によって同成績が可能であった。上記の記事にも十日目の千秋楽に引き分けたことによって二人の力士が「全勝」とされ銀杯を頂戴する。「全勝」「勝ち通し」「土付かず」の成績は必ずしも同じではなく，一人だけの力士が表象されたわけではない。

　そのあと，表彰する新聞社側から表彰対象を一人だけに絞る試みが現れる。たとえば，1900（明治33）年1月場所に大阪毎日新聞は幕内での全勝力士に化粧回しを贈呈することにした。全勝力士がいなければ，勝星がもっとも多い力士に送るとした。受賞の条件について場所前に次のように発表している。

　　一．東西幕の内の全勝者に限り五百円を値する化粧回一具（別図参照）を与う
　　一．全勝者なきは勝星の最も多きものに与う．但し全勝者二名以上若しくは勝星同点者ある場合には己より地位高き敵手［あいて］を倒したるものに与うべし（『大阪毎日新聞』，1900年1月9日）．

　上の二つ目の基準は受賞者を一人の力士に絞る効果を持つ。これの基準は事

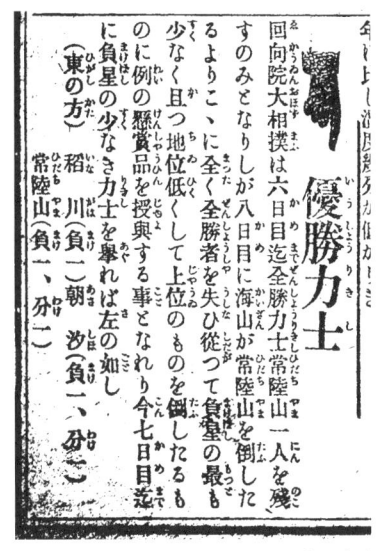

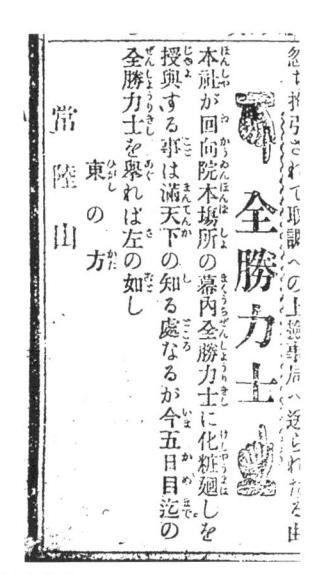

図9-2 全勝力士から優勝力士へ
右：『大阪毎日新聞』が「全勝力士」を表彰することを紙上で宣伝し、場所中全勝力士の名前を載せた（図は5日目）。（『大阪毎日新聞』1900（明治33）年1月19日、5頁）
左：7日目で全勝がなくなったので、「負け星の最も少なく且つ地位低くして上位のものを倒したるものに例の懸賞品を授与する事となれり今7日目迄に負星の少なき力士を挙げれば左の如し」と書いて、3人の名前をあげた。その見出しは「優勝力士」と、それまでの「全勝」から「優勝」へと変わった。『大阪毎日新聞』1900（明治33）年1月21日、5頁。

実上、個人優勝者を特定するものである。

　場所の5日目まで第5面の最下段に「全勝力士」があげられているが、7日目に全勝がなくなるとその欄の見出しが「優勝力士」に変わり、次のような説明文が載る（**図9-2**）。

　　回向院大相撲は三日目迄全勝力士常陸山一人を残すのみとなりしが八日目〔ママ：実際は7日目〕に海山が常陸山を倒したるよりここに全く全勝者を失ひ従って負星の最も少なく且つ地位低くして上位のものを倒したるものに例の懸賞品を授与する事となれり七日目迄に負星の少なき力士を挙げれば左の如し（『大阪毎日新聞』、1900年1月21日）。

　表彰の対象は「全勝」から「優勝」に変わったわけである。かといって化粧

回しは前頭4枚目で8勝1敗の稲川に送られたが，伝える記事は「大阪毎日新聞社懸賞の化粧廻しは当場所第一の成績とあって稲川に下さる」と書いて，「優勝」という字が出てこない（同28日）。

面白いことに，場所前の説明では表彰の対象は「勝星の最も多きもの」であったのに対して，21日の記事ではそれが「負星の最も少なき」ものに変わっている。「引分」や「預り」のような半星があった時代だから勝ち星がもっとも多い力士は必ずしも負星が最も少ないわけではない。優勝者を特定するための制度見直しはじつは戦後まで続いた。

当時は大阪に東京と違う別の大相撲の団体があり，同年6月に大阪で行われた場所の力士にも大阪毎日新聞社は同じ条件で化粧回しを贈ることにした。8勝1引分1預の若島に化粧回しが贈呈され，「当場所第一の好成績なる優勝者」と描写された（同6月14日）。現在の感覚からするとかなり説明的な表現である。

このように新聞社などが「第一の好成績」の一人の力士を表彰するようになった。そして上にも書いたようにそれが新聞社の販売促進のために行われていた。津金澤聡広によると，

> 1900（明治33）年1月から6月にかけ，まず回向院本場所での化粧回し受領力士の予想投票をはじめ，素人義太夫投票，謡曲投票，俳優人気投票などをつぎつぎと企画した。これらは，いずれも新聞に投票用紙を刷りこみ，その投票獲得競争によって販売部数を伸ばし，固定読者も得ようとするものだった（津金澤，1996，219頁）。

▌星取り表

「当場所第一の好成績」を表彰するなら，誰が第一の成績をあげているかを伝える必要がある。読者にその日までの成績を一目で伝えるのは星取り表である。管見によれば，新聞に載った最初の星取り表は1884（明治17）年2月28日の時事新報である。次はその星取り表の説明文である。（ただし「勝負合評」と呼んでいる）。

> 当日の勝負は別に記載せず初日より十日間幕の内丈けの勝負合表を左に掲

載しぬ表中●符は主の勝にて○符は客の勝又たアは預り［？］は無勝負の符とす（『時事新報』，1884年2月28日）。

当日の取組みの結果を別に載せる代わりにこの「勝負合表」を掲載する，と書いてある。当時の場所は10日間であったので，この「勝負合表」は場所全体をまとめる役割を果たしている。そして面白いことに○と●は現在とは違う役割を持っている。つまり，星取り表は力士の名前の横に日ごとの対戦相手の名前を羅列し，それぞれの対戦相手の名前の上にその対戦の結果を示す印がついているが，現在の星取り表では○は欄の「主」の勝を示すに対して，1884（明治17）年の星取り表ではそれが対戦相手（客）の勝利を示すわけである。

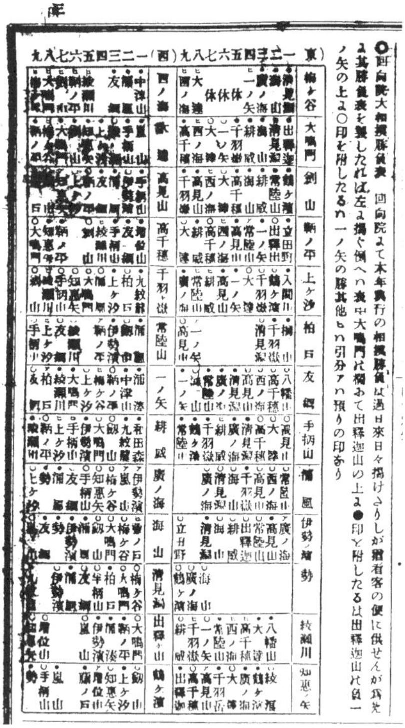

○回向院大相撲勝負表　回向院にて本年興行の相撲勝負は過日来日々掲げたりしが猶看客の便に供せんが為めに其勝負表を製したれば左に掲ぐ例へに表中大鳴門の欄にて出釈迦山の上に●印を附したるは出釈迦山の負一ノ矢の上に○印を附したるは一ノ矢の勝其他ヒは引分アは預りの印なり

図9-3　星取り表

新聞に初めて掲載された本場所の星取り表。「勝負表」と呼ばれ，白星と黒星の付け方が現在と逆になっている。「回向院大相撲勝負表　回向院にて本年興行の相撲勝負は過日来日々掲げたりしが猶看客の便に供せんが為めに其勝負表を製したれば左に掲ぐ例へに表中大鳴門の欄にて出釈迦山の上に●印を附したるは出釈迦山の負一ノ矢の上に○印を附したるは一ノ矢の勝其他ヒは引分アは預りの印なり」。（『時事新報』，1885（明治18）年2月2日，5頁。）

1884（明治17）年の星取り表は「臨時大相撲」の千秋楽に『時事新報』に載ったが，同年5月に開催された本場所の際に星取り表が載らなかった。本場所の最初の星取り表は1885（明治18）年の初場所で，2月2日の『時事新報』であった（**図9-3**）。そしてこの新しい試みを読者に紹介する次の文章が載った。

回向院大相撲勝負表　回向院にて本年興行の相撲勝負は過日来日々掲げたりしが猶看客の便に供せんが為めに其勝負表を製したれば左に掲ぐ例へに表

中大鳴門の欄にて出釈迦山の上に●印を附したるは出釈迦山の負一ノ矢の上に○印を附したるは一ノ矢の勝其他ヒは引分アは預りの印なり（『時事新報』，1885年2月2日）

つまり毎日の結果は日々新聞に載せているが，観客の便に供するために勝負表（星取り表）を作った，と書いてある。観客の便とは何であろう。星取り表は，場所全体を通じての成績を一目で分かるように示すものである。その場所全体を通じての成績に対する意識というものが個人優勝制度の基になる（この星取り表における○と●も，1884（明治17）年のものと同じように，現在とは反対の使い方である）。

この1885（明治18）年初場所から時事新報に千秋楽の星取り表がだいたい掲載されるようになる。そして東京の他の主な新聞（東京日日，東京絵入，読売）は1886（明治19）年の1月から星取り表を載せるようになった（大相撲の人気によって載らないこともある）。

しかし上にも触れたように，当時は千秋楽の翌日に星取り表が載るだけであった。この千秋楽の星取り表は場所全体の各力士の成績をまとめ，場所を通じての成績を意識するきっかけになったと言える。そして上でも見たように，それに関連して1880年代の後半から場所を通じての成績が表彰されるようになった。そうなると，今度は場所の途中からも，その日までの成績を知りたくなるのは自然なことであろう。

場所の途中から新聞に星取り表が載るのは，管見によれば1900（明治33）年5月18日の時事新報が最初であった。東京で行われた場所の3日目であった（上に触れた6月に行われた大阪相撲と違う場所である）。

この18日の星取り表は「五月大相撲點取」というタイトルがついている。説明文がないが，『萬朝報』という新聞が早速同月7日目からも星取り表を載せ，次の説明文を載せた。

　　今までの成績　七日目までの所にて重たる力士の成績は，日々当紙に記せし勝負附けにて明らかなれど，一纏めに記して比較すれば，西の荒岩が東西総体の第一等，常陸山が第二等，梅の谷，大包，鳳凰等之に次ぐ，其詳細は

左の如し

明らかに今でいう優勝候補者を意識して星取り表が導入された。場所の途中からの星取り表は優勝者の特定とセットになっている。津金澤らが指摘したように，優勝制度は新聞社が販売部数を増やす為に導入されたものであり，星取り表はその関心を煽りながら満たすために掲載された。約2年後に読売新聞や東京日日新聞も場所の途中から星取り表を載せるようになった。

三賞制度

力士の表彰といえば優勝の他に三賞がある。三賞とは殊勲賞，敢闘賞，技能賞である。成績によって関脇以下の力士が受賞する。殊勲賞は横綱や大関を倒した力士に授与される。敢闘賞は敢闘精神を見せた力士に与えられるが，それは二桁の好成績等によって判断される。技能賞は文字通り技がさえた力士に授与される。

三賞制度の導入にも新聞社が中心的な役割を果たした。終戦後の1946（昭和21）年11場所の入場者数が少なく，相撲協会の幹部が報道関係者とその対策を相談した。そこで出てきた提案は「系統別総当たり制」と「優勝決定戦」の導入と「三賞制度」の設定であった。前者の二つは優勝制度を引き締めるための措置であった。いずれも翌年の1947（昭和22）年から制定された。三賞は報道関係者と相撲協会の審判委員の投票で受賞者が決まる。『昭和の大相撲』によると「三賞制度は優勝争いの興味のほかに，もうひとつ新しい興味を加えることになり，ファンは満足した」そうである（『昭和の大相撲』刊行委員会，1989，115頁）。

新聞社の表彰が発端であった優勝制度は今や協会が運営しているが，戦後にできた三賞制度には報道機関が未だにかかわっている。

4 ラジオ

入場者数

入場料をとる競技団体であっても，新聞で報道されることを拒否する団体は

ないだろう。なぜかというと，新聞による報道は必然的に試合終了後，多くの場合は翌日に出るからである。つまり宣伝になるとしても，入場者数を減らす心配はない。明日，新聞で結果が読めるから見に行かなくても良い，と思う観客はないだろう。

しかし生放送は事情が明らかに違う。同時に放送され結果を知ることができるから，入場料を収入の当てにする競技団体は客足への影響が気になる。テレビ放送の始まりで試合の生放送が真剣な問題になったが，最初の放送メディアはラジオであった。この問題への対策はスポーツと時代によって違う。大相撲の場合はどうだったか。

日本でラジオの放送が始まったのは1925（大正14）年であった。大相撲の最初の放送は1928（昭和3）年1月であったので，かなり早くから放送が始まったということになる。大相撲より早く放送されたのは甲子園野球と水泳ぐらいで（橋本，1992，20，35頁），陸上，テニス，ラグビー，ボート，ボクシング，サッカー，スキー，競馬などはそれに続いた（橋本，1992，37頁）。大相撲とメディアの密接な関係を裏づけるものである。

当時，相撲協会の中には興行の生放送に対して懐疑的な意見があった。やはり茶の間でくつろぎながらただで取組みの展開を聞くことができるなら，国技館にまでわざわざ足を運び入場料を払う人がいるのかと。

しかしふたを開けてみると，心配無用であった。やはり放送は宣伝になり，大勢のファンが国技館に押し掛けたそうである。「ラジオの急速の普及とともに，相撲は家庭の中にまで浸透し，大衆に理解と興味を喚起する効果が出たのは間違いない」（『昭和の大相撲』刊行委員会，1989，24頁）。

そうして大相撲のラジオ放送が定着していった。1930年代，1940年代になると，軍部とのつながりもあって，国民の士気をあげると考えられ，他のスポーツが取り締まられるなかで相撲の興行とそのラジオ放送は1944（昭和19）年まで続いた。橋本によると1944年に5つのスポーツイベントしか放送されなかったが，その内の3つは大相撲場所の放送であった（橋本，1992，161-2頁）。

戦争の終年となる1945（昭和20）年に1回だけ，6月に場所が開かれたが，かなり変則的な場所であった。参加した力士は十両以上，非公開であったので観客はほとんどいなかった。国内向きのラジオ放送もなかった。しかし，海外

向きの放送は行われた。海外向きの放送は海外の戦場で闘っている日本兵と敵兵に対して，国内の安定を伝える（装う？）プロパガンダ放送であった。（『昭和の大相撲』刊行委員会，1989, 99頁：橋本，1992, 164-5頁）。

仕切りの制限

　ところがラジオは客足に対するそれより遥かに深刻な影響を大相撲に残した。力士にとっても観客にとっても相撲の体験を大きく変えたものである。それは，仕切りに制限時間を設けたことである。

　相撲を見たことがある人は誰もがわかるが，力士が土俵の上に呼び出されてからすぐ立ち合いになるわけではない。塵を切ったり四股を踏んだりした後，仕切りに入る。仕切りを何回か繰り返してからようやく立ち上がるが，立つタイミングは今や決められている。幕内では土俵に呼び上げられてから4分で立つことになっている。土俵の下に座っている5人の勝負審判員のうちの1人（テレビで見ていると行司の左後ろに座っている方）が時計係であり，時間になると右手を上げて知らせる。その次の仕切りは「待った無し」となり，立たなければならない。

　ラジオ中継開始以前は，力士が仕切る時間に制限がなかった。本当に「息が合う」まで仕切りを繰り返した。仕切りが長いことで有名な力士もいた。明治初期の力士，両国梶之助もそうであり，78回も仕切ったことがあると言われている（和歌森，1963, 73頁）。198センチで202キロの大型力士の出羽ヶ嶽文次郎も立ち合いが苦手で仕切りに20〜30分をかけるのが当たり前で，1923（大正12）年夏場所の3日目は仕切りになんと52分を費やした（大山，1986, 58頁）。

　ところが放送には枠があり，次の番組に切り替えなければならない時刻がある。放送局として番組の時間内に取組みを終わらせたいが，力士が好き勝手に仕切りを繰り返しているのではいつ打ち出しになるか分からない。

　こうして一日の取組みをラジオ番組の放送枠におさめる目的で1928（昭和3）年に仕切りの制限時間が設けられた。当初は10分であったが，徐々に現在の4分に短縮された。

　いうまでもなくこれは当時の力士にとって不慣れなことであった。それまでは自分の気持ちで立つことができたのに，今や外部からの拘束ができた。最初

の日は慣れなくて、早く立たなくちゃと思った力士は勝手がつかめなくて、3，4回だけの仕切りですぐ立ったので、一日の取組みが早く終わってしまったようである。それで結びの一番しか放送されなかったそうである。そのために2日目から放送開始時間を早めた（橋本，1992，36頁）。

そして力士が慣れてくると反対の傾向が出て、時間いっぱいになってもなかなか立たないこともあった。時間オーバーの取組みが続くと最後の取組みが放送の終わりに間に合わない。最後の取組みは番付の上位、大関や横綱の取組みであるから、放送されないとファンは不満を持つ。その不満を表現する川柳も流行った：「ラジオでは相撲を取らぬ常の花」。（小坂，1984，80頁。常ノ花寛一は第31代横綱，1924-1930在位）。

仕切りの制限はしかし大相撲の観戦体験にも大きな変化をもたらしたに違いない。制限時間が設けられる前に、観客はいつ立ち会いになるかは分からない。仕切りごとに立つ可能性があり、その可能性が仕切りに緊張感をもたらしたはずである。土俵から目をそらせば立ち会いを見逃してしまうかもしれない。

現在では制限時間前に立つことはほとんどないからどの仕切りで立つかはほぼ決まっている。制限時間前の仕切りで立てないような姿勢で仕切る力士もいる。制限時間前の仕切りには緊張感が低い。もちろん二人の様子を観察する等、仕切りを見るには他の楽しみもあるが、立ち会いを見逃す心配はあまりない。制限時間いっぱいになったことは勝負審判、呼び出し、そして力士本人の動きから分かる。呼び出しが力士にタオルを差し出し、力士はそれで顔や胸を拭く。その仕草に気づくファンから拍手喝采が起こる。会場で観戦していても自宅でテレビを見ていても、土俵に集中していなくても客席のこの反応から立ち会いが近くなったことが分かり、そこで土俵に目をやれば立ち会いを見ることができる。

バレーボールにラリーポイント制が導入されたのは1999年であった。その目的は大相撲の仕切りに制限時間が設けられた目的と同じである。サーブ権のあるチームしか得点できないサイドアウト制では、試合時間を特定することができなく、テレビで放送しにくい。同じ理由で、しかもバレーボールよりも70年も早く、ラジオの放送に収めるために大相撲の制限時間が設けられた。

ラリーポイント制の導入がバレーボールの見る体験を変えた。サーブ権のあ

るチームしか得点できないサイドアウト制に慣れていた昔からのファンにとって，サーブが受けるチームも得点できるラリーポイント制には違和感があるだろう。

制限時間の導入は同じような決定的な変化を大相撲の見る体験にもたらしたと言えよう。

5　テ レ ビ

▌初期からの人気

日本でテレビ放送が開始されたのは1953（昭和28）年である。最初の大相撲放送は同じ1953年1月場所で，NHKが本放送を始める前の試験放送であった。本放送は5月場所から始まった。日本テレビも秋場所から放送を開始して，民放とNHKが争って大相撲を放送していた（『昭和の大相撲』刊行委員会，1989，143頁）。それは，視聴者から高い需要があったからである。NHK放送文化研究所が1953年8月に行われた調査によると，相撲の放送を「見たい」と答えたのは全視聴者の56.9％で，劇映画，レスリング，ニュースに次いで4番目に高い嗜好率であった（「テレビジョン視聴者はどのような番組を好むか」，1954，18-21頁）。また1961（昭和36）年7月に同様な調査が行われて，相撲はやはり4位で，71.6％は「見たい」と答えている。ニュース，天気予報，家庭劇・ホームドラマに次ぐ嗜好率であった（「どのようなテレビ番組が好まれているか──テレビ放送種目の嗜好調査結果」，1962，6頁）。

▌放映権料

新しく放送を開始する放送局も大相撲中継に参加し，一時期に5局も放送していたが，1966（昭和41）年からNHK一局となった。その理由は，「相撲協会が放送権料の値上げを要求，民放側はこれを拒否して折り合いがつかなかった」とも言われる（『昭和の大相撲』刊行委員会，1989，239頁）。

なお，現在の放送権料に関しては，日本相撲協会の2008度事業報告書によると「NHKから収受する本場所の放送権料は，同年5月場所より1場所につき25百万円減額され，435百万円となった」そうである。ただし，大相撲ハイラ

イトの放送権料は別に定められており，その額は変わらなかった（財団法人日本相撲協会，2008，33-34頁）。

▎判定にビデオを参考

　テレビの出現は競技団体に他の難題をもつきつけた。それはテレビで放送される映像が誤審を暴露し，その裏づけの根拠を与えることである。特にテレビ特有の技術であるズーム，リプレー，スローモーションなどによって，一つのプレーに対して現場にいるレフェリーよりもよく見えることがある。現場の審判を検証することができるわけである。そして間違った判定は繰り返し放送されることがある。重要な試合であれば，強烈な批判が巻き起こる可能性がある。そのスポーツの正当性が疑われることさえある。

　このような問題は早くも大相撲の放送によっても引き起こされた。1969（昭和44）年3場所の2日目，大鵬対戸田戦。軍配は大鵬に上がったが，物言いがつき協議の結果行司の差し違いで戸田の勝ちとなった。しかしテレビでは戸田の足が先に出たことがちゃんと映っていた。翌日の朝刊にもその写真が載った。9日目の琴桜対海乃山戦もきわどい判定であった。琴桜の勝利となったが翌日の新聞に「テレビは海乃山有利」との見出しが載った（朝日新聞，1969年3月18日）。

　大鵬が負けて連勝が45で止まった。場所前に双葉山の69連勝を超えるかと話題になっていたので，誤審に対する不満が増した。その不満を前に相撲協会は9日目に，ビデオを参考にすることを検討すると発表した。そして次の5月場所で早速導入した。会場の別室にもう一人の審判員が，当時としては高価のVTRでNHKの放送を録画しておいて，物言いがついて土俵の審判長から相談があった場合に限って，ビデオを参考に審判長に意見を伝える，という新しいやり方が導入された。ビデオ係の意見はあたかも「参考」であり，最終決定は土俵の5人の審判がする。

　競技の判定にビデオを取り入れたのはおそらく世界でも大相撲が，最初の方であろう。プロテニスの一部の大会では1980（昭和55）年からラインの判定を「サイクロプス」というコンピュータシステムを利用していたが，ビデオではない。アメリカのプロスポーツではアメリカンフットボールが最初であるが，

それは大相撲よりなんと30年遅れて1999年からである。プロバスケットボールや大リーグは21世紀に入ってからである。サッカーでは未だにビデオが判定の参考に使われていない。

スポーツの判定にビデオを利用することに対してもちろん抵抗がある。競技を遅らせるというような，手続き的な理由もあるが，もっとも根本的な反対理由は，スポーツは人間の営みであり，人間にはミスがあっても悪意がなければ全員がしたがうべきだという，スポーツマンシップの精神であろう。

大相撲のビデオの導入に判定の正確さを上げる目的はあっただろうが，他の効果も認識されていたということは当時の記事からも読み取れる。カメラの位置などで正確に見分けることができないこともあると指摘した上で，次のようにいう。「テレビの視聴者と同じ画面を参考にするのだから，少なくとも視聴者が判定に疑問をもつことはこれまでよりも減るはず」（朝日新聞，1969年5月11日）。つまりビデオの導入は正確性を高めるほかに，説得力も増す。

「伝統的」な大相撲は，このようなテクノロジーの導入に関しては，比較対象によく引き合いに出される欧米の近代スポーツと比べて意外と先駆的である。

6 映 画

新聞，ラジオ，テレビは定期的に家庭に入ってくる主なマスメディアであるが，相撲は映画にも取り上げられているということを指摘しておくべきである。

1939（昭和14）年5月に相撲協会に映画撮影部が設立され，場所中毎日の好取組みの3，4番を「大相撲日報」として映画館で上映された（『昭和の大相撲』刊行委員会，1989，77頁）。

記録映画だけではなく娯楽映画に相撲が取り上げられることもしばしばである。1957年の『若ノ花物語・土俵の鬼』に現役の若ノ花本人が出演した。本木雅弘や竹中直人など主演の『シコふんじゃった』（1992）は第16回日本アカデミー賞最優秀作品賞を受賞した（題材はアマチュアの大学相撲ではあるが）。

第Ⅱ部　メディアスポーツの動向

図9-4　「本日の取組み」

日本相撲協会のウェブサイトから本場所の取組をリアルタイムで見ることができる。左上のウィンドーは取組のストリーミングである。その背後にあるのは今日の取組のページ。これもリアルタイムで勝ち負けと決まり手が更新され，リンクで力士の情報等見る事ができる。図は2009年夏場所（5月）千秋楽，筆者が滞在先のドイツで観戦した時に撮影したものである。

7　インターネット

▍相撲協会のホームページ

　大相撲はニューメディアのインターネットにも大きな存在を持つ。日本相撲協会は公式なウェブサイトを運営してる（http://www.sumo.or.jp）。そこで本場所の情報を流し，チケットの販売もしている。それだけではなく，財団法人の情報（寄付行為など）も公開し，国技館やその中の相撲博物館について案内し，勧進元を募集している。過去や現在の力士についての情報を提供し，歴代優勝者などの情報も与えている。

▍取組みのストリーミングと結果の速報

　しかし最も画期的なのは本場所のストリーミングであろう。日本相撲協会のウェブサイトで4時から6時まで取組みの映像を配信している。力士の顔はほとんど分別できないほど画面が小さいが，それでもちゃんと観戦できる。一見

してNHKが放送しているのと同じ映像と音声に見えるが、しばらく観ていると違うことに気づく。力士の名前や過去の対戦成績などのテロップがインターネット放送の映像にはない。そして、アナウンサーの声も流れていない。館内の放送と観客の歓声しか聞こえてこない。そして取組み後のスローモーションなどのリプレーやカメラのカットもない。つまり、正面の一台のカメラから撮った映像をワンカットでそのまま配信している。映像の変化といえばズーム、パン等のカメラの動きだけで仕切りを繰り返す力士を追い、そして取組みをとらえる。

　これでは少し情報が足りないので、やはり相撲協会のウェブサイトにある「本日の取組み」のページを見ると良い。そこにある取組みの一覧表は映像を補足する情報を与えてくれる（図9‐4）。このページはリアルタイムで更新され、館内で発表された数秒後に勝ち負けと決まり手が現れる。各力士の本場所の成績も載っている。

　ということは相撲協会はこの無料の映像配信のために、独自のカメラを設定し、そしてウェブサイトを更新する人を工面しているわけである。海外にいる相撲ファンはリアルタイムで相撲の放送を見ることができる。

▌各部屋のホームページ

　2010年3月現在、力士は52の部屋に所属しているが、その内の約30部屋はオフィシャルなホームページを持っている。それぞれのホームページでは所属力士やその他の人員を紹介し、本場所の成績や情報を提供し、新弟子を募集する。師匠の現役時代を詳しく紹介するホームページはあるし、お上さんが書いているページもある。一般のファンや後援会が運営しているホームページやブログもある。オフィシャルなブログに力士が書き込み、それに対してファンがコメントをするというように、交流の場にもなっている。

8　大相撲とメディア

　伝統スポーツと言われる大相撲ではあるが、やはり例に漏れることなく、本章で示したようにメディアとともに発展してきた。大相撲の現在の姿にメディ

アが決定的な影響を与えており，私たちにとってそれは大相撲の「自然」な姿である。これからもメディアとの関係において大相撲は「伝統」を提示しながら発展し続けるであろう。

▍参考文献

大山真人『文ちゃん伝　出羽ヶ嶽文次郎と斎藤茂吉の絆』河出書房新社，1986年

小坂秀二「『バランスの奇跡』のルール　立ち会いの徹底研究」『Yomiuri Special 古今大相撲事典　両国国技館開館記念号』読売新聞社，1984年

『昭和の大相撲』刊行委員会編『昭和の大相撲』TBSブリタニカ，1989年

財団法人日本相撲協会『平成20年度事業報告書』，2008年

津金澤聰廣，「大阪毎日新聞社の『事業活動』と地域生活・文化」津金澤聰廣『近代日本のメディア・イベント』同文舘，1996年

「テレビジョン視聴者はどのような番組を好むか」『NHK文研月報』1954年10月号

「どのようなテレビ番組が好まれているか──テレビ放送種目の嗜好調査結果」『NHK文研月報』1962年8月号

トンプソン，リー「スポーツ近代化論から見た相撲」亀山佳明編『スポーツの社会学』世界思想社，1990年

橋本一夫『日本スポーツ放送史』大修館書店，1992年

和歌森太郎『相撲今むかし』河出書房新社，1963年

Allen Guttmann and Lee Thompson, *Japanese Sports: A History*, University of Hawaii Press, 2001.

Lee Thompson, "The Invention of the Yokozuna and the Championship System, Or, Futahaguro's Revenge," Stephen Vlastos, ed., *Mirror of Modernity: Invented Traditions of Modern Japan*, University of California Press, 1998.

第Ⅲ部
メディアスポーツ実践論

第10章

スポーツ取材実践論

中小路　徹

1　誰も書かないことを書く

■ あるデスクのひとこと

　目から鱗が落ちるようなデスクの一言がある。1991年。入社まもない頃だった。私は東京本社スポーツ部で記者人生をスタートさせていた。新人がいきなり東京本社？　と思われるかもしれないが，当時，朝日新聞社にはスポーツ採用記者枠があり，1年目の修行はスポーツ部で始めることになっていた。同期の一般記者たちは全国の総局に散り散りになり，だいたい警察担当から始めていたが，スポーツ記者はまずスポーツ記事の基本からたたき込むという方針だったらしい（ちなみに当時のスポーツ採用記者は2，3年目を地方総局で過ごし，私も甲府総局に配属された。現在はスポーツ採用記者は無し）。

　何の取材だったかは忘れた。確かアマチュア系の競技だった。会社に戻り，原稿をデスクに出した。問題なく通りそうだったが，デスクが1点だけ，「触れなくていいのか？」と聞いてきた要素があった。

　デスクとは紙面作りの司令塔的な存在だ。一定の経験を積んだ40歳前後の記者が務める。基本的に社内にいて，役割は雑多だ。現場へ記者を配置する。どの記事をアタマ（トップ）に据え，どの記事をカタ（アタマの横）におくかなど，記事の扱いや分量を編集者と話し合う。企画連載なら，どんなテーマを追い，どんなくくりで記事を出していくかといった方針を記者たちと話し合って決める。それだけではない。記者の愚痴を聞く。文句を言われる……。

　デスクが尋ねてきたことは取材できていた。ただし，同じ現場から配信された時事通信社の記事で言及されておらず，正しい情報なのかどうか，取材歴数

カ月の身として自信がなかった。時事通信社の記事は、記者を現場に配置できない時に掲載したり、記録などの事実関係を照合したりするために配信を受けている。私も原稿を出す前に時事通信社の記事を見ていた。デスクが聞いてきた要素については、書くべきかもしれないと感じつつ、「時事も触れていないから、まあいいや」と思っていた。

「時事が書いていないので…」とモゴモゴ答えると、デスクは静かに私をぶった切った。「バカ。誰も書かないことを書くのが記者の仕事だ」。自信がないのなら再取材しろと命を受け、電話で事実関係を確認して数行を追加し、仕事は終わった。デスクは私を帰してくれなかった。最終版の締め切り前からビールを取り出し（当時は古き良き時代の香りが残っていた）、自らが現場時代にいかに他社と違うことを独自ダネで書いてきたかという武勇伝とともに、「他社が書いていることを書いて安心するとは、何のために記者になったのか」と私を叱り続けた。その酒は旨かった。

▍独自性あふれるスポーツ記事

　誰も書かないことを書く。これは取材の金科玉条である。「××容疑者、逮捕へ」「△△氏が監督就任へ」。他社に先駆けて報じる、いわゆる「特ダネ」は、ただ早いということではなく、他社が書いていないことを書いたから、価値がある。著名な考古学関係者が石器を遺跡に埋めていた発掘捏造を張り込み取材などで明らかにした毎日新聞の報道（2000年）のように、その記事が出なければ未来永劫、封印されたであろう事実を暴いた調査報道は、さらに価値が高い。独裁社会で命を賭して権力と闘う記者が尊敬されるのは、誰もが恐れおののいて書けないことを書くからである。

　スポーツ記事となると、独自性の範囲はさらに広がりが出る。試合分析や選手の人物ストーリーを書くときなど、記者個人の主観が色濃く出せるからだ。試合の記事に、誰も知らないインサイドストーリーやエピソードを交える。同じ観戦記事でも勝負のあやなど、他の記者が気づかない視点で書く。記事に盛り込まれた要素が他紙と同じでも、面白く読ませているというだけで、十二分に独自性と言える。抜群の筆力と独特の筆致でファンを獲得しているというのも、やはりその記者の魅力になる。スポーツは本来、人々が観戦するにしろ、

自らプレーするにしろ，余暇を楽しむ方策としてある。スポーツ記事もその延長上にあり，読者への「楽しませ方」は勝負の一つとなる。マスコミ嫌いの選手や監督から単独インタビューが取れる人間関係を持っている。選手が隠れてやっていた秘密練習を，ただ一人見ていた。誰も取材に行かないような現場に一つの狙いを持って通い続け，企画記事を紡ぐことができた。そういったことも，「特ダネ」の範疇に入れていいだろう。

　誰も書かないことを書く。それが取材の醍醐味である。では，スポーツ取材の現場では何をすべきか。私が守備範囲としてきたサッカーの現場を振り返りながら，それを整理してみよう。

2　まず見る

▎オシムの洗礼

　2003年からJリーグ・ジェフ千葉を率い，2006年夏から脳梗塞に倒れる2007年秋まで日本代表を率いたイビチャ・オシム監督は，味わい深い語録で有名だ。自分にも選手にも，そしてメディアにも厳しく，愚かな質問をする記者には，「あなたはどう思うのか」と不勉強をたしなめる。

　私もその洗礼を浴びた1人だ。2005年のナビスコカップで千葉が優勝を決めた後の記者会見だった。千葉はまだタイトルをとったことがなかったチームで，前日の練習後，オシム監督が「自分の責任の大きさに恐怖心を抱いている選手がいる」と語っていた。結果は千葉がガンバ大阪に0-0からのPK戦の末，勝った。私は「昨日言っていた恐怖心は，実際に選手たちのプレーに影響を与えていましたか？」と尋ねた。これが，オシム監督には引っ掛かったらしい。「あなたにはどう見えましたか？」と，逆質問を繰り出してきた。

　私の見立てでは，思い切ったプレーができた選手が4割，萎縮していた選手が6割だった。ただ，不意を突かれ，「さして，そうは見えませんでしたが…」と，瞬間的に答えてしまった。オシム監督は不機嫌そうだった。しばし間を置き，「恐れは責任感に対して持つものだ。そういうものは振る舞いやプレーとして表れる。見えるものだと思っている」とだけ話した。あれだけ選手たちが萎縮したのを，いつもジェフの試合を見ているおまえには分からなかったのか？

と言いたげだった。

　なぜか見立てをそのまま言えなかった自分が情けなかった。ただ，見立て通りに答えたとしても，オシム監督は「そう見えるなら，聞く必要がないではないか」と言っただろう。つまり，表に見えるようなくだらないことを聞くな，というのが不機嫌さの真意だったと思う。

▎現場百遍

　「現場百遍」という言葉がある。警察でよく使われ，事件解決に向けて現場に何度も足を運び，手がかりを探すことの大事さを説く言葉だ。サツ回り（警察担当記者）の心構えとしても言われるが，スポーツ取材でも現場に足を運ぶことが「基本のキ」であることには変わりない。

　まず試合を見る。どういうプレーがあったかに目をこらす。プレーの合間には，双眼鏡で選手の表情を伺う。監督はチームの出来に満足そうなのか不満げなのか，ベンチにも目をやる。すべてが試合後に「あの時は…」と取材する材料となる。

　1試合だけではダメだ。何度も行くことで，初めて濃厚な取材ができる。そのチームがどういうサッカーをやろうとしているのかが分かり，選手個々の特長が見えてくる。負けが混んでいても方向性は監督の狙い通りに行っているのかもしれない。逆に，勝っているけど歯車は噛み合っていないのかもしれない。Ｊリーグの各クラブには必ずコアなサポーターがいるが，その人たちが語るに価するものをたくさん持っているのは，一つのチームを長く継続して見ているからである。

　試合だけでなく，練習を見ることがさらに重要だ。監督がどんな方向性でチーム作りをしているのか，どこを修正しようとしているのか，一つひとつの練習から狙いを読み取り，あわよくば，監督が選手たちに何を言っているかを聞き取ってしまおうと，グラウンドの声に耳を澄ませる。練習を見続ければ選手の普段の状態も把握できる。

　2002年秋から2006年ワールドカップ・ドイツ大会までのジーコ監督時代，日本代表の練習取材は貴重な時間だった。ジーコ監督に対しては，試合で具体的な戦術の方向性を示すキーワードが提示されず，「何もやらない放任」との批

判は多かったが、練習をじっと見ていると、ジーコ監督が何をやりたいのかは分かってきた。練習メニューは、パスを数本回してからシュートに持ち込むパターン練習と、メンバーを固定した紅白戦が多かった。笛を吹いて練習を止め、何かを指示することも極端に少なく、その意味では確かに選手たちに自由にやらせていただけだった。1998年ワールドカップ・フランス大会でトルシエ監督が植えつけた「フラット3」や、オシム監督の「人もボールも動くサッカー」といったような目新しいキーワードはなく、ともすれば退屈な取材だった。

　だが、ジーコ監督は選手同士が互いのプレースタイルやパスを出すタイミング、パスを受けたい場所などを皮膚感覚で知り合うことで、チーム全体の呼吸を研ぎ澄ませようという作り方をしていた。戦術の前に、個々人のコミュニケーションが先にありきのスタンスだった。そのために監督である自分がしゃべるのではなく、選手同士が話し合うことを歓迎していた。自己主張の強い中田英寿の存在を重視したのは、そういう理由だった。ちなみに、戦術的な約束事も「まずボールを保持する」という方向を示していた。ジーコ監督のやり方は、指導者が指針を示すことを好む日本人には分かりにくいものであったが、何をやろうとしているのかは練習に付き合い続けたことで、ある段階から見えてきた。ただ、そのやり方はブラジル代表では当たり前でも、結果的に日本では馴染まず、ドイツ大会では2敗1分けの惨敗に終わった。

■ 試合や練習は基本情報

　こうして試合や練習を見て、選手たちが取材で話すことを初めて咀嚼できる段階に入る。2007年、私はヴァンフォーレ甲府の担当だった。甲府はJ1に初昇格した2006年、大木武監督のもとで15位に入り、残留を決めていた。戦術は独特だった。味方が狭いスペースに集まって短いパスを回す。そうやって前進しながら相手陣にすきが生じた時にラストパスが出る。スターがいない地味な選手構成だったが、ボールがよく動き、見ていても楽しいサッカーだった。

　ところが、2年目ともなると、そうは問屋が卸さない。この年は同じ戦術で臨みながら勝てなかった。前年に活躍したブラジル人のFWバレーが移籍したせいもあったが、それ以前にパスは回すもののシュートに至らないもどかしさがあった。そんな中、対戦した鹿島アントラーズの選手が試合後、「甲府が

相手だから，ロングボールを意識していた」と言ったのにピンと来た。甲府は自分たちが密集してパスを回すことで相手守備陣も密集させ，バランスを崩すのが攻めの形だった。相手からすれば，逆に甲府が密集しにくい形にしておけば良い。だから，ロングボールを縦横にけり，甲府の陣形をまずばらす戦術に出ていた。この後，いくつかのクラブの監督に聞いてみると，ロングボールは「甲府対策の定石」となっていた。もともと戦力に劣る甲府は相手が自分たちのスタイルに慣れてしまっていると分かっても戦術を変える余力はなく，J2に降格した。大木監督もそれは認めるところだった。試合を見続け，選手たちの言葉から得た降格のそうした核心を，記事の中で示すことができた。

　試合や練習を見ていれば，なにより質問を受ける取材対象が，「この人はきちんと見ていてくれている」と感じ，ちゃんと答えるようとなる。誰かにインタビューするとき，経歴や実績などの基本情報を仕入れておくことはジャンルを問わない大原則で，そんなことを一から聞かれたのであれば，取材される側は質問に答えるのが嫌になる。スポーツ取材の場合，その基本情報の一つが試合や練習である。

　話は2005年のジェフ千葉に戻る。多くの同業者の目の前でオシム監督に取材者としての甘さを突かれた4日後，私は性懲りもなく試合後の記者会見でオシム監督に質問をした。その試合は天皇杯4回戦で，千葉は当時J2にいた甲府の挑戦を受けた。壮絶な攻め合いで，千葉が延長戦の末，3－2で勝った。聞きたかったのはオシム監督の選手交代術だった。この試合，オシム監督は1－2とリードを許していた後半20分，MFの選手に代えてDFの選手を投入した。追いつかなければいけない場合，攻撃の人数を増やすことはよくあるが，逆のことをしていた。

　オシム監督は厳しく，優しい人だ。挙手した私に「めげずに来たな」とばかりに，まず柔らかい笑顔で会釈した。そして，質問をじっと聞き，こう答えた。「論理的に見えないことが論理的なのだ。負けていたが，まず守備を強化する必要があった。その結果，DFの一人が前に押し上げることができ，攻めに関与できた」。勝利につながる采配のツボを突けたのか，受け答えは実に丁寧だった。

3　話を聞く

正確に咀嚼してこそ

　1995年夏のある日のことだった。名古屋グランパスを担当していた私は練習を取材し、三々五々帰っていく選手をつかまえては話を聞いていた。その時、中西哲生さんが「いつも、すみませんね」と話しかけてきた。2000年に現役を引退し、今はスポーツジャーナリスト、日本サッカー協会特任理事を務める中西さんは当時、名古屋の主力の一人だった。

　謝られる覚えがないので、キョトンとしていると、中西さんは「あれだけ短い時間の中での話を、正確に書いてくれて助かりますよ」と言った。数日前の記事を読んでくれていたのだ。名古屋が鹿島に2-0で勝った試合。普段守備的な位置で起用される中西さんは珍しく右サイドのMFに入っていた。鹿島の攻めの原動力である日本代表左サイドバックの相馬直樹を抑える目的でアーセン・ベンゲル監督が起用したもので、中西さんは試合後、自分の役割やチーム全体としてどう鹿島の攻撃を抑えたかをコンパクトに解説し、チームバスに乗り込んで行った。ナイターの場合、選手はバスが出発する時間が決まっており、記者も締め切り時間が迫っているため、じっくり話を聞く時間的余裕はない。選手取材は数分で終わるケースも多い。この時も時間は短かったが、中西さんの話は明快で、咀嚼しやすかった。だから、それに沿った内容を忠実に書くだけで、名古屋がいかに鹿島を完封したかをしっかり表現することができた。それは中西さんのおかげなのだが、それまでも記事を読んでくれ、自分のコメントが事実誤認されることなく引用されていることを感じてくれていたのだろう。それで「いつも、すみませんね」という言葉になったのだと思う。

　こういう時、安堵の気持ちになる。記事はまず、正確でなければいけない。「誰が」「いつ」「どこで」「何を」「どうして」「どのように」の5W1Hの基本的事項は言うに及ばない。真の意味で問われるのは、取材相手の話を自己の内で消化し、正確に伝えているかどうかである。スポーツの現場は結果という目に見えるものだけを書けばいいわけではない。勝負のあやや、選手や監督がなぜそういう行動を取ったのかなど、いろんな解釈があり得るアナログ的な要素

が濃く，話を聞かなければ本当のことが分かりにくい。だから，試合後や普段の練習日に話を聞くのだが，そこで取材対象が言っていることを誤って解釈して記事を書いたり，自分の都合いいように受け取っては何にもならない。取材相手の信頼を失うばかりか，読者に間違った情報を流していることになる。事象を肯定的に見るか否定的に見るか，共感するか批判するか，そうした見方は記者が判断すればいい。ただ，いずれのスタンスに立つにしろ，その根拠を取材して得たものの中から提示することが必要で，その根拠を間違えると記事そのものが揺らいでしまう。

相手の話を正確に聞くには予習が必要だ。スポーツ取材の第一歩に，まず試合や練習を見ることを挙げたのは，そのためだ。それは取材対象から深い話を引き出すためでもある。長いインタビューともなると，「この記者は自分のことを分かってくれているな」と感じてもらえる質問を繰り出すことで，初めて話を敷衍させ，深みのあるインタビューができる。そのために普段の取材の蓄積が必須になる。

取材に狙いを持つ

内容のある話を引き出すには，取材に狙いを持つことも必要になる。「感想をお願いします」「試合について何か語ってください」では，取材相手だって困るだろう。自分が知りたいのは何なのか，具体的にぶつけることは会話の基本でもある。ただ難しいのは，その狙いが本質からはずれている場合があることだ。私も質問した後，選手や監督から「何でそんな的はずれなことを聞くのか」という顔をされたことは枚挙にいとまがない。

こんなことがあった。2005年のことだった。前年のアテネ五輪男子サッカー日本代表チームのフィジカルコーチを務めた菅野淳（かんの・あつし）さんに，「フィジカルコーチの世界」と題してその仕事内容を語ってもらう連載を担当した。記者が聞き書きし，その人の一人語りで載せる形式のものだ。

連載は初回が面白くないといけない。私には狙いがあった。アテネ五輪アジア最終予選のアラブ首長国連邦ラウンドで，選手たちが原因不明の下痢を起こしながら戦い抜き，五輪出場を勝ち取った記憶が新しい時期だったので，その時に菅野さんがどう動いたかということを初回の導入にしようと考えた。

私の構想に、菅野さんは困った様子だった。「いや、そういうとき、私はほとんど手が下せないんですよ。食事が取れるようになった選手から、疲れを取るトレーニングメニューは与えはしたが、基本的にはドクターにお願いするしかない状況だったんです」と力説する。私は何か面白い逸話が隠れているはずだと決めつけ、「つかみが印象的でないと…」と食い下がった。だが、菅野さんの次の言葉を聞いて重大な誤りを犯していることにようやく気づいた。「それは、フィジカルコーチの仕事の本質を語ることにはなりませんよ」

菅野さんはこう説明してくれた。「けがや体調不良を解消するドクターや理学療法士と混同されがちだが、フィジカルコーチの役割は、けがを防ぐコンディション作りや、シーズンを戦い抜くスタミナを作ること。ウエートを置くのはシーズン始めの準備の方になる。常に、もう一つ先のことを考えるのがわれわれの仕事です」

不勉強を恥じながらインタビューを続け、連載の初回は、「アテネ五輪のあの状況は多くをできる状況ではなかった。自分たちの真髄はシーズン始めのところにある」という内容を核にしながら、フィジカルコーチの仕事の本質を伝える展開にした。計7回の連載は、インタビューを2回に分けて行った。初回のインタビューはそうやって警戒感を与えてしまったが、連載が始まり、内容をみて胸襟を開いてくれたのか、菅野さんは2回目のインタビューでは、ジュビロ磐田時代に元日本代表FWの高原直泰をどう手助けしたかという逸話を交えて話してくれた。

十を聞いて一を知る

個人へのインタビューだけでなく多角的な情報収集力も、記事を書く前の段階で求められる。他社に先駆けて書く特ダネにしても、独自の視点から書く記事にしても、信頼関係のあるネタ元を作って情報を得たり、さまざまな取材対象から話を聞き回るうちに何かに感づき、ネタをたぐり寄せたりするような粘りがものを言う。

一見、取材は無駄骨に終わることが実に多い。しかし、いろいろな方面から話を聞いてこそ物事の根幹が見えてくる。特に、何かを批判し、問題点を指摘する記事は、さまざまな背景を知っていて書かないと、ただの独りよがりにな

る可能性がある。だから，あらゆる取材が無駄骨ではないのだ。聡明さを表す論語の言葉に「一を聞いて十を知る」というのがあるが，これは記者には御法度となる。記者の基本は「十を聞いて一を知る」の愚直さであり，スポーツ報道に携わる人間も，それは変わらない。次に挙げるのは，そうした多角的な取材を欠いた私の失敗例である。

　2007年3月，「Jリーグの日程が不公平だという声が上がっている」という視点から記事を書いた。要約すると，「Jリーグとナビスコカップ，アジア・チャンピオンズリーグを並行する過密日程の中，チームによって中2日で迎える試合数にばらつきが生じている。中2日がもっとも多いのは名古屋，FC東京，広島が11回。逆に大宮と川崎は5回，浦和は6回しかない。このアンバランスに名古屋のフェルフォーセン監督が『こんなタフなスケジュールは考えられない』と不公平を指摘し，名古屋のフロントは『中2日が続けば，けがが増える』と訴えた。一方で，FC東京の原監督は『与えられた日程でやるしかない』と割り切る。Jリーグは『各クラブが競技場を確保している曜日に試合を入れたために生じた』と説明。自治体が持つスタジアムを使うクラブが多く，他競技の使用との調整がうまくいかなかったためだ」という内容だった。もう少し，うまい調整はできなかったのかと，どちらかといえばJリーグ側を批判的に見る立場の記事だ。

　どこが問題だったのか。事実関係に誤りはない。ただ，名古屋に中2日が多くなったのは，地元の祭りなどのイベントの関係で名古屋がスタジアムを確保できなかったためで，Jリーグは名古屋に中3日の日程を組もうとしたが，どうしようもなかったという事実があったことだ。記事が出た日に，それをJリーグ側から指摘された。記事の中でJリーグ側の言い分は押さえていたが，その事実を把握していれば，バランスの違った書き方をし，読者に与えた印象は変わっていた。指摘をしてきたJリーグには，取材不足を認めるしかなかった。

4　記事を書く

■ さまざまな工夫

　まず，三つの記事を読んでみよう。2009年9月20日付の朝日新聞で，Jリーグを報じる記事である。私がデスク業務の当番だった日に，各スタジアムからサッカー担当記者たちが送稿してきたものだ。

　①横浜F・マリノス2-1鹿島アントラーズにつく記事
　強引なシュートだった。前半15分，中盤でボールを受けた横浜マの渡辺が前に立つDFを気にせず左足を振った。約20メートル。岩政の足に当たってコースが変わった分，ゴール左隅へ。「思い切って打ってみたら入った」。本人は幸運を口にしたが，打ってこそ生まれた10点目だ。94年の城彰二（12点，当時市原）以来の新人2ケタ得点。「まだ取りたいと思っています」と淡々と話した。

　②FC東京0-0ガンバ大阪につく記事
　「今日は僕の責任だと思う」。FC東京の石川は自らのプレーを悔やんだ。前半2分，左サイドからの折り返しを直接右足でとらえたが，ボールは枠の外へ。ロスタイムにもカウンターでゴール前まで攻め込んだが，決めきれなかった。それでも，今季12ゴールのMFは「コンディションはいい。外した感覚を大切に1週間練習したい」と前を向いた。

　③浦和レッズ2-0川崎フロンターレにつく記事
　浦和がリーグ戦11試合ぶりの無失点で2連勝を飾った。「前半から相手にしっかり圧力をかけられた」とフィンケ監督。前回の対戦では川崎のカウンターに屈して2-1から逆転負けした反省から，全員の守備意識が徹底。スピードのある相手FW陣に簡単に突破を許さず，パスの供給源であるMF中村にも自由にさせなかった。DF闘莉王も「こういうやり方なら勝っていける」と手応えをつかんだ様子だった。

いずれも，新聞業界で「雑観」と呼ばれる15行程度の記事だ。スペースが狭い一般紙スポーツ面では，もっともオーソドックスな形式である。試合の様子や勝負の分かれ目，選手や監督のコメントなどをコンパクトにまとめなければならず，実は的確に書くのが難しい。例に出した三つはその短い中にも，それぞれに工夫がある。

①は，「強引なシュートだった」という書き出しが小気味よい。主人公に渡辺を選択したのは，15年ぶりに新人として2ケタ得点したという事実に価値があるからで，「横浜マの渡辺が，94年の城彰二以来の2ケタ得点を決めた」という導入でもまったく問題ないが，さらに短いセンテンスで読者の目を引き込もうとしている。

②は石川の言葉で始め，勝てる試合を引き分けたチームと本人の無念さを表現している。このシーズン，ここまで順調に得点を重ねてきた石川が珍しく好機を生かせなかったことがすぐに伝わり，記事全体としての伝達力を高めている。

③は，①と②に比べると，一般的と言える書き出しだ。ただ，常に優勝候補の一角に挙げられる浦和の無失点が，実は11試合ぶりだったというデータ自体に意外性や驚きがある。事実そのものに面白みがあり，それを淡々と書く手法選びが成功している。

スポーツ記者はエンターテイナー

記事はまず書き出しが重要だ。場面描写から入るのも良し，選手や監督の印象的な言葉から入るのも良し，面白いと感じた事実の提示から入るのも良し。情けない試合内容への怒りや，心動かされたプレーへの共感など，その記者の見方をいきなり示すのも良い。50行，60行という読み物やコラムになってくると，記事の序盤でつまらないと感じると，読者は読むのを止めてしまう。

何が魅力的な文章かは，読む人によって好みが分かれ，正解はない。記者が強烈な一撃を冒頭で提示した記事が，ある読者には引き込まれるものであっても，ある読者には暑苦しく感じられる。静謐な文体で書かれた記事を退屈と覚える人もいれば，むしろそういった手法こそが伝達力を秘めていると感じる人もいる。

第10章　スポーツ取材実践論

　ただ，どんな手法であれ，スポーツを書くときに重要なのは，面白く楽しく読ませようとする精神性だ。そこで，文章の基本構成と言われる起承転結の「転」や「結」といきなり序盤に持っていったり，旺盛な好奇心を存分に発揮して取材し，それを文章に投影したりする。もちろん，文章に特段の工夫を凝らさなくても，事実関係を書くだけで十分に面白い記事もある。ただ，そうした事実を発掘すべく，誰も知らないようなエピソードを交えたり，インサイドストーリーを書き込むために取材に走り回るのも，「そんな話があったのか」と，読者に面白く読んでもらうための努力である。それは読者へのサービス精神でもある。ジャーナリストの端くれでありながら，スポーツを表現する人間はサービス業に従事しているとも言える。人々を楽しませるエンターテイナーでもある。

　先述のように，スポーツは人々が楽しい時間を過ごし，生活を豊潤化させる方法の一つとして位置づけられる。そうしたスポーツの本質に鑑みると，スポーツ記事には，スポーツの正常化を監視し，訴える役割の他に，読者に楽しんでもらうという本分がある。確かにメディア全体におけるスポーツ記事の位置づけは，人々の生活に直結する政治，社会，経済といった分野に比べれば必要度は低い。ただ，やはり存在しなければ寂しい。商店街で言えば，生活必需品は扱っていないが，心を和ませる商品を売る花屋のようなものだろう。

　20代の頃，冒頭に登場した人とは別のデスクに，「どうせ書くなら，もっと強く書け」と言われたことがある。担当していた名古屋グランパスのそのシーズンの戦いぶりを分析する連載記事で，批判をしながら弱々しい文言を使っていた部分についての指摘だった。取材の結果，自信を持って批判できるならしっかり批判しろ。そのデスクはそう言っていたのだった。

　さらに別のデスクからは，「もっとぶっ飛べ」と叱咤されたこともある。この程度なら誰かが同じような視点で書くだろう。もっと破天荒な取材をしろ。そういう意味だった。

　試合内容や選手への共感，批判。スポーツ記事は筆者の主観が色濃く出せる。主観を出すから，記事そのものが読者の共感や批判の対象となりやすい。逆に，そうした議論を呼び込むような主張や視点の入った記事やコラムこそが，付加価値が高いとも言える。いかに強く，独自の視点で書けるか。スポーツ記事の

エンターテーメント性はそんなところにもある。だから，インターネットで自分の記事に関するスレッドが立ち，ああだこうだと読者の書き込みがされているのを発見すると，充実感がある。

5　数字との付き合い方

ちょっと言い訳がましいが，スポーツ記事は間違えやすい。それはスポーツ記事の特殊性の一つに起因する。たとえば，こんな記事が2009年9月27日付の朝日新聞に載っている。

　　ロッテが今季2度目の4連勝。西岡の今季7本目の先頭打者本塁打など3本塁打で快勝した。オリックスは8回無死二，三塁を逸するなど拙攻で3連敗。

プロ野球の「戦評」と呼ばれ，試合内容が70字程度に凝縮されているが，それだけでも数字のデータ満載である。スポーツ記事は記録が大事な要素だ。数字は間違えやすいので，いつも誤りを指摘し，正確性を保ってくれる校閲記者サマサマだ。

　記録は雄弁である。大リーグ・マリナーズのイチローが2010年に達成した史上初の10年連続200本安打は，そのまま偉大さを示しているし，横浜FCのカズこと三浦知良が2010年に更新した「43歳と9カ月8日」での最年長ゴールは，やはり金字塔だ。2006年ワールドカップ・ドイツ大会で1次リーグ敗退した日本代表のシュート数を調べてみると，3試合計で27本。1試合平均9本と極端に少ないわけではなかったが，相手ゴール前のペナルティーエリア内で打てたのは3試合でわずか計6本だった。得点力不足の理由の一端が分かり，そこから戦術面の問題点を探ることができる。

　プロ野球・楽天イーグルスの野村克也監督が歴代最多の通算1454敗目を喫した2008年6月18日はデスク業務の当番だったが，野村監督がセパ12球団にどんな対戦成績を残しているか，資料をひっくり返し，サッカー担当記者たちまで総動員して一覧表を作ってみた。すると，勝率が一番いいのは，自身が3年間

率いていずれも最下位だった阪神タイガースと対戦した時で，6割1分2厘。勝率が一番悪かったのは，自身が日本一に3度導くなどして育て上げたヤクルトスワローズで，4割ちょうどしか勝てていなかった。また，負け数で一番なのは巨人ジャイアンツで，150勝182敗だった。こんな数字を並べてみても，野村監督の人生がかいま見える。

　ただ，記録は慎重な取り扱いが求められる側面がある。たとえば，サッカーで0-0で引き分け試合があったとする。Aチームがシュート数20本，Bチームが3本だったとする。Aチームが圧倒的に攻めたのは間違いないが，優勢だったと即断はできない。Bチームが引き分けを狙い，時間をやり過ごす戦術を遂行した結果だったかもしれないからだ。とすると，もくろみ通りの試合を展開したのはBチームであって，Aチームは敵の手の内にあったということになる。先に取材例として挙げた2008年のヴァンフォーレ甲府が「パス成功数」では上位にいたが，細かいパスをつなげるスタイルが数字に表れていただけであって，大事な局面でパスの精度が高いということにならないのは，わかりやすい例かもしれない。

　数字を鵜呑みにはできない。どう見るべきかは，記者が現場を見て，話を聞き，判断することだ。だからこそ，記録とのお付き合いも面白いということになる。

◇千葉　　　　　　　　　25,112人
23回戦　オ14勝9敗
オリックス　000　020　000｜2
ロッテ　　　101　200　02×｜6
勝清　水6勝7敗
敗平　野3勝12敗
本西岡13号①（平野）　福浦6号①
　（平野）　南2号②（菊地原）

ロッテが今季2度目の4連勝。西岡の今季7本目の先頭打者本塁打など3本塁打で快勝した。オリックスは8回無死二、三塁を逸するなど拙攻で3連敗。

図10-1　「戦評」の例
出典：『朝日新聞』，2009年9月27日

6　横並び主義の排斥を

　試合や練習を見て，話を聞き，書く。スポーツジャーナリズムの基本的な仕事の流れを追ってみた。でも，せっかくスポーツジャーナリズムの世界に身を

投じるなら，自分独自の視点で試合や練習を見て，自分しか聞けないような話を聞き，読者に面白く読んでもらいたい。

　テレビではお笑いが花盛り。見ていていつも感じるのは，他人と違う芸作りを常に考えている芸人たちの執念だ。売れっ子にしろ，一発屋にしろ，独自性がなければ売れるわけがないことを心底知っている。そこに横並び主義はなく，オリジナリティを追究する姿だけがある。かけ離れた分野ではあるが，スポーツメディアとお笑いの世界は底流でつながる部分があると思う。

　どうせ書くなら，誰も書かないことを書いてみよう。あなたの視点，取材内容，筆致を面白がって読んでくれる人は，きっといる。

> コラム6
>
> ### ワールドカップからコパ・アメリカへ——サッカーライターが見る大会運営
>
> 　2010年の南アフリカ・ワールドカップ取材に行って驚いたことの一つが，メディアセンターの運営が以外にスムースだったことだ。その1年後の2011年の7月には，コパ・アメリカ（南米選手権）でアルゼンチンを訪れた。日本も招待参加することになっていたが，東日本大震災の影響で参加できなくなってしまった大会だ。そして，こちらはいかにも「南米的な」運営体制だった……。
>
> 　2つの大陸の大会運営はどうしてこうも違ったのだろうか？
>
> 　われわれジャーナリストは，写真付きの取材許可証（ADカード）を首からぶら下げていればメディアセンターで仕事ができる。だが，試合の取材には，別に記者席のチケットも必要となる。そして，好カードともなると，入場券の入手が一苦労なのだ。優先順位に基づいて配布を受けられなかった時は「ウェイティングリスト」に登録して順番を待つ。
>
> 　そして，毎日，毎日，この作業に貴重な数時間が浪費されていく……。
> 「南アで運営がスムースだった」と言ったのは，そのあたりが，以前の大会に比べてスムースだったという意味だ。
>
> 　もっとも，開幕戦の時には入場券を受け取るために長時間並んだのに「日本人向けはこの列ではない」などと言われる始末で，あちらこちらで口論が起こっていた。だが，2日目以降，事態は改善されていく。行列には「国名A〜H」というようにはっきりと表示されるようになった。南アのボランティアたちは，黒人も，白人も，外国人記者の立場に立って工夫を凝らしてくれた。
>
> 　現在では，ワールドカップとか陸上や水泳の世界選手権といった世界規模の大会の運営は，開催国がどこであっても，ヨーロッパに拠点を置く世界的な専門企業集

団が請け負っている。ノウハウが蓄積され，運営はスムースになり，どの大会でも同じ基準で運営されるようになってきている。「同じ基準」というのは，記者の側にとってとても分かりやすくてありがたい。

　一方，現場で記者と顔を合わして働くのが，その国で（あるいは世界各国から）募集されたボランティアの人たちである。専門企業の蓄積されたノウハウが存在するうえに，ボランティアたちが有能で，機転が利けば申し分がない。とくに，外国人の様々な要求に対応できる柔軟性が必須条件だ。

　これはいわゆる「国民性」の問題でもある。

　2000年にオランダとベルギーで共同開催されたヨーロッパ選手権の際，ベルギーのメディアセンターで「仕事が遅い」と文句を言ったところ，ボランティア女性に拙い英語で言われた。「ディス・イズ・スロースロー・カントリー」。そう言われてしまったら，もう，文句はつけようがないではないか！

　アルゼンチンのコパ・アメリカは，ヨーロッパの専門企業ではなく，ブラジルの「トラフィック」という代理店が仕切っている。もちろん「トラフィック」は南米の中ではコパ・アメリカなど大会運営の経験が豊富な企業だが「世界基準」と比べると手際は落ちる。

　また，各会場での実際の運営は各地のサッカー協会やサッカークラブが担当している。そして，彼らは普段の国内の試合と同じように運営しようとする。それで，会場によって運営にバラ付きが生じてしまうのだ。まあ，南米諸国は，どの国もスペイン語かポルトガル語だし，文化も似ているから，それでもすむのではあろうが……。

　ブラジルでは2013年にコンフェデレーションズカップ，14年にワールドカップ，15年にコパ・アメリカ，16年にオリンピックとビッグイベントが続く。彼らの運営能力は，今後どのように成長していくのだろうか？　　　　　　（後藤　健生）

第11章

スポーツ実況論

山本　浩

1　実況の原点　レース

　オリンピックプールで北島康介の黒いキャップが，水しぶきを上げる。アナウンサーが叫んでいる。解説者がそこに割って入る。「来夕，来夕，来夕，来ターァ」「やったやった，やったぁ」「北島，金メダルーゥッ！」
　解説者もアナウンサーも見ている者も，我を忘れる一瞬。体中が熱くなる。思わず座ったまま右の拳を握りしめた自分がいるのに気づく。
　選手達がいっせいにフィニッシュラインを目指すレース競技には，人々を興奮させて止まないものがある。応援している選手が先頭から引き離されているとなれば別だが，ひとたびトップに躍り出てすぐ後から誰か追いすがってでも来ようものなら，その興奮度はたちまち急上昇する。アナウンサーは音程を高め，声を張り上げ，言葉のテンポを速めていく。フィニッシュラインへ近づくにつれ相手が差をつめるにしたがって，その声はリミッターに引っかかりっぱなしになる。
　すべてのスポーツ実況は，先着か否かの見極めで構成されている。レースのようにその優劣が勝敗に直結する種目から，勝ち負けの一部を作り出すだけの競技もある。早いのは，タッチにくるミットなのかイチローの足なのか。ゴールラインの攻防に勝つのは，コーナーに曲がり落ちるボールなのか，手を伸ばすゴールキーパーなのか。その瞬間，そのタイミングを逃さずに，見ている人聞いている人に知らしめる。そこに実況放送のベースがある。

2　実況の歴史

▌ラジオ実況

　ラジオ放送が日本で始まるのは，1923（大正14）年のことだ。当時の番組は，外部の有識者の講演，ニュース，音楽演奏などが中心で，今の時代から考えると変化に乏しい。番組の節目節目にアナウンサーが登場しているはずだが，放送番組表に名前は出てこない。原稿を読むだけではなく番組の枠づけも必要だったから出番は決して少なくないのだが，そんな時代にアナウンサーが全面に出て来る仕事は，ニュースとさまざまな実況であった。当時はスポーツにとどまらず式典実況が折りに触れて放送されている。皇室の式典，軍の行事，葬儀中継，宗教儀式。動きはあるがスピードに緩急がない分，こうした実況はやりにくい。それでも当時のラジオの音質を考えれば，動きの少ないゆったりした式典こそが実況にふさわしい対象だったのかもしれない。

　実況は元来，人や物の動きや変化を伝えるのを本義とする。言い方を変えれば，動かないもの変化しないものは実況者をひどく困らせる。今と比べたラジオ時代の実況者のハンディは，聞く人たちの中にあらかじめ映像情報がほとんどすり込まれていない点だ。そんなことは考慮されたわけでもないだろうが，映像のない時代のラジオ実況は，あらゆるものを克明に描写して様子を想像させるというよりも，そこにある空気を伝えることに主眼がおかれている。当時の録音を耳にすれば，荘厳さや国の威信といったものを感じないではいられない。

　1928（昭和3）年11月6日，天皇陛下が皇居から東京駅に向かうシーンの実況放送を書き起こしてみよう。「ただいま賢所（かしこどころ），御羽車（おはぐるま）の通御（つうぎょ）でございます。拝芝（はいし）奉りまするに，御羽車の周りは，（不明）織り出しましたる御帳（おんとばり）がめぐらしてございます。冠をかぶり更衣に白袴をつけましたる16名の（不明）が担ぎ参らせ，そのあとには16名の肩代わりとその他6名従い参らせております。続いて本田掌典次長が，衣冠単衣帯剣に威儀をただしまして，ご紋章の付きましたる有職染めの手綱を取り，馬上ゆたかに通っております。ただいま天皇旗が進んで参りま

した」(日本放送協会編, 1965)。

　松田義郎アナウンサーの実況は,現在の語り口とはかなり違う。一言一言をぶつけるような強い発声に加えて,抑揚を押さえた一本調子のアナウンスメントが特徴だ。内容を聞く限り,眼前を御羽車と言われる輿が通り,中の様子はうかがい知れないためだろうが外回りの装飾などを伝えた後,あとに続く隊列を描写している。戦前によく行われた,見てきたものを後からしゃべる実感放送でなかったのならば,移動する行列を定点で実況する体裁になっている。

　当時の放送内容がどの程度事前のチェックを受けていたか定かではないが,皇室用語を過たず口にするためには相当に周到な準備がされていたと考えられる。テンポ,表現,声のはり,周りの音など,当時の放送を耳にした人は,厳かな行列の様子を思い描いていたことだろう。それでもこの実況から行進の明瞭なイメージを思い描くことは難しい。「レトロガラス越しに見る隊列」ぐらいに,ただぼんやり想像するだけだっただろう。

戦前のスポーツ実況

　実況放送もスポーツとなると,録音がその後も放送される機会があるものでは河西三省アナウンサーの「前畑がんばれ」がよく知られている。1936(昭和11)年8月のベルリン五輪女子200メートル平泳ぎの決勝は,現地時間の午後4時近くから始まった。「放送席前の観客が全員起立し,座っていてはレースのもようが見えなくなったため」(橋本, 1997, 145頁)というが,河西アナウンサーは「放送席のテーブルのうえに土足であがり」実況を続ける。「あと25, あと25, あと25。わずかにリード,わずかにリード。わずかにリード。前畑,前畑頑張れ,頑張れ,頑張れ。ゲネンゲルが出てきます。ゲネンゲルが出ています。頑張れ,頑張れ,頑張れ頑張れ。頑張れ,頑張れ,頑張れ頑張れ。前畑,前畑リード,前畑リード,前畑リードしております。前畑リード,前畑頑張れ,前畑頑張れ,前,前っ,リード,リード。あと5メーター,あと5メーター,あと5メーター,5メーター,5メーター,前っ,前畑リード。勝った勝った勝った,勝った勝った。勝った。前畑勝った,勝った勝った,勝った。勝った勝った。前畑勝った,前畑勝った。前畑勝った。前畑勝ちました。前畑勝ちました。前畑勝ちました。前畑勝ちました。前畑勝ちました。前畑の優勝です。

前畑優勝です」(「録音アルバム」, 1965, 第3面)。

　競泳や陸上短距離レースの実況は，他のスポーツ実況と違って伝えられる情報がどうしても限られてくる。短い時間の中で，順位の優劣の描写が最優先に求められてしまうからだ。記録という数字も伝えるべき大切な情報だが，勝ちそうなのか，そうでないのかが際どいときには，「タイム」が即座に伝えられないことがある。前畑のレースでは，河西アナウンサーが「ストップウォッチを踏みつぶしてしまったので，タイムを放送しようとしてもできなかった」(尾崎，1997，53頁)とされているから難しかったのだろうが，とりわけ，最後の25メートルともなれば，聞いている側も，肝心の選手が今前に出ているのか並んでいるのか遅れたのかが気になるわけで，そこに変化があれば声高に伝える，変化がなければないままで伝えるのが求められる実況になる。「前畑リード」ということばが頻繁に登場するのは，前畑が前に出たままの状態が維持されていることの証で，必ずしも河西アナウンサーが興奮したからだと断定すべきものではない。

　実況の最後にくり返し口にしている「勝った」は，アナウンサーの興奮があったことは否めないが，この「勝った」には「やった」，「うれしい」，「終わった」というさまざまな意味が無意識のうちに込められており，何度も口を突いたのも無理からぬところだ。もともと，言葉は繰り返して伝えるとそこに強意の効果が生まれるのだが，河西アナウンサーはこの点もわきまえた上での実況だっただろう。

ラジオからテレビへ

　スポーツ放送で時代を画すのは，東京オリンピックだ。1953（昭和28）年，テレビ放送が始まるとスポーツ実況もラジオ時代のやり方とは違うテレビ仕様の実況スタイルが模索されるようになる。1964（昭和39）年の東京五輪から，鈴木文弥アナウンサーの開会式の実況を書き起こしてみよう。「（ファンファーレ完奏），（上空を飛ぶヘリコプターのローター音），参加94カ国，7060人，（入場行進曲前触れ）世界の若人の力と美のパレード。いよいよ選手団の入場行進開始であります。（行進曲前奏）選手団の先頭は，オリンピック発祥の地，ギリシャであります。紺地に白く十字が浮かび上がったギリシャ国旗が，いま日本の，東

京のメインスタジアムのトラックの煉瓦色に，鮮やかなコントラストを見せてシルエットを落としております。旗手は聖火リレーの第一走者，ジョージ・マルセロス選手。オリンピックを生んだ国の誇りと明るく燃える南ヨーロッパの太陽，青く深いエーゲ海の水を象徴するかのような国旗を先頭に，ギリシャ選手団27人の入場です。続いては，アジアの国，海のない王国，アフガニスタン。アフガニスタン選手団15人の入場です。ウエイトリフティング1種目に参加するアフガニスタン。祖国の栄光をになってどういう活躍を見せてくれますか…」。

　同じ開会式を，放送間もないカラー中継で送り出したテレビ放送席には北出清五郎アナウンサーが座っていた。カラー化されたとはいえ，まだほとんどの家庭では白黒テレビ。コメントでは，色彩の表現があちこちに登場する。

　「いよいよこれから選手団の入場行進開始であります。華やかなパレードが開始されます。（前奏）心も浮き立つような古関裕而作曲のオリンピックマーチが鳴り響きます。そして，オリンピック発祥の地，ライトブルーと白の国旗も清々しく，常にオリンピック入場行進の先頭に立つ，栄光の国。オリンピックの故郷，ギリシャの入場であります。旗手はゲオルゲ・マルセロス君であります。オリンピアから東京へ，今大会聖火リレーの第一走者，しかも旗手として選手団の先頭を行進する，誉れのゲオルゲ・マルセロス君であります。防衛大学の学生の持ちますプラカード。そしてその後ろに従いますギリシャ国旗。今，ロイヤルボックスの天皇陛下に頭右の敬礼をいたしましたギリシャの選手団。

　ギリシャに続いては，アルファベット順の行進であります。まずアフガニスタン。アジアの回教国家，アフガニスタンであります。砂漠と高原の国。ダークグリーン，そして白のズボンの対照も鮮やかに煉瓦色のアンツーカーに映えております」。

　字面を追うだけでは分かりにくいが，当時のテレビ実況に求められていたのは，しゃべりっぱなしにしないアナウンスメントだった。北出アナウンサーはそれを体現するように，一つの選手団を紹介するときにも意識的に間を取っているのが分かる。実況の内容は，おそらく資料としてメモ書きされていたのではないだろうか。鈴木アナウンサーの実況は，書いたものを読み上げたような

雰囲気がある。両方に一貫しているのが「実況調」といわれる，ある種のトーンを維持していることだ。通常の会話やアナウンスに比べて抑揚を一定の高さに維持しながら伝えていく。そこに緩急を折り込めば，プレーの実況になるし，単調でリズムの変化を少なくすれば行進の実況になる。

　スポーツの実況放送は，このあとテレビが主，ラジオが従の時代に徐々に移行していく。放送の担当を決めるときにも，経験者がテレビ，経験を積ませる意味でラジオという配置が目立つようになる。ラジオとテレビの実況を違ったスタイルでするのが必要とされて，何度も研修や勉強会が繰り返されてきた。

近代のテレビ実況

　1988（昭和63）年，ソウルオリンピックでは鈴木大地選手が背泳ぎで金メダルを獲得する。この実況放送を担当したのが，NHKの島村俊治アナウンサー。この実況を書き起こしてみよう。「鈴木大地現在第2位。大地の声援が飛ぶ，大地出てきた，大地追った，鈴木大地追ってきた，鈴木大地追ってきた，逆転か，逆転か，逆転か，さあタッチはどうだ，逆転か，逆転か，さあ，タッチはどうだ，鈴木大地。勝った，鈴木大地，金メダル」。

　この実況と先にあげたベルリン五輪のレースとのアナウンスの違いは，「大地の声援が飛ぶ」の一言に象徴される。この言葉は，レースは最後の50メートルのターンを終えたばかり，まだゴールまでは少し距離がある段階で発せられた。いよいよ残りわずかの勝負になってきた。息を深く吸って終盤に備える視聴者に，いったん視野を広げるよう促す言葉だ。レースものは見る側聞く側の気持ちが，ゴールに近づくにつれどうしてもどんどん一点に集中していきがちだ。最後はタッチ板をどちらが先に叩くかという局面をとらえようとする。その前に，一度プールサイドに意識を広げて，そこから最後の40メートルを追い込んでいく方法を選択した。こうした接戦のレースの決着がつきそうなときにアナウンサーは，目の前のモニターを気にしてなどいない。自分の肉眼でレースの成り行きを追いながら言葉を放り込んでいく。使われる単語の種類はこうした場合には概して，限定的なものになりがちで，その傾向はベルリン大会当時と大きな違いはない。見る側の心理が集中して行く最中に，多彩な言葉を使うのは却って聞く側の疲労感をもたらす可能性があるのだ。

テレビの草創期から，現在に至るまでにスポーツ実況は変化を遂げているが，大きな違いは使う言葉の変化と言葉を口にする頻度に現れている。使う言葉で言えば，ラジオ時代から多用されてきた「であります」調が今では一切姿を消してしまった。1990年代に入った頃から，そうした「古めかしい」言葉の使用が姿を消していく。ちょうど衛星放送が実験放送から実用化放送に変わり，スポーツの好きな人達がBSにチャンネルを合わせ始める頃だ。

もう一つは，アナウンサーのコメントの量が減ったことだろう。これは，1994年に始まったハイビジョン放送の実用化を境に映像の鮮明さが変わってきたことと，アクセサリーと呼ばれるさまざまな映像効果や字幕やCGを使った画面情報が格段に増えたことに関係している。それまで音声情報として伝えていたデータや過去の成績が，目に見える情報として次々に画面に現れるようになった。その分，アナウンサーはしゃべるのをやめ，一方で実況口調もプレーの進んでいる時間だけで，プレーの合間には会話口調になる事が増えている。

3　実況放送の現場

放　送　席

スポーツ実況の基本は，ライブの放送にある。試合や競技が放送時間とシンクロして行われており，放送する側が眼前にプレーやパフォーマンスを確認できる状況。これが理想の放送環境だ。放送席をながめ渡してみよう。アナウンサーの隣りには，解説者が座る。解説者は，選手や監督の経験者が多いが，ジャーナリストがそこに座ることもある。アナウンサーに並んで，リポーターが席を占める場合もある。競技場の構造や放送機器の設置条件が制約となって，アスリートの間近でリポートできないときにこうした態勢が取られることがある。ここまでが実際の放送で声を出す要員だ。

次にアナウンサーをサポートするスタッフに目を転じてみよう。放送を制作する会社によって若干の違いはあるが，アナウンサーの横，解説者とは反対サイドに記録をつける「サイド」と言われるスタッフ。この仕事は，同僚のアナウンサーがすることもあれば，制作会社のスタッフ，外部のアルバイトの起用というのもある。アナウンサーと解説者の間で一歩下がって後ろに立つように

しているのが，FD（フロアディレクター）と呼ばれる，制作要員だ。耳には必ずヘッドセットをつけて，中継車にいるディレクターの指示を聞きながら，放送席周辺の状況を中継車に連絡する作業の一方で，中継車のディレクターが要求する段取りや，流れを放送席に伝えるメッセンジャーの役割も果たしている。

放送席の後には，さらにデスクと言われる要員とCP（チーフプロデューサー）が陣取っている。競技によっては同時並行で行われている他競技場の情報を，画面やコメントで挿入する必要があったり，特設のニュースでスポーツ中継が中断する際にも判断を伝える役割を負うことになる。整理をしてみれば，スポーツ実況中継の映像と音声の制作は，中継車にいるディレクターがこなし，その出先で音声面をするのがFD，さらに眼前で起こっていることに外部の情報を加えていく大局的な判断をコントロールするのがデスク。そしてすべてを大所高所から見て決断するのがプロデューサーだ。このほかに，トラックやプールサイドにもリポーターやその指示・アシストをするFDが存在する。

▍肉眼とモニター

アナウンサーと解説者の目の前には，テレビモニターが置いてある。切り替えスイッチがついてはいても，チャンネルはないし音も出ない。簡易中継ならば1台ということもあるが，通常は複数のモニターがおかれることが多い。何が映し出されているのか，一例を挙げてみよう。メインのモニターは，今まさに放送で送り出されているものそのものが見える。そこには，得点や対戦カード。野球であれば，イニングやボールカウント，塁上のランナー占有状況などが示されている。

2台目のモニターは，NHKでは「ローカル」と呼び習わしているもの。その競技場で撮られた映像で，まだ文字情報などが加えられる前のいわばカメラのレンズがとらえただけの映像。「クリーンピクチャー」といったりもする。さらに，別のモニターを設置している場合もある。ここには次に放送にのせる予定の映像で，角度やサイズを決めて準備したものを提示する。

放送は，中継車のディレクターが思いつきで次々にカメラがとらえた映像を選択してできあがっているわけではない。ある種のストーリーにしたがって，サイズや角度を変えながらさまざまな映像を選択していくのだが，いまとらえ

ているカメラの映像の次には，どのカメラの映像に移るのかが直前に決められて，スタンバイ状態に入っている。前のカメラの映像が役割を終えると，画角を決めて待っていたカメラに切り替えられ，その映像がそれぞれのテレビに送られるという寸法だ。このスタンバイ状態のカメラの映像だけを映し出すのが3台目のモニターなのだ。これがあることで，アナウンサーは次に画面に映し出される映像にふさわしいコメントや，解説者への質問を準備することができる。

モニターに映った映像を放送上どれだけ参考にするのか。それは，競技や放送する人間によってさまざまだ。それでも大きな原則が存在する。それは，勝負にかかわるプレーが肉眼で十分に把握できるのならば，アナウンサーはモニターより現場を見る傾向が強いことだ。

モニターがとらえている場面から離れて，アナウンサーは肉眼であちこち見るところを変えている。それでも，放送を見ている側が違和感を感じることは少ないだろう。見たものすべてを口にするのではなく原則として，勝負に関わるカメラワークにシンクロするコメントをしゃべり続けているためだ。勝負の中心から離れた地域に点在する情報が，勝負そのものに大きな影響を与えることがある。ヤリの穂先をとらえている映像を気にしながら，画面がとらえない，選集のラインオーバーで赤い旗が揚がる瞬間を見逃さない。サイドバックのクロスボールを意識しながら，一瞬，逆サイドに焦点を合わせてディフェンスのファウルを目に入れておく。

放送席でモニターに目をこらさなければならないのは，インプレーの時間が短く，その間のインターバルが長い場合。それもただ長いだけではなく，そのインターバルがプレーへのかかわりを強く持っている場合にモニターへの集中が必要になってくる。たとえば，野球がその例だ。野球は，スプリント性の強い競技でインプレーの時間に発揮されるパフォーマンスは決して長くないが，パフォーマンスとパフォーマンスの間が，人事面で，また戦術面で極めて重要な役割を持っている。スポーツは，チームゲームである限り，そこに人事問題が介在する。誰をどこに，どの段階で投入するのか。スターティングメンバーの構成もさることながら，仮に交替メンバーに制限のある競技でも，その人事戦術が，チームのパフォーマンスを大きく改善したり，弱体化したりすること

は誰でも知っている。

　となれば，プレー以外のそうした行動に対して，映像は必ず何らかの関連のある動きをフレームの中におさめようとする。それは監督の姿であったり，何事かささやくコーチと選手であったりする。一つひとつの行動が，次に起こるプレーと関連があるかのようにマウンドのピッチャーとキャッチャーとのやりとりが映し出される。こうした映像のワンカットワンカットが，なにがしかの含みを残して勝負は終盤に向かっていく。

■ インタビュー

　スポーツ中継にインタビューは欠かせない。それでもインタビューは長い間，「試合が終わった後のこと」という不文律が守られてきた。プロ野球のオールスターゲームなどでは，かねてから試合中のインタビューも行われていたが，他の競技ではあくまで試合後のインタビューが原則だった。ところがここ数年，状況は変わり始めている。欧米に倣って，放送サイドから生まれた「試合中にもインタビューをしたい」という強い要請に競技団体や組織が応じたことがきっかけだ。スポーツ実況に伴うインタビューは，「熱い」のを特徴とする。冷めたインタビューは，戦いの場には似合わない。渾身の一球をバックスクリーンに打ち込んだ4番打者。勝負を決めるゴールを叩き込んだストライカー。味方のファインプレーで，間一髪，ノーヒットノーランを実現したエース。誰もかもが，息を弾ませながら，喜びをマイクにぶつけてくる。

　試合直後のインタビューはしかし，ナマであるが故のハンディも抱えている。誰にインタビューするのか，最後の最後に決まることがある上，時間の制限がつくのが当たり前。選手の戻ってくるのが遅いと，50秒でインタビューを終えてくれなんて事もある。

　インタビューの原則は，三つある。といってもあくまでも「原則」だからこれを破ることも可能だ。一つは，大切なことを先に聞く事。いつどこでインタビューがオンエアでなくなるか，インタビューをしているものには分かりにくい。イヤホンからは自分の声も相手の声も聞こえていながら，途中で放送が終わっていたなんてことも当たり前。そんなときのために，聞きたいこと，言ってもらいたいことを先にだしていくことだ。

二つ目は，同意を求める聞き方を極力避けること。マイクの前に立った選手は息を弾ませていることも少なくない。感激と興奮で目をまっ赤にしているかもしれない。そんな選手に少しでも真情を吐露してもらいたいのなら，「はい」や「いいえ」で答えられる質問は避けておきたい。

　三つめは，質問のサイズに大小を織り交ぜることだ。「勝利の意味」だとか「喜びの大きさ」だとかいう概念的なものを「大きな」質問だとするならば，「3球目のボールのコースを参考にしなかったか」とか「あなたの前にもう一人FWが出てきたのが見えたときは」といった，具体的で思い描きやすい質問が「小さな」質問に相当する。質問のサイズを変えることで，聞かれる側も心に起伏ができるはず。ただし「サイズを変えるために」質問を考えるのではなく，「サイズを変えて」なお質問にストーリー性がないと商品価値は出てこない。

　スポーツ実況のインタビューでは，インタビュアーが時々「放送席，放送席！」と連呼することがある。今ではインタビューマイクにスイッチがついている機材も稀ではないが，かつてはマイクのアッテネータ（減衰器）は，技術職員が操作することになっていた。インタビューマイクの最初の「放送席」の声でアッテネータをあげ，2回目の「放送席」の声が，実況アナウンサーにも視聴者にも聞こえる仕組みになっていたわけだ。今では，アッテネータをあげたままにし，マイクスイッチでインタビュアー自らオン，オフを切り替えることも少なくない。

▍取材と準備

　選手や指導者の身辺について聞いて回る，見て回る。何か日頃と違った様子はないのか，前の試合で気になったところはどうなったのか。変化と改善，成長を見届け，聞いて歩くのが取材だとすれば，取材する側には情報を集めてそれを分析し，蓄積する継続性が求められる。取材の現場に行くと，電波メディアと活字メディアでは取組み方が違うのが目にとまる。さらに電波メディアでもニュースや番組の担当と実況中継のアナウンサーでは，ちょっとした差が生まれる。発見したもの拾い出したもの，聞きつけたものが放送としていつ人々の元に届けられるかで，取材の取り組み方が違い提示の仕方が変わってくるか

らだ。

　取材の成果は基本的に加工されるのが前提になっている。それが活字になるのであれば，15分にわたって聞いた話を決められた文字数の中におさめなければならない。映像になるにしても，撮り貯めたビデオを1分20秒や場合によっては30秒に編集しなければならない。取材の考え方がちょっと違っているのは，実況に携わるグループだ。実況中継では，あくまでも試合そのものを伝えるのがねらい。その為に重視するのが試合直前の取材だ。多くの仕事が，試合が終わった後に山積する活字メディアと違って，実況中継のグループは，試合後はあっさりしたものだ。時間をおかずにすぐまた実況にかかわるのでもない限り，試合後の取材はあったにしてもあくまで自分の蓄積のため，テレビニュースのスタッフの様にそれをまとめ，編集するために慌ただしく駆け回るようなことはない。

　取材に携わる者が集めたがるのが数字だ。数字は，不思議な力を持っている。中立無私，正確無比なデータとして説得力を持つと考えられるからだ。特に活字の世界やテレビ画面上では，スペースをとらずに情報提示できるからだろうが，さまざまな数字が登場する。「10年連続200本」これだけで，その数字は「イチロー」という言葉と「偉業」ないしは「偉大な記録」とイコールとなる。

　数字は，結果をまとめ，結果をもたらした個人やチームの質や能力評価には抜群の力を発揮する。優劣をつけるのにも数字は有効な武器だ。ただし数字には，苦手な部分もある。先の予測に対しては期待するほどの力を持ち合わせないことだ。自分自身，データを元に次のプレーを推量して外したことが何度あったことか。数字が結果に対してそれほど強い脈絡をつけられるのなら，何も眼前で勝負することなく，数字の比較で勝敗をつけてしまえばいいのだと皮肉をいう現場の指導者がいる。

▮ 資料作り

　経験を積んだ放送者が準備するデータは，数字によるものばかりではない。流れや傾向を数字から読み取り，それを紙の上に書き綴りながら同時に頭にたたき込んでいく。この段階で頭に入れておいたかどうかが，ちょっとした変化に対応して適切なコメントを口にできるかどうかにかかわってくる。

もう一つの資料は、「現場に落ちている」と言われるそれだ。眼前で展開された選手の足跡やボールの軌跡を追って総括してみれば、前日練習ではまったく気がつかなかった一つの傾向が見えてきたりもする。それこそが、もっとも新しい、フレッシュな情報なのだ。選手は、パフォーマンスによって自分を結果的に表現している。選手とボールをトレースしてそこに少々「つなぎ」を加えれば、新しくて今動いている価値ある情報が手に入ることになる。最新の情報が、目の前で選手や監督によって次々に披露されているにもかかわらず、経験の浅いうちは、そんな貴重な情報をなかなか読み取ることができなくて苦労する。

4　実況アナウンスの考え方

▍ベクトルをみる

　人間の起こす肉体の行動は、極小のレベルで言えば、1本1本の筋繊維の動きから始まる。それが同時に筋肉群、そして骨格を動かす方向へと進んでいく。それを外から見たときに肉体がどう動いているのか、目には見えないがそれぞれの選手が起こすパフォーマンスをそれぞれバーチャルなベクトルで思い描いてみる。それが、私たちが通常スポーツを見るときの姿勢だ。そのベクトルを全身に受けとめて移動するのが、ボールやヤリということになる。

　1人の選手のパフォーマンスからなるスポーツを例に挙げると、理解は簡単だ。砲丸投げの選手が、投擲をする際を想像してみよう。砲丸を右手でもったまま、サークルに入ってきた選手は、立ち脚の右足の位置を決める。振り出し足の左をわずかにあげたまま、バランスを保ちながら、前傾姿勢に入る。この時、身体は砲丸を投げ出す方向とは、反対を向いている。やがてスキップを踏むようにしながら、身体を半回転させて同時に右の手にのせた砲丸を思い切り空中に突きだしていく。砲丸が手を離れると同時に、選手は反動でサークルを飛び出しそうになるのを懸命にこらえている。わずかに2秒。砲丸の滞空時間は短い。見るべきポイントは、選手の動き出しと、突き出された砲丸の放物線。腕が突き出されると同時に、腕の描くベクトルは砲丸に乗り移ったかのようにして空中に弧を描き始める。放送で砲丸投げを伝える者はこのとき、視線を砲

丸にだけ合わせていてはいけない。バランスを崩しそうになった選手がサークル内にとどまっていられたのか。弧を描く砲丸の落ちるおよその位置が，新たな記録更新につながる可能性はないのか。そうした状況を瞬時に見極めながら，競技に集中し続ける。

　これが複数の選手が同じエリアに混在している競技では，もっと複雑になる。ネットを挟んだシングルスの卓球やテニスでさえ，ベクトルの要素は1人ずつが順に出て来る競技に比べると格段に込み入ってくる。それが何人もの選手が，さまざまな方向へ動く競技となると，それぞれの選手の準備動作や，カバーの動き，プレー後の対応とどれもこれもベクトルだらけになってしまう。目の前にあちこちに向かっている大小無数のベクトルのうちどれを見るべきなのか。特定の種目や競技に精通している人は，ここで出て来るさまざまなベクトルのいくつかを同時に感じながら，瞬間瞬間にどのベクトルに焦点を合わせるべきかをわきまえているのだ。

　1人1人が専門家ではないにせよ私たちは，スポーツを見ながらこのベクトルをそれぞれ知らず知らずのうちに感じている。なじみのないスポーツで戸惑うのは，経験者が判断できる，今選択すべきベクトルがどれなのかをつかみきれないところにある。

■ ベクトルを伝える

　実況中継の命題は，その競技のベクトルを勝負の優劣にかかわるものを中心に常に押さえようとするところにある。それが個人競技であれ，団体スポーツであれ，勝敗の行方を左右しかねないベクトルを常にとらえ，それについて注意を喚起し，情報を加え，その行く末を見定められるようにする。

　その為に欠かせないのが，ベクトルの起点と終点をはっきり認識することだ。複数の人間が入り交じる競技では，強いベクトルを出している選手をとらえている瞬間に同時に次のもっと重要なベクトルを発揮すべき選手が，すでにその起点を作り終えていることがある。テレビの厄介なところは，競技によってそこをライブでは見せられないところにあるのだが，この認識があるかないかが，勝負の脈絡をより深いところで理解できるかどうかにつながってくる。

　そもそもスポーツにおけるすべてのアクションは，選手の身体が自分以外の

ものに接するところから始まっている。中でもベクトルの起点の多くのケースは大地を蹴る動きだ。ジャンプ，投擲，障害飛越，飛び込み，フェンシング，体操。どれもこれもどこかに接してアクションを起こさない限り，エネルギーを身体全体の動きに転化できないからだ。このエネルギーの転化の瞬間を口にする事こそ，実況の第1歩だ。そこに求められるのは，必ずしも言葉である必要はない。ため息のケースもあれば，短い叫び声の場合もある。

言葉の力

種田山頭火という自由律俳句の俳人がいる。その作品に，「鉄鉢の中へも霰（あられ）」という句がある。言葉が持つ力，エネルギーをこれほど重層的に表現したものを私は他に知らない。表現されているのは，色の対比，温度の対比，音の対比，そして静と動。黒い鉄鉢に飛び込んでは跳ねる白い粒。かじかむ手の上にのせた鉄鉢の，あまりの冷たさに却ってやけどの熱さを感じる掌。静寂の中で，かすかに鉄鉢を叩く乾いた金属音。すっくと立つ墨染め衣の托鉢僧に，撥ねる粒。わずかに7文字の句が，対比の世界の中で極限の状況を描写する。

句を目の当たりにして，人はしばし静寂の中でイメージを反芻する。頭の中にその様子を思い浮かべる人もあれば，遠くに霰の音をかすかに聞く人もあるだろう。

言葉を理解するために人は元来，それ相応の時間を必要とする。難しい言葉が使われれば，内容を把握するための時間は長くなる。漢語，複雑な数詞，外国語，専門用語。易しい言葉は，伝わりやすいが，場合によっては消えやすい。間投詞や感嘆詞，副詞，形容詞。そういえば，アナウンサーになったばかりの頃，よく先輩から形容詞の使いすぎを戒められたが，理由はそんなところにもあったはずだ。

同じような概念の広がりを持っていても言葉のすり減り具合で受け取る側のイメージは変化する。はやりの言葉であったり，語呂合わせに聞こえたりすれば，いきなり言葉はきらめきを失うことがある。同時に大切なのがそこに使われる「音（おん）」だ。キレのある音なのか，くぐもった五十音なのか。アクセントのあるカ行やタ行は切り口が鋭いが，ラ行や鼻濁音にはその気が失せていく。表現の選択に五十音のキレを感じながら当たる。

音節数がどうなのか。単音節の言葉は、プレーの変化にあてやすい。音節数が増えてくれば、スピードに乗せて使うには工夫が必要だ。同じ「来た」が実況の中では「ッター」と伝えられることがある。2音節を1音節にする。そのようにしても伝わる言葉選び、伝わるフレーズの構成、そしてタイミングを失しないことが必要だ。

スポーツの特性と実況

　スポーツを規定するのは、時間と空間とパワーだ。そのスポーツの中にそれ相応に密度の濃いエネルギーを発揮させる仕組みがなければならないし、発揮されたエネルギーがどんな結果をもたらすのか、プレーする側にも見る側にも見てとれないようでは長続きはしない。

　どんなスポーツであったにせよ、そのスポーツを経験したものと、経験なしで外から見るものとの間には、このエネルギーの消化吸収に大きな違いが生まれてくる。経験者は読みとるのも早いうえに、巧拙から次の予測まで短時間にこなしてしまう。となると、知らない人にとって、そのスポーツのエネルギー発露のボリュームと、発揮されたエネルギーを理解するためのそれ相応の時間が用意されているかどうかがポイントだ。

　サッカーを例にとって考えてみよう。エネルギーの発揮される地点は、一つはボールコンタクトの瞬間だ。最初のボールコンタクトから、次の選手のボールコンタクトまで、サッカーではボールが適度な距離を移動し、人もそれなりの間隔を置いている。ベクトルの向きと強さを感じながら、次のベクトルが与えられる地点を確認するまで、時間的空間的余裕が用意されているのだ。本来あるはずのそうした時間的空間的余裕をプレーヤーが壊して見せたとき、見ている側の興奮度は高くなってくる。当たり前の軌跡を描くはずのボールが違った動きをする。たとえばスピード、距離、変化。そうしたものが見ているものがあらかじめ脳裏に描いた想像のラインをたどらなかったとき、観客は声を上げる。それがポジティブであれば感嘆の声となり、ネガティブな場合には、落胆の声、やがてはブーイングを引き起こすのだ。

　次元が違うのは、バスケットボールだ。2メートルを遙かに超える巨大な選手たちのゴール下の攻防は、現場で見ているものが息を呑むような迫力がある。

それでも個別のプレーを子細に見極め，それらを総合して優劣を分析するのは容易ではない。ゲームに慣れない者が，1人1人を細かく観察しようとすればするだけ，全体のダイナミズムを見落としがちだ。巨大な選手が，そのサイズに比して極めて俊敏なスピードにのって狭い地域でプレーを繰り返す。バスケットボールは，最大24秒間息をつめて，相手ボールになった瞬間に漸く息が継げるスポーツなのだ。

スケールが異なるのは卓球だろう。ボールの小さいこともさることながら，ラリーの速さも他の競技では例を見ない。ベクトルの長さが短く，頻繁に方向を変える点で卓球を越えるスポーツはないだろう。競技実況のポイントは，そのリズムを知ることにある。そのリズムを人間の持つリズムの中にどんなサイズで取り込んでもらおうとするのか。一つ一つのベクトルを口にすることはほとんど不可能だし，意味がない。それよりも勝負を決めるベクトルがどんな形で現れるのかを予測し，そこに集中することで，視聴者にも勝負の妙味をより深く味わってもらうことができる。

実況の基本原則は，プレーに遅れないことにある。高いレベルのスポーツは，多くの引きつけるリズムを持ち，それを遅滞なく伝えることで見る人にスポーツの魅力の基盤を届けることができるからである。

5　スポーツの「日常」化

スポーツが興行の色を濃くしている。一方で，週末ともなると新聞に告示される開催スポーツの数が増えてきた。競技団体によっては，試合数を増やすことが選手やチームの強化に直結するという強い思いがある。しかも年代別のカテゴリーを増やし，その中での試合数も増えている。補欠にベンチばかり温めさせない。試合に出るチャンスを増やすことで控えの選手の経験値を高めることが，結果的にレギュラーの底上げにもなる。そんな思いが，どの競技団体にもあるからだろう。その裏で日本の伝統的な戦い方だった，勝ち抜きトーナメントは相対的には，割合を減らしているように見えてならない。

試合数が増えれば増えたで，勝負に対するこれまでとは違った感覚が生まれてくる。「一つの試合が敗北に終わってもスポーツ人生が終わる事はない」。か

つては，まなじりを決して競技場に足を踏み入れたのが，今では，たくさんある試合の一つだとゲートをくぐる。むかし当たり前だったことが，平成の今は違った哲学を持つ必要に迫られる。いにしえの時代に，剣の道を志した者達が大切にした，ただ一度だけの勝負のつもりで戦う心持ち。すなわち，「生死を賭けた真剣勝負により近き精神状態を味わいうるか，(中略)，それは勝敗を重んずるということ」(野間，1939，10頁)が，次第に遠くなっていくのが現実だ。そんな現実を目の当たりにし，そんな大会を主催しておきながらなお，伝える側が希求するのは，滅多にない試合，とてつもなく価値の高い試合，世界の頂点を極める試合，大記録の達成のかかる試合なのだ。

連日の勝負の世界に，非日常とでもいうべきドラマチックな試合は毎日続かない。試合の数を増やし，観客の延べ人数を上げることで収入の増加を図ろうとする経営戦略は，「最高の試合は非日常の試合である」というテーゼと明らかに相反する。そうした状況下でメディアは，「この試合，見る価値あり」と喧伝する根拠をどこに求めればよいのか。そこには押さえておかねばならない三つのポイントがある。数多あるゲームの中で「重い試合」がいつ来るのかの見極めをつけること。それがどんなスケールで「重い試合」なのかを知っておくこと。そして「重い試合」を伝えるのには何が必要なのかをわきまえておくこと。周到な準備と経験豊かなスタッフをもってして初めて，1世紀近く前にラジオがつたないながらも懸命に試みてもたらしたスポーツの感動を，今でも喚起することが可能なのだ。

▌参考文献

日本放送協会編『録音アルバム』〈ソノシート〉日本放送出版協会，1965年
橋本一夫『明治生まれの『親分』アナウンサー』ベースボール・マガジン社，1997年
尾嶋義之『志村正順のラジオ・デイズ』洋泉社，1998年
野間恒『剣道読本』講談社，1939年
NHK放送文化研究所・監修『放送の20世紀』NHK出版，2002年
杉山茂＆角川インタラクティブ・メディア『テレビスポーツ50年』角川書店，2003年

索　引
(＊は人物名)

あ行

アイデンティティ形成　117
アイルランド　110
朝日新聞　27
アナウンサー　10, 134, 189
アミューズメントパーク　127
アメリカ式ベースボール　5
アメリカナイゼーション　124
有山輝雄＊　6, 12
アルプススタンド　13
アンケート調査　137
アンブッシュマーケティング　101
イギリス　103, 107, 108, 110
イタリア　103, 106-108, 110
イチロー　31, 32
いつでもどこでも　72
　　──メディア　72
イフェクトマーケット　73
イングランド　106, 107
印刷メディア　152
インターネット　32, 34, 74, 75
インタビュー　178, 179, 198
ウィルソン, ホーレス＊　4
魚谷忠＊　10
映画　24, 25
営業努力　142
衛星テレビ　39
　　──放送　122
衛星プラットフォーム　58
衛星放送　31
江戸時代　151
榎本健一＊　24
エンターテイメント　120
黄金のトライアングル　48
王貞治＊　28, 29, 32
欧州サッカー連盟（UEFA）　103
大下弘＊　23, 24
大相撲　151

大相撲日報　165
オリックス・ブルーウェーブ　31
オリンピック　30, 33, 35, 116, 187
オリンピックリレー　53
オンデマンド　127

か行

解説　134
街頭ラジオ　9, 10
学生野球　21
河西三省＊　191, 192
可視性（visibility）　143
加藤秀俊＊　22
カラー柔道着　153
カラー中継　193
カラー放送　132
カレッジ・スポーツ　13
川上哲治＊　23-25
関西六大学野球　14, 17
関西六校野球連盟　14
感動　30
関与　86, 87, 95
関連付け　88, 93
キー・ドライバー　59
記事　117
記者席　142
北出清五郎＊　193
競技団体　118, 119
競技中心の視点　4
供給　80
共生関係　141
共存共栄（WIN-WIN）　68
挙国体制　34
巨人戦　62
許諾　82
清原和博＊　30
キラーコンテンツ　48, 120
記録　184
近鉄バッファローズ　30

207

クーパーズタウン　5
クーベルタン，ピエール・ド*　36
草野球　24
口コミ　140
グローバル化（グローバリゼーション）　33，124，125
桑田真澄*　30
携帯電話　32
ケーブル局（CATV）　66，129
ケーブルテレビ　31
ゲーリック，ルー*　15
現場百遍　174
公共放送　45，119
広告主　120
広告放送　65
甲子園　8，22，30，61，62，160
甲子園球場　7
皇太子成婚パレード　40
高度経済成長　25
紅白歌合戦　42
広報活動　143
国際オリンピック委員会（IOC）　44，78，79，89，90
国際主義　40
国際平和　48，49
国民栄誉賞　32
国民国家　49
国民的ヒーロー　40
固定ファン　135
コパ・アメリカ　186，187
コマーシャルタイムアウト　123
コメント機能　74
ゴルフネットワーク　67
コンテンツ　136
コンフェデレーションズカップ　187

さ　行

サーブ権ポイント制　153
サイド　195
サイドアウト制　162
在日外国人　32
雑観　182
札幌冬季五輪　42

佐野眞一*　22
沢村栄治*　17
三賞制度　159
式典実況　190
仕切りの制限　161
四国アイランドリーグ（のちに四国・九州アイランドリーグ）　18
シコふんじゃった　165
時事新報　153，156-158
四川大地震　53
視聴率　46，115，136
視聴料金　66
実感放送　38
実況中継　26
島村俊治*　194
市民儀礼　41
地元紙　146
ジャーナリズム　71
集客数　131
出稿　65
需要　79，80
商業主義　43
常駐外国報道機関及び外国人記者の取材に関する条例　53
情報源　141
情報収集力　179
正力松太郎*　15，22，23，26
職業野球（プロ野球）　17
女子バレー　41
女性スポーツ　107
白井義男*　26
人口ピラミッド　138
新橋倶楽部　5
新聞　26，116，152，153
新聞社　21，22，27
水泳　160
垂直的大衆化　119
水平的大衆化　119
数字　200
スーパースター　123
スーパーボウル　115
スカイ・Asports＋　67
杉浦忠*　28

鈴木文弥＊　192
スター　28,30
スタジアム　24,126,127
スタルヒン,ヴィクトル　17
ストリーミング　166
スペイン　103,107
スペクテイター・スポーツ　133
スポーツイベント　160
スポーツ映画　125
スポーツ記事　172
スポーツジャーナリズム　70,75
スポーツ取材　172
スポーツ専門局　67,68,70
スポーツ専門チャンネル　57,70
スポーツ帝国主義　124
スポーツバー　127
スポーツビジネス　120,124
スポーツファン　74
スポーツブロガー　75
スポーツ文化　116
スポーツ放送　57
スポーツマーケティング　101,124,136
　　――会社　48
スポーツマンシップ　165
スポーツを書く　183
スポンサー　45,47,48,101,119,143
スポンサー・メリット　147
相撲協会　159,160,163,165,166
西高東低　140
世界サッカー連盟（FIFA）　46
世界ハンドボール選手権大会　105
全国紙　146
全国選抜中等学校野球大会　7
全国優勝野球大会　7
戦闘場（アリーナ）　50
セントラル・リーグ　27-29,31
専門チャンネル　69
早慶戦　5-7,37
総合編成　64
ソウルオリンピック　44,194
ソーシャルサイト　74

た　行

大日本東京野球倶楽部　17,22
台湾大連盟（TML）　129
多チャンネル化　61
種田山頭火＊　203
ダブルデー,アブナー　5
団塊の世代　138
地域風土　145
チェアーリーダー　120
チベット自治区ラサ動乱　53
知名　85,86,92,99
チャンピオンズ・リーグ　48,105
中華職業棒球連盟（CPBL）　129,130
中継　134
中国の環境問題や人権問題　52
中等学校野球大会　22
中馬庚＊　5
調査報道　172
直球勝負　71
ツイート　75
ツイッター　75
通信キャリア　66
ツール・ド・フランス　69
津金沢聡広＊　156
作られた出来事　116
敵性娯楽　23
デスク　171,196
鉄道会社　22
テレビ　24-33
　　――放送　163,192
ドイツ　103,106-108,110
動画配信　147
東京オリンピック　25,40,42,192
東京キー局　135
東京六大学　22
東京六大学野球　13,14,16
東京六大学野球連盟　7
同窓　137
東洋の魔女　42
特ダネ　172
独立U局　133,146
都市型CATV　58,59

都市対抗野球　23
トラフィック　187
トリノオリンピック　104
トリプルプレイ　58

　　　　な　行

内容分析　144
長嶋茂雄*　28,29
ナショナリズム　36,49,50
ナショナルスポーツ　118
生中継　25
南海ホークス　27,28
錦絵　152
日米野球対抗戦　15,17
日テレG+　67
日本職業野球連盟　21
日本テレビ　26,27,32,163
人気（popularity）　143
認知　93,95,98
ネットワーク　121
野村克也*　28,29
野茂英雄*　30,31

　　　　は　行

パーフェクTV　59
灰田勝彦*　24
パシフィック・リーグ　27,29,31,32
パブリック・ビューイング　127
張本勲*　32
阪急ブレーブス　30
番組供給事業者（コンテンツ・サプライヤー）
　　58
番付　152
ヒーロー　28-34,117
ビジネスモデル　64
一つの世界，一つの夢　52
平岡吟舟*　5
ファンサービス　32
福本豊*　29,32
藤村富美男*　23
ブラックアウト　121
プラットフォーム　66
フランス　103,106-108,110

フランチャイズ　146
ブランド　84-89,93,94,96-98
フリンジマーケット　73
プロ・スポーツ　13
プロ球界　27
ブログ　74,75
プロパガンダ放送　160
プロボクシング　26
プロ野球　3,17,23-26,30,33,62
プロレスリング　26
文化　140
平和主義　40
ベースボール　4
ベーブ・ルース*　16,22
北京オリンピック　34,52
北京オリンピック招致委員会　53
北京オリンピック大会及び準備期間中の外国人
　　記者の中国取材に関する規定　53
ベルリンオリンピック　38,191,194
放送局　21,27
放送権　39,43,44,116
放送権料　43,44,78-80,118,121
放送スタイル　135
ボードゲーム　24
星取り表　156-159
ボランティア　186,187

　　　　ま　行

マーケティングスター　34
マードック，ルパート*　59,110
毎日オリオンズ　27
毎日新聞　27
前畑がんばれ　37,191
松井秀喜*　33
松内則三*　11,12
松内節　11-15,18
松田義郎*　191
見世物　21
南アフリカ・ワールドカップ　186
民間放送　119
民主化政策　23
村山実*　28
無料放送　65,66

メガイベント　*36*
メディアイベント　*21,22,40,49,121*
メディア規制　*52*
メディアスポーツ　*4*
メディアの自由　*52*
メディアマーケット　*73*
メディア露出　*131*
メンコ　*24*
文字情報　*117*
文部省　*21,22*

や　行

八百長　*129,130*
野球　*5*
『野球界』　*23*
野球害毒論争　*6*
野球統制令　*16*
野球ノ統制並施行ニ関スル件（野球統制令）　*16*
優勝制度　*153,154,159*
有料試合　*132*
有料放送　*64,66*
ヨーロッパサッカー選手権　*103*
ヨーロッパ選手権　*187*
読売ジャイアンツ　*17,22,26,28,32*
読売新聞　*23,26,27,153*
読売新聞社　*21,22*
萬朝報　*158*

ら　行

ライブマーケット　*73*
ラジオ　*118*
ラジオ放送　*7,23,61,160,190*
ラリーポイント制　*153,162*
力道山*　*26,32*
劉翔*　*34*
レース競技　*189*
レギュラー番組　*133*
連合軍　*23*
連合軍総司令部　*23*

ローカルスポーツ　*118*
露出　*84-87,91,92,95,99*

わ　行

ワールド・ベースボール・クラシック　*30*
ワールドカップ　*30,35,45,186,187*
若ノ花物語・土俵の鬼　*165*

アルファベット

ANYTIME ANYWHERE →いつでもどこでも
BS（放送衛星）　*58*
BS放送　*61*
BスカイB　*110*
CATV →ケーブル局
CGM（Consumer Generated Media）　*74*
CP（チーフプロデューサー）　*196*
CPBL →中華職業棒球連盟
CS（通信衛星）　*58*
CS放送　*61*
ESPN　*71*
F1レース　*105*
FD（フロアディレクター）　*196*
FIFA　*48*
GAORA　*67*
GDP　*80*
HBO（映画系専門局）　*72*
IOC →国際オリンピック委員会
J SPORTS　*67-69*
JスカイB　*59*
MSO（マルチプルシステムオペレーター）　*58*
NHK　*18,163*
NOTTV　*73*
TVIS　*129*
UHF局　*133*
VHF局　*136*
VIDEOLAND　*129*
WBC　*33*
WIN-WIN　*73*

執筆者紹介（執筆順，＊は編著者）

＊黒田　　勇（くろだ・いさむ）**はじめに，第3章執筆**

　　1951年　生まれ
　　1984年　京都大学大学院教育学研究科博士課程学修退学
　　現　在　関西大学社会学部教授
　　主　著　『ラジオ体操の誕生』青弓社，1999年
　　　　　　（共編著）『ワールドカップのメディア学』大修館書店，2003年
　　　　　　（共編著）『送り手のメディアリテラシー』世界思想社，2005年

山口　　誠（やまぐち・まこと）**第1章執筆**

　　1973年　生まれ
　　2002年　東京大学大学院人文社会系研究科博士課程修了，博士（社会情報学）
　　現　在　獨協大学外国語学部教授
　　主　著　『英語講座の誕生――メディアと教養が出会う近代日本』講談社選書メチエ，2001年
　　　　　　『グアムと日本人――戦争を埋立てた楽園』岩波新書，2007年
　　　　　　『ニッポンの海外旅行――若者と観光メディアの50年史』ちくま新書，2010年

永井　良和（ながい・よしかず）**第2章執筆**

　　1960年　生まれ
　　1988年　京都大学大学院文学研究科博士課程学修退学
　　現　在　関西大学社会学部教授
　　主　著　『にっぽんダンス物語――「交際術」の輸入者たち』リブロポート，1994年
　　　　　　『ホークスの70年　惜別と再会の球譜』ソフトバンククリエイティブ，2008年
　　　　　　『南沙織がいたころ』朝日新書，2011年

王　　篠卉（オウ・ショウキ）**コラム1執筆**

　　1979年　生まれ
　　2011年　関西大学大学院社会学研究科博士後期課程修了，博士（社会学）
　　　　　　北京体育大学研究員（執筆時）
　　主　著　『中国スポーツ体制改革の葛藤』『スポーツ社会学研究』15，2007年

松井　修視（まつい・しゅうじ）**コラム2執筆**

　　1950年　生まれ
　　1977年　福岡大学大学院法学研究科博士課程単位取得退学
　　現　在　関西大学名誉教授，長崎県立大学名誉教授
　　主　著　（共著）『表現の自由Ⅱ――状況から』尚学社，2011年
　　　　　　（共著）『よくわかるメディア法』ミネルヴァ書房，2011年
　　　　　　（共著）『「インターネットと人権」を考える』解放出版社，2009年

川喜田　尚（かわきた・ひさし）**第4章執筆**

　　1956年　生まれ
　　2008年　ボンド大学大学院経営学修士課程修了
　　現　在　前・㈱ジェイ・スポーツ　番組審議会事務局長，大正大学表現学部客員教授，
　　　　　　放送批評懇談会理事・ギャラクシー賞テレビ部門選奨委員会副委員長
　　主　著　(訳書)『デキる広告52のヒント』(スティーブ・ランス／ジェフ・ウォール著) リベルタ
　　　　　　出版，2008年
　　　　　　「スポーツ放送新時代──BS進出するJ SPORTSの戦略」『月刊ジャーナリズム』256，
　　　　　　2011年。
　　　　　　「プロ野球中継に未来はあるか──多メディア時代のスポーツ放送」『AURA』199, 2010
　　　　　　年

生駒　義博（いこま・よしひろ）**コラム3執筆**

　　1982年　生まれ
　　現　在　関西大学大学院社会学研究科マス・コミュニケーション学専攻博士後期課程
　　　　　　個別学習塾オーナー兼教室長

水野由多加（みずの・ゆたか）**第5章執筆**

　　1956年　生まれ
　　1999年　青山学院大学大学院経営学研究科博士後期課程期間満期退学，博士（商学）
　　現　在　関西大学社会学部教授
　　主　著　(共訳)『ブランド！ブランド！ブランド！』(ダリル・トラヴィス著) ダイヤモンド社，
　　　　　　2003年
　　　　　　『統合広告論』ミネルヴァ書房，2004年
　　　　　　(編著)『広告表現　倫理と実務』宣伝会議，2009年

森津　千尋（もりつ・ちひろ）**コラム4執筆**

　　1972年　生まれ
　　2005年　同志社大学大学院文学研究科博士後期課程単位取得退学，博士（社会学）
　　現　在　宮崎公立大学人文学部国際文化学科准教授
　　主　著　「植民地下朝鮮におけるスポーツとメディア」『スポーツ社会学研究』19(1)，2011年
　　　　　　「メディアが描く宮崎」『関西大学経済政治研究所研究双書』2012年

トーマス・シエル（Thomas Schierl）**第6章執筆**

　　1958年　生まれ
　　1987年　ドイツ体育大学ケルン博士後期課程修了，学術博士
　　　　　　ドイツ体育大学ケルン，コミュニケーション／メディア研究所所長・教授（執筆時）
　　主　著　*Werbung im Fernsehen*, Halem-Verlag, 2003.
　　　　　　Hanbuch Medien, Kommunikation und Sport, Hofmann-Verlag, 2007.
　　　　　　Die Visualisierung des Sports in den Medien, Halem-Verlag, 2004.

クリストフ・ベアトリング（Christoph Bertling）**第6章執筆**

- 1974年　生まれ
- 2008年　ドイツ体育大学ケルン博士後期課程終了，学術博士
  ドイツ体育大学ケルン，コミュニケーション／メディア研究所准教授（Studienrat im Hochschuldienst）（執筆時）
- 主　著　*Sportainment - Konzeption, Produktion und Verwertung als Unterhaltungsangebot in den Medien*, Halem-Verlag, 2009.
  Chronische Stressbelastungen von Spitzensportlern in Deutschland und die Bedeutung der Medien als Regulatoren（IKM），2010.
  Medienethische Betrachtungen der programmintegrierten Werbung in der Sportberichterstattung, (Co-Autor: Dr. Jörg-Uwe Nieland) Lit-Verlag, 2011.

リー・トンプソン（Lee Thompson）**第6章翻訳，第9章執筆**

- 1953年　生まれ
- 1987年　大阪大学大学院人間科学研究科博士課程単位取得退学，学術博士（社会学）
- 現　在　早稲田大学スポーツ科学学術院教授
- 主　著　*Japanese Sports: A History* (with Allen Guttmann). University of Hawaii Press, 2001.
  「相撲の歴史を捉え返す」『現代思想』2010年11月号，38 (13)
  "The Professional Wrestler Rikidozan as a site of memory," *Sport in Society*, 14 (4), 2011

杉本　厚夫（すぎもと・あつお）**第7章執筆**

- 1952年　生まれ
- 1978年　筑波大学大学院修士課程体育学研究科修了
- 現　在　関西大学名誉教授，子ども未来・スポーツ社会文化研究所代表理事・所長
- 主　著　『「かくれんぼ」ができない子どもたち』ミネルヴァ書房，2011年
  『映画に学ぶスポーツ社会学』世界思想社，2005年
  『スポーツ文化の変容』世界思想社，1995年

劉　　東洋（リュウ・トウヨウ）**コラム5執筆**

- 1976年　生まれ
- 2006年　関西大学大学院社会学研究科博士前期課程修了
  台湾プロ野球連盟国際部副部長（執筆時）

東元　春夫（ひがしもと・はるお）**第8章執筆**

- 1951年　生まれ
- 1984年　ブリガム・ヤング大学大学院社会学博士課程修了，Ph.D. (Sociology)
- 現　在　前・京都女子大学現代社会学部教授
- 主　著　（共著）『ソシオロジー事始め（新版）』有斐閣，1996年
  （共著）『現代社会研究入門』晃洋書房，2010年
  （共著）『よくわかるスポーツ文化論』ミネルヴァ書房，2012年

中小路　徹（なかこうじ・とおる）**第10章執筆**

　　1968年　生まれ
　　1991年　京都大学文学部卒業
　　現　在　朝日新聞編集委員
　　主　著　『ジーコスタイル──進化する日本代表』朝日新聞社，2006年
　　　　　　『40歳からうまくなるサッカー』講談社，2008年

後藤　健生（ごとう・たけお）**コラム6執筆**

　　1952年　生まれ
　　1980年　慶應義塾大学大学院法学研究科政治学専攻博士課程修了
　　現　在　サッカージャーナリスト
　　主　著　『サッカーの世紀』文藝春秋，1995年
　　　　　　『日本サッカー史──日本代表の90年』双葉社，2007年
　　　　　　『ワールドカップは誰のものか──ＦＩＦＡの戦略と政略』文春新書，2010年

山本　浩（やまもと・ひろし）**第11章執筆**

　　1953年　生まれ
　　1976年　東京外国語大学外国語学部ドイツ語学科卒業
　　現　在　法政大学スポーツ健康学部教授
　　主　著　（共著）『ワールドカップのメディア学』大修館書店，2003年
　　　　　　『メキシコの青い空』新潮社，2007年
　　　　　　『実況席のサッカー論』出版芸術社，2007年

メディアスポーツへの招待

| 2012年10月20日　初版第1刷発行 | 〈検印省略〉 |
| 2021年3月25日　初版第2刷発行 | |

定価はカバーに
表示しています

編著者	黒　田　　　勇
発行者	杉　田　啓　三
印刷者	中　村　勝　弘

発行所　株式会社　ミネルヴァ書房
607-8494　京都市山科区日ノ岡堤谷町1
電話代表　(075)-581-5191
振替口座　01020-0-8076

©黒田勇ほか，2012　　　　　　　　中村印刷・藤沢製本

ISBN978-4-623-05941-6

Printed in Japan

よくわかるスポーツ文化論 [改訂版]
———— 井上 俊・菊 幸一 編著　B5判　232頁　本体2500円

●現代のスポーツは，オリンピックやサッカーW杯から市民マラソンや小中学校の運動会などに至るまで，政治・経済・教育などを含む私たちの社会生活の様々な側面と関連する大きな文化現象となっている。2012年の初版以降に生じたスポーツ界の変化を踏まえて，アップデート，さらに「eスポーツ」「ビデオ判定」「体罰・パワハラ」などの新たなテーマを追加。スポーツ界の現況を認識し，そのあり方や将来について考える楽しさを味わえる一冊。

よくわかるスポーツマーケティング
———— 仲澤 眞・吉田政幸 編著　B5判　196頁　本体2400円

●本書は，体育・スポーツのコンセプトを大切にしながら，スポーツを対象としたマーケティングとは一線を画した「スポーツの文化性，公共性に配慮したスポーツマーケティング論」を展開する。各章ではスポーツマーケティングの基礎理論と応用事例をわかりやすく解説していく。スポーツやスポーツビジネスが担うべき社会的役割をふまえた「これからのスポーツマーケティングに必要な情報と基本的考え方」を学ぶためのテキスト。

よくわかるメディア・スタディーズ [第2版]
———— 伊藤 守 編著　B5判　248頁　本体2500円

●本書は，メディアをめぐる知の系譜をたどり，研究対象の広がりをカバーしつつ研究方法の革新と多様化にも対応した定番テキスト，待望の第2版。アップデートした記述によって変化の激しい私たちをとりまくメディア状況を丁寧に解説する。

統合広告論 [改訂版] ──実践秩序へのアプローチ
———— 水野由多加 著　A5判　352頁　本体2800円

●広告が作動する，とはどのような仕組みなのか──。情報論とブランド論に立脚した21世紀広告研究の決定的定礎，「事例，社会問題，公共性」について改訂。事例を豊富に掲載，一冊で広告論の全体像がわかる。